Philipp Ziser

Yambu! Band II

AF002878

Philipp Ziser

Yambu! Band II

Das Burundi-Tagebuch

Bloggingbooks

Impressum / Imprint
Bibliografische Information der Deutschen Nationalbibliothek: Die Deutsche Nationalbibliothek verzeichnet diese Publikation in der Deutschen Nationalbibliografie; detaillierte bibliografische Daten sind im Internet über http://dnb.d-nb.de abrufbar.
Alle in diesem Buch genannten Marken und Produktnamen unterliegen warenzeichen-, marken- oder patentrechtlichem Schutz bzw. sind Warenzeichen oder eingetragene Warenzeichen der jeweiligen Inhaber. Die Wiedergabe von Marken, Produktnamen, Gebrauchsnamen, Handelsnamen, Warenbezeichnungen u.s.w. in diesem Werk berechtigt auch ohne besondere Kennzeichnung nicht zu der Annahme, dass solche Namen im Sinne der Warenzeichen- und Markenschutzgesetzgebung als frei zu betrachten wären und daher von jedermann benutzt werden dürften.

Bibliographic information published by the Deutsche Nationalbibliothek: The Deutsche Nationalbibliothek lists this publication in the Deutsche Nationalbibliografie; detailed bibliographic data are available in the Internet at http://dnb.d-nb.de.
Any brand names and product names mentioned in this book are subject to trademark, brand or patent protection and are trademarks or registered trademarks of their respective holders. The use of brand names, product names, common names, trade names, product descriptions etc. even without a particular marking in this works is in no way to be construed to mean that such names may be regarded as unrestricted in respect of trademark and brand protection legislation and could thus be used by anyone.

Coverbild / Cover image: www.ingimage.com

Verlag / Publisher:
Bloggingbooks
ist ein Imprint der / is a trademark of
OmniScriptum GmbH & Co. KG
Heinrich-Böcking-Str. 6-8, 66121 Saarbrücken, Deutschland / Germany
Email: info@bloggingbooks.de

Herstellung: siehe letzte Seite /
Printed at: see last page
ISBN: 978-3-8417-7243-5

Copyright © 2013 OmniScriptum GmbH & Co. KG
Alle Rechte vorbehalten. / All rights reserved. Saarbrücken 2013

Yambu! Das Burundi-Tagebuch II

Für Anitha

Vorwort

„Baden-Württemberg ist ein weltoffenes und innovatives Land. Es ist sehr stark international vernetzt, zum einen durch die Menschen aus vielen verschiedenen Ländern, die in Baden-Württemberg leben, zum anderen durch die vielfältigen wirtschaftlichen, gesellschaftlichen und kulturellen Beziehungen in andere Länder. Es ist ein Land, in dem das bürgerschaftliche Engagement eine besondere Rolle spielt - auch in der Entwicklungspolitik. Das gemeinsame Engagement für die „Eine Welt" hat in Baden-Württemberg eine lange Tradition. Entwicklungspolitische Verantwortung wahrzunehmen ist ein wesentliches Element einer an Nachhaltigkeit ausgerichteten Landespolitik. Entwicklungspolitik ist deshalb in Baden-Württemberg mehr als eine freiwillige Landesaufgabe und liegt im gemeinsamen Interesse aller Beteiligten. Eine Entwicklungspolitik, die ökologische, soziale und wirtschaftliche Tragfähigkeit mit kultureller Selbstbestimmung, gewaltfreier Konfliktkultur und demokratischer Partizipation verknüpft, ist eine Zukunftsinvestition, die den Menschen in Baden-Württemberg ebenso zugutekommt wie den weltweiten Partnerinnen und Partnern."

Mit diesen Worten beginnen die Entwicklungspolitischen Leitlinien für Baden-Württemberg, die im Jahr 2012 in einem breit angelegten Bürgerbeteiligungsprozess ausgearbeitet und im Februar 2013 von der baden-württembergischen Landesregierung beschlossen wurden. Getragen sind diese Leitlinien von dem Verständnis, dass Entwicklungspolitik eine Gemeinschaftsaufgabe ist, die vom unermüdlichen Einsatz der engagierter Bürgerinnen und Bürger lebt, und sie sprechen mir damit persönlich aus dem Herzen.

Mit Burundi verbindet das Land Baden-Württemberg bereits seit den 80er Jahren eine besondere Partnerschaft. Diese langjährige Freundschaft soll zu einer von vielen Initiativen getragenen Graswurzelpartnerschaft von Mensch zu Mensch werden.

Der Baden-Württemberger Philipp Ziser leistet mit seinem Buch „Yambu!", von dem nun der zweite Teil erscheint, einen wichtigen Beitrag zu dieser Partnerschaft: er gibt uns tiefe Einblicke in das Herz Burundis und bringt uns das Land, seine Menschen, die Kultur und die Herausforderungen des ostafrikanischen Staates in der heutigen globalen Welt direkt ins Wohnzimmer. Durch seine Augen lernen wir unser Partnerland Burundi und die dort lebenden Menschen noch besser kennen. Was sich liest wie ein Abenteuer im Herzen Afrikas, ist in Wirklichkeit der Alltag für neun Millionen Burunder.

Peter Friedrich

Minister für Bundesrat, Europa und internationale Angelegenheiten
Land Baden-Württemberg

Prolog

In den Straßen Bujumburas

Gerade fuhr ich die enge und belebte Straße hinter dem Zentralmarkt der Hauptstadt Bujumbura entlang. Es ist noch nicht ganz sieben Uhr morgens, doch es herrscht ein Treiben, als hätten sie die Nacht durchgearbeitet: Händler, Busse, Motorradtaxis, Träger und Straßenkinder machen aus dem Platz direkt hinter der wirtschaftlichen Lunge Burundis einen wahrhaftigen Hexenkessel. Der Anblick erinnert an einen Ameisenhügel. Schreien, Lachen, Handeln und Fluchen, Händeklatschen, Umarmungen zum Gruß und Abschied. Ein neuer Tag beginnt, mit viel Schweiß. Neues Glück? Zumindest streben sie allesamt danach: Die jungen Männer, die schwere Lasten durch die sengende Hitze tragen, die Frauen mit ihren Gemüsekörben am Straßenrand, die Busfahrer, die winkend und rufend um Fahrgäste buhlen und sich waghalsig an der offenen Tür des fahrenden Busses mit nur einer Hand festhalten. Die Händler in ihren Holzbuden, die Lkw-Fahrer und auch die Straßenkinder. Viele von ihnen wollen einfach nur überleben.

Ich sehe junge Frauen, mit einem bunten „pagne", ein gemustertes Tuch, ihr Baby auf den Rücken gebunden, die einen großen Korb voller Früchte auf dem Kopf balancieren. Viele Kilometer, natürlich barfuß, nehmen sie auf sich bis zum Markt mitten in „Buja", wo sie ihren Tagesverdienst einzunehmen hoffen, um die Familie zu ernähren. Vielleicht ein, zwei, drei Euro, und das ist schon viel. Meistens bleibt es aber bei Cent-Beträgen. Straßenkinder tummeln sich um die Erwachsenen. Immer auf der Lauer, wo sie etwas erbetteln oder durch kleine Jobs verdienen können. Vielleicht auch stehlen. Und auf der Hut, nicht eine Ohrfeige zu bekommen. Viele der Straßenkinder wagen es nicht, Einheimische anzubetteln. Aus Angst vor der groben Abfuhr. Ein Polizist mit verspiegelter Sonnenbrille schlenkert am Straßenrand entlang. Seine Kalaschnikow baumelt am Trageband um die Schulter, als wäre sie ein Rucksack. Neben ihm steht ein junger Mann, schick herausgeputzt und mit Aktentasche, spurtet, um den kleinen, überfüllten Bus noch zu erwischen. Dann tuckert er damit davon und verschwindet im Verkehrschaos.

Als ich kurz innehalte, um dieses Szenario, in dem ich mich befinde, zu begreifen und auf mich wirken zu lassen, treibt es mir die Tränen in die Augen. All diese Menschen. Für sie ist der Überlebenskampf zum Alltag geworden. Unsicherheit, Ungewissheit über das, was morgen sein wird. Wieso an morgen denken, wenn selbst der Abend ungewiss ist? Vielleicht nimmt die junge Frau mit ihren Früchten heute überhaupt nichts ein, weil sie wieder von Polizisten verjagt wird. Weil sie keinen offiziellen und genehmigten Stand im Innern der großen Markthalle bezahlen kann und ihre Ware an der Straße anbieten muss. Aber vielleicht hat sie auch Glück und die „Blauen" lassen sie in Ruhe. Gegen ein kleines Entgelt.

Glück. Glück heißt hier – zumindest für den Großteil der Menschen –, abends etwas zu essen auf dem Tisch zu haben. Sie arbeiten nicht weniger als anderswo. Im Gegenteil: vielleicht sogar mit doppelt so viel Anstrengung wie so manch einer auf der nördlichen Halbkugel. Sie schuften, schwitzen, leiden. Sie tragen fünfzig Kilogramm schwere Zementsäcke unter der Äquatorsonne, schieben ihre Fahrräder mit Lasten beladen mehrere Kilometer bergauf und bergab. Und dennoch reicht es häufig einfach nicht. Wer Glück hat, hat abends etwas zu essen. Und das Kind auch. Wie definieren wir Glück? Wo hört die Selbstverständlichkeit auf, unsere Ansprüche, unsere Normen? Was bezeichnen wir als normal? Viel Glück heute! Ich meine… einen schönen Tag!

Dank

Wie schon beim ersten Teil von „Yambu!" bin ich vielen Menschen nicht nur zu Dank verpflichtet, sondern ziehe vor vielen von ihnen den Hut. Dafür, dass sie die Geduld mit mir hatten, meine Launen, mein Vergessen, mein Unverständnis, meine teils egoistische Zeitplanung und Durchsetzungswillen bis hin zum Perfektionismus zu ertragen;
dafür, dass sie mir die Chance gegeben haben, mich zu dem zu entwickeln, was ich heute bin und das Vertrauen und den Glauben in mich hatten, mir bestimmte Aufgaben zu übertragen, an denen ich mich messen und wachsen konnte;
dafür, mir in vielen Gesprächen und Diskussionen einen weiten Blick aufs Ganze und tiefe Einblicke ins Detail gegeben zu haben, die dazu führten, dieses Buch überhaupt erst schreiben zu können;
dafür, mir ihre Geschichten, Schicksale, Freuden und Leiden anvertraut zu haben, die mich deutlich geformt, beeindruckt und mitgenommen haben;
dafür, mir ideell, materiell und finanziell zur Seite gestanden zu haben;
dafür, mich zu lieben.

Ich danke in allererster Linie meiner tollen Frau Anitha, die mir in egal welcher Situation zur Seite stand, mein bester Ratgeber war und ist und zugunsten dieses Buchs mit viel Geduld auf viel gemeinsame Zeit verzichten musste.

Ich danke zutiefst meiner Mutter Anne, die trotz der geografischen Entfernung immer ganz nah bei uns war, sich sorgte, uns moralisch beistand und launische Antworten per Mail ertragen musste.

Auch danke ich meiner zwischenzeitlich verstorbenen Großmutter Emma, die mich bei meinen jährlichen Besuchen in der Heimat immer mit offenen Armen empfing und mit ihren Anekdoten, Sichtweisen und Geschichten eine Inspiration war.

Meinen Chefinnen Verena Stamm und Martina Wziontek bin ich zu tiefstem Dank verpflichtet, weil ich ohne diese beiden Frauen nicht der wäre, der ich heute bin. Sie gaben mir die Chance, an meinen Herausforderungen zu wachsen.

Außerdem bedanke ich mich beim Team der burundikids in Deutschland, Martina, Gabi, Hanna und Harald, mit dem es mehr als Spaß macht, zusammenzuarbeiten. Ihr seid ein tolles Team!

Mein Dank gilt auch allen Partnern und Geldgebern von burundikids e.V. und der Fondation Stamm in Burundi, die durch ihre Kooperationsbereitschaft und Unterstützung eine sehr wichtige und wunderbare Arbeit erst möglich machen.

Darüber hinaus danke ich allen Menschen, denen ich in meiner Zeit in und für Burundi begegnet bin und die somit dazu beigetragen haben, mir meine eigene Sicht und Meinung zu einem sehr komplexen Thema zu bilden; und jenen, die mir als enge Freunde in der Heimat verbunden geblieben sind.

Nicht zuletzt danke ich Ina Henninger für die Korrektur meines Skripts.

Aus mehreren Gründen, unter anderem zur Wahrung der Privatsphäre der im Buch vorkommenden Personen, wurden die meisten Namen geändert. Alle auftretenden Charaktere, private Schicksale und dargestellten Geschichten sind jedoch wahrheitsgetreu und nach bestem Wissen und Gewissen wiedergegeben.

Philipp Ziser, Bujumbura im November 2013

Kapitel I

Das volle Leben in Burundi

Montag, 9. April 2007.

Ich komme kaum noch dazu, Tagebuch zu schreiben, obwohl so viel passiert. Oder gerade deswegen. Heute Morgen traf ich zum ersten Mal die burundische Botschafterin aus Berlin, die sich zurzeit in Bujumbura aufhält: Domitille Barancira, eine Richterin. Sie war in Verenas Restaurant „Chez André" gekommen, um einen Kaffee mit Martina von den burundikids, Fotografin Ursula Meissner und mir zu trinken. Anschließend besuchte sie noch die Schule der Fondation Stamm in Kajaga und das Frauenhaus in Kamenge. Sie hatten sich im Flugzeug nach Bujumbura kennengelernt. Richterin Barancira war es übrigens, die noch während der Kriegszeit 1998 das Urteil für den damaligen Rebellenanführer und heutigen Präsidenten Pierre Nkurunziza fällte: die zwischenzeitlich in Burundi abgeschaffte Todesstrafe.

Am Samstag war ich von meinem Ausflug in den Kongo zurückgekommen. Ich hatte mich sehr gefreut, „nach Hause", zu den Kindern ins Heim zu kommen. Die Begrüßung war stürmisch, obwohl ich nur zwei Tage weggewesen war. Die Stimmung bei den Kids war gut.

Mittwoch, 11. April 2007.

Das Leben mit den Kindern im Heim wurde mit der Zeit, die ich hier verbrachte, immer intensiver, man freundete sich an, lernte sich kennen. Vor allem, über jeden einzelnen Bescheid zu wissen, von ihren Schicksalen, die sie zu tragen haben, rückt sehr stark zusammen. Gerade jetzt in den Schulferien wird mir das sehr bewusst. Ich habe in den vergangenen Tagen absichtlich mehr Zeit mit den Jungen und Mädchen verbracht, anstatt ins Büro zur Arbeit zu gehen. Ich hatte das Bedürfnis, mehr mit ihnen zusammen zu sein. Fast wie eine Familie.

Später am Abend ging ich zu Heimleiterin Mathilde, die am Eingang des Mädchenhauses stand und sich mit einigen der älteren Mädchen unterhielt. Francine, Dorothée und Rose. Ich gesellte mich dazu, hörte zu, was gerade Thema bei den Frauen war. Es dauerte nicht lange, da ergab sich eine sehr lustige Gesprächsrunde. Die Mädchen stellten viele Fragen über Deutschland, die Jugend dort, mich, Gott und die Welt. Mathilde musste als Dolmetscher von Kirundi in Französisch herhalten. Die junge Rose wollte wissen, ob Jerusalem bei uns in Deutschland in der Nähe sei. Ich musste lachen und sagte ihr, dass sie wahrscheinlich näher dran sei als Deutschland, was sie wiederum offensichtlich verwunderte. Sie werde da mal hingehen, sagte sie fest entschlossen und zog eine Grimasse. Ob man bei uns auch trommle wie in Burundi? Leider nein, sagte ich. Leider.

Die Mädchen im Heim sind mittlerweile sehr zugänglich und offen. So lange, wie es am Anfang gedauert hat, ihre Zurückhaltung und typisch burundische Schüchternheit zu überwinden, umso offener sind sie jetzt. Mit den Jungs hingegen klappte es von Anfang an, eher oberflächlich. Doch auf diesem Stand ist es geblieben. Die Gespräche, die Gedankengänge, die Fragen und Überlegungen der Mädchen im Heim sind tiefgehender als bei den Jungen. Natürlich ist nicht immer alles todernst: es sind viel Spaß und Faxen dabei. Die junge Rose spricht ausschließlich Kirundi und zwar in einem Tempo, bei dem jedem schwindlig wird. Sie macht es sich regelmäßig zum Spaß, so auf mich einzureden. Gelegentlich drehe ich den Spieß um und antworte ihr auf Deutsch, was zu lautem Gelächter bei den anderen führt.

„Kommst du wieder?" Mit der Frage habe ich jetzt noch nicht gerechnet. Ich habe gerade mal Halbzeit in Burundi. Ehrlich gesagt, will ich auch gar nicht darüber nachdenken. „Natürlich werde ich wiederkommen." Ich weiß nur nicht, wann und für wie lange. Aber vergessen kann ich das alles nicht. Dann kommt das Essen. Ich verabschiede mich und gehe in den Bungalow der Freiwilligen, um ebenfalls zu Abend zu essen.

Als ich zurückkomme, ist Rose gerade dabei, Bohnen für den nächsten Tag zu sortieren. Samira steht mit einem Becher Wasser auf der Terrasse des Mädchenhauses und schaut Dorothée, Céline, Francine und Claudia beim Üben von traditionellen burundischen Tänzen zu. Ich geselle mich dazu. Die Tänze sind graziös, fast majestätisch, und die Mädchen beherrschen sie bereits gut. Heimleiterin Mathilde kennt viele der Tänze und bringt sie ihnen bei. Sie lachen viel dabei, vor allem, wenn sich eine von ihnen ungeschickt anstellt. Dass ich als männlicher Zuschauer dabei bin, wird mittlerweile kommentarlos akzeptiert. Neben mir steht die kleine Grâce und grinst mich an.

Es ist fast dreiundzwanzig Uhr und eine leichte Brise weht über die Terrasse. Ich finde es angenehm, für die Burunder ist es jedoch schon „kalt", wie sie sagen. Wir unterhalten uns über Gott und die Welt und ihre Fragen würden noch bis ins Morgengrauen reichen. Betreuerin Mathilde tippt jedoch nervös mit dem Finger auf ihr Handgelenk. Morgen ist auch noch ein Tag. Ab ins Bett. Ich muss noch eine große Tonne voll mit schmutziger Wäsche waschen, von fast einer Woche. Natürlich per Hand.

Freitag, 13. April 2007.

Ein gefürchtetes Datum, wenn man daran glaubt. Hier in Burundi interessiert das niemanden, obwohl dieser Aberglaube aus dem Christentum stammt und die Burunder streng gläubig sind. Aber eben nicht abergläubisch? Ein regnerischer Tag. Seit morgens ist alles grau und bewölkt. Die ganze Nacht hat es schon gedonnert und geblitzt, ohne Regen. Seit Mittag versinken wir in Wasser.

Im Laufe der vergangenen Woche hatte ich die Gelegenheit, mit einigen burundischen Ärzten – oder deutschen Ärzten, die in einem burundischen Krankenhaus arbeiten – zu sprechen und einige öffentliche, wie private Kliniken der Hauptstadt Bujumbura zu besichtigen. Was ich zu Gesicht bekam, lässt sich kaum in Worte fassen. Die Zustände sind miserabel, menschenunwürdig und katastrophal. Wie hier ein Patient gesund werden soll, ist mir schleierhaft. Die Intensivstation des Universitätskrankenhauses roch mehr als unangenehm. Nicht etwa nach dem typischen Klinikgeruch, nach Desinfektion und Medikamenten, sondern nach Moder, nach Schimmel, Schmutz und Müll. Die Menschen liegen in ihren einfachen Metall- oder Holzbetten nur mit undurchsichtigen Duschvorhängen voneinander getrennt, fast wie Soldaten in einer Kaserne. Daneben stehen Angehörige, die sich um die Kranken kümmern. Wie es eben hier üblich und erforderlich ist. An den Wänden kleben geronnenes Blut und andere Flüssigkeiten. Eine Schwester schaut nur ab und zu und sporadische vorbei. Viele haben noch nicht einmal eine Krankenakte am Bett. Die vollständige Hoffnungslosigkeit wird bei meinem Interview mit dem Krankenhausdirektor deutlich. Es fehle an Geld. Überall.

Am Abend treffe ich einige Männer des burundischen Gesundheitsministeriums. Ich will einige Informationen von ihnen aus erster Hand. Natürlich lassen sie die Gelegenheit nicht aus, auch mich einige Dinge zu fragen. Ich glaube, sie überschätzen mich ein wenig bei diesem Treffen. Sie wissen auch nicht so wirklich, wen sie vor sich haben. Ich bin ihnen als Journalist und Mitarbeiter einer Hilfsorganisation vorgestellt worden. Sie legen großen Wert darauf, dass ich meine Einschätzung zur Lage gebe, zu dem, was ich heute in den Kliniken gesehen habe. Ich gebe mir Mühe, ihnen meine Meinung klar vor Augen zu führen, ohne zu sehr Salz in die Wunden zu streuen. Am Ende unseres Gesprächs scheinen die Herren zufrieden und versichern, in Kontakt bleiben zu wollen. Kontakte, von denen man nie weiß, inwiefern sie nützlich sein werden: im Hinblick auf das Schul- und Ausbildungszentrum mit medizinischer Station und Labor. Oder in Hinsicht auf die Partnerschaft mit dem Land Baden-Württemberg. Teilweise ist es noch nicht leicht für mich, all die Eindrücke zu sortieren, Kontakte zuzuordnen und auch entsprechend zu nutzen. Aber das wird kommen.

Wie unterschiedlich die Kulturkreise und vor allem der Zugang zu Luxus sind, erfahre ich noch am Abend mit der neunzehnjährigen Emmanuela, der ich beim Englischlernen helfen soll. Ich hatte ihr aus einem Aufgabenheft einige Seiten kopiert, die sie innerhalb eines Tages alle bearbeitet hat und größtenteils auch richtig lösen konnte. Bei einer Aufgabe war ein Brief lückenhaft gedruckt. In den Lücken waren die ausgelassenen

Wörter in Bildern dargestellt, um das richtige Wort zu finden und einzusetzen. Was ist „ice-cream?" fragt mich Emmanuela. Sie habe zwar an Eiscreme gedacht, sei sich aber nicht sicher, denn sie habe das noch nie gegessen. Und „Popcorn" sei ihr völlig unbekannt. Ich versuchte also, ihr „Popcorn" zu erklären, vor allem, wofür es gut sei.

Ich erfahre, dass der zehnjährige Raoul, der kleine ehemalige Kämpfer, aus dem Heim will. Mir fiel bereits in den vergangenen Tagen auf, dass er ruhiger wurde, beinahe schon einen gelangweilten Eindruck machte. Heimleiterin Mathilde versuchte, ihn zu überzeugen, dass er besser bleiben und weiterhin zur Schule gehen solle. Er aber, der kleine stolze Mann und ehemalige Krieger, wollte es direkt von „Mama Verena" hören. Ohnehin zollen alle Kinder und Jugendlichen, die in den Einrichtungen der Fondation Stamm über das Land verteilt leben, Verena Stamm den größten und verdienten Respekt. Was die deutsche Krankenschwester, die 1972 ihrem Ehemann aus Liebe in seine Heimat gefolgt war, im Krieg begonnen und aufgebaut hat, ist eine sehr große Leistung. Die Organisation Fondation Stamm ist einzig und allein aus ihrem privaten Engagement hervorgegangen und bis dato erfolgreich geführt, zugunsten derer, die am meisten unter dem schlimmen Bürgerkrieg in Burundi zu leiden hatten und haben. Einer von ihnen ist Raoul, der, so die Geschichte, die uns bei seiner Aufnahme im Heim erzählt wird, in einem Rebellenlager ausfindig gemacht wurde.

Wieso ist er still geworden? Was gibt ihm zu denken, was gefällt ihm nicht? Zeigt sich der Junge, der in einem Rebellenlager gelebt hat, der Freiheiten gewohnt war, ein vollkommen anderes Leben als jetzt? Bislang hat sich Raoul im Heim bestens entwickelt. Er taute auf, wurde ein fröhliches Kind. So hatte es zumindest den Anschein. Es ist, wie so häufig mit diesen Kindern, dasselbe Thema: können sie das, was sie gesehen und erlebt haben, was sie geprägt hat und was sie oft in ihren Träumen noch einmal durchleben, so einfach so vergessen? Ich hoffe, es ist nur eine kurze Phase für Raoul. Und dass er am Sonntagmorgen wieder zu mir in den Garten kommt und mich mit strahlenden Augen fragt, ob ich mit ihm Karten spiele.

Montag, 16. April 2007.

Es ist noch früh am Morgen und ich denke über alles möglich nach. Ich habe das Gefühl, es werden immer mehr Gedanken, immer schwerer und komplexer, anstatt dass sich eine Lösung geschweige denn ein Ansatz zur Lösung mancher Gedankengänge und Probleme abzeichnet. Die Eindrücke häufen sich zudem in den vergangenen Tagen. Dabei kann ich nicht beurteilen, ob die Eindrücke tatsächlich mehr geworden sind oder ob ich es bin, der tiefer in die Materie eintaucht, mehr versteht oder verstehen will, mehr und mehr die Themen an sich heran lässt. Die Sonne scheint kräftig. Nach den vielen Regentagen tut das gut, ich strecke ihr das Gesicht entgegen.

Was ich in Burundi sehe, höre und erlebe, ist nicht immer einfach zu verarbeiten. Das westlich geprägte Schubladendenken, in das man nur allzu leicht verfällt, ist fatal und passt absolut nicht zur burundischen Realität. Die Komplexität der Probleme in diesem Land kann einen wahnsinnig machen, weil kein Ende, keine Lösung in Sicht zu sein scheint. Mein schützendes Fell wird mit der Zeit dicker und dichter. Aber undurchlässig wird es nie werden. Selbst bei meiner Chefin Verena, die seit fünfunddreißig Jahren in Burundi lebt und so ziemlich jedes Elend kennt, habe ich manchmal das Gefühl, dass es Dinge gibt, über die sie sich tagelang den Kopf zerbricht.

Als ich vor ein paar Tagen von der Arbeit nach Hause lief, sah ich ein handfestes Gerangel zwischen Mitarbeitern einer Sicherheitsfirma. Sie stehen mit ihrem gelben Pick-Up immer vor dem kleinen Supermarkt „Belladone" an der großen Kreuzung, an der ich jeden Tag vorbei komme. Sie grüßen mich stets freundlich. Dieses Mal bemerkten sie mich aber nicht, weil fünf oder sechs Männer in dunkelblauer Uniform damit beschäftigt waren, zwei ihrer eigenen Kollegen auseinanderzuhalten. Worum es bei dem Streit ging, konnte ich nicht erkennen. Wahrscheinlich um Geld. Auf jeden Fall ging es sehr lautstark zu, sodass sich gleich einige Schaulustige im Kreis um die Sicherheitsleute aufstellten und die Szene sichtlich genossen.

Ich musste wieder an den Zeitungsartikel vom Vortag denken, der über Sicherheitsfirmen wie diese berichtete. Anscheinend gibt es mit ihnen öfter Ärger. In dem Artikel erzählte ein Straßenjunge von seiner Misshandlung während der Nacht durch Mitarbeiter privater Sicherheitsfirmen. Er hatte auf dem „Platz der Unabhängigkeit" übernachtet, wie es viele Straßenjungen tun. Eine Sicherheitsfirma hatte die Aufsicht für ein Gebäude, das in der Nähe dieses Platzes steht. Die uniformierten Männer seien plötzlich zu ihm gekommen, beschrieb der Junge, und beschuldigten ihn des Diebstahls, was er natürlich abstritt. Daraufhin hätten sie ihn mit ihren Schlagstöcken verprügelt. Anscheinend hätten sie dabei eine Brutalität an den Tag gelegt, dass der Junge heute mit einer Behinderung leben muss. Seine Beine sind nach den Brüchen krumm zusammengewachsen. Einen Rollstuhl kann er nicht bezahlen. Und „wer bezahlt schon für einen Straßenjungen?" fragte der Junge den Reporter. Nach der Tortur hätten die Peiniger ihn immerhin vor einem Krankenhaus abgeladen. Aber wer behandelt in Burundi schon ohne Bezahlung und zwar Vorkasse? Straßenkinder werden ohnehin sofort als Diebe und Abschaum abgestempelt. Warum diese Kinder auf der Straße leben, fragen sich jedoch nur wenige.

Die Osterferien sind mit dem heutigen Tage vorbei, die Kinder schlendern wieder mit ihren braunen und blau-weißen Uniformen zur Schule. Die letzten Ferientage nutzte ich, mich intensiv mit Samira zu unterhalten. Samira besucht ein Mädcheninternat, eines der besten der Stadt, geführt von katholischen Schwestern. Sie hat offensichtlich schnell begriffen, worauf es im Leben ankommt und ist in der Regel mit einem Buch anzutreffen.

Sie lernt sehr viel, ist ein sehr intelligenter Mensch und darüber hinaus eine sehr starke Persönlichkeit. Ich habe großen Respekt vor ihr. Das sage ich ihr auch. Im Heim, wenn sie ab und an zu Besuch kommt, ist sie wie eine große Schwester, Organisator, Hausaufgabenhilfe, Arbeitstier. Beinahe schon unheimlich.

Ich verbrachte einige Zeit mit Yasmine und wollte ihre Geschichte kennenlernen. Ich wollte wissen, wie sie fühlt, was sie denkt, was sie will, wovon sie für ihr späteres Leben träumt. Wobei können wir sie effektiv unterstützen? Andererseits können die Schicksale, die die Kinder mir anvertrauen, sehr an der eigenen Psyche zehren.

Yasmine ist fünfzehn Jahre alt. Sie hat Eltern unterschiedlicher Ethnien, ihr Vater ist Hutu, die Mutter Tutsi. Als sich der Vater der Hutu-Rebellengruppe „Forces Nationales de Libération" (FNL) anschloss, bereute er, mit einer Tutsi verheiratet zu sein und beschloss, seine Söhne ebenfalls zu Guerilla-Kriegern auszubilden. Yasmine wollte er an einen Freund, ebenfalls ein Hutu, verheiraten. Damit wollte er die „Schande", eine Tutsi zu sein, von der Familie abwenden. Yasmines Mutter war nicht einverstanden und versteckte ihre Tochter, doch der Vater fand sie und ließ sie, um sie zur Heirat zu zwingen, von seinem Freund vergewaltigen. Kurz darauf erfuhr die Mutter vom Kinderheim der Fondation Stamm und brachte sie dorthin. Yasmine geht heute wieder zur Schule. Aber sie ist ein trauriges Mädchen. Wenn ich sie sehe, ist sie meistens nachdenklich, den Kopf in beide Hände gestützt. Den Tränen nahe.

Solche Geschichten zu schreiben oder zu lesen, schockt zutiefst. Das Gefühl jedoch, der betroffenen Person gegenüberzustehen, ihr in die Augen zu sehen, ist nicht in Worte zu fassen. Man fühlt sich machtlos, als würde man innerlich zerrissen. Man will heulen und schreien. Aber was bringt es, in Tränen auszubrechen? Was Yasmine erleben musste, ist passiert. Ihr bleibt nur, damit klar zu kommen. Und mir auch.

Freitag, 20. April 2007.

Es geht mir wieder besser. Ich konnte die Eindrücke und Geschichten, die in den vergangenen Tagen auf mich hereinbrachen, einordnen, verarbeiten und wieder die für die eigene Gesundheit unbedingt notwendige Distanz herstellen. Dennoch sitze ich noch jeden Abend mit den Kindern und Jugendlichen im Heim zusammen, rede mit ihnen, höre, was sie zu sagen haben. Es liegt mir zu viel daran, als dass ich damit aufhören könnte.

In Bujumbura ist es seit einigen Tagen regnerisch und grau. Fast würde ich es „deutsches Wetter" nennen, wenn ich nicht wüsste, dass dort gerade warm und sonnig ist. Die Regenfälle sind gut für die Landwirtschaft, bevor die Trockenzeit von Mai bis September Einzug hält. Außerdem macht es mir bei den burundischen Temperaturen wenig aus, im

Regen durch die Straßen zu laufen. Von den Burundern werde ich ungläubig angestarrt und für verrückt erklärt, was zu meiner Belustigung beiträgt. Den Jugendlichen am Straßenrand der Chaussee Rwagasore kurz vor dem Restaurant „Chez André", bei dem ich regelmäßig mein Waschmittel und Zigaretten kaufe, grüße ich mittlerweile per Handschlag.

Heute Morgen war ich zum ersten Mal beim Frisör. Es wurde auch Zeit. „Racoon" steht auf dem Schild, auf dem daraufhin gewiesen wird, dass nicht nur Afrikaner, sondern auch Europäer hierher kommen können. Viele der einfacheren Frisöre sind mit Haaren der Weißen überfordert. Ich denke, das beruht auf Gegenseitigkeit. Ich bewundere immer wieder die Kunstwerke, die die Burunder, genauer gesagt Burunderinnen, auf ihren Köpfen tragen. Die Kinder im Heim müssen allerdings, wie alle Schulkinder in der Unterstufe, widerwillig ihre schönen Haare abrasieren. Das ist die Vorschrift in den Schulen, eine hygienische Maßnahme. Wer mit langen Haaren kommt, darf nicht in die Klasse. Auch im Hinblick auf die Gleichheit der Schüler, die häufig aus unterschiedlichen sozialen Schichten kommen, ist diese Maßnahme sinnvoll, in Verbindung mit den Schuluniformen. Ich bedanke mich bei dem jungen Frisör und gebe ein ordentliches Trinkgeld auf den gesalzenen Preis. Wir sind beide sichtlich erleichtert, dass das Ergebnis stimmt.

An einem dieser Abende hatte ich mir den Film „Hotel Ruanda" angesehen. Ich hatte ihn bereits einmal in Deutschland gesehen. Und dennoch kann man sich auf diesen Film nicht vorbereiten. Sich in einem Land zu befinden, in dem genau das, was in diesem Film in aller Brutalität und Wahrheit aufgezeigt wird, stattgefunden hat, ist ein merkwürdiges Gefühl. Vor allem, dass das Morden nicht etwa vor langer Zeit, vor einhundert Jahren, sondern vor gerade einmal zehn Jahren stattgefunden hat. Das Heim, in dem ich lebe, ist voll von Menschen, die mit den unmittelbaren Konsequenzen leben müssen. Doch das sind nur fünfundsechzig Kinder. Wie viele Waisen leben in Burundi, die dasselbe Schicksal teilen? Es sind, so schätzen die Vereinten Nationen, achthunderttausend.

Montag, 23. April 2007.

Heute Morgen ging ich auf die Toilette in unserem Bungalow. Als ich die Tür hinter mir ins Schloss fallen ließ, machte mein Herz einen Sprung und ich riss die Tür gleich wieder auf: in der Ecke hinter der Tür hatte sich eine schwarze Schlange zusammengerollt eingenistet und zischte mich an. Sie war wohl ebenso aus dem Schlaf hochgeschreckt wie ich. Spätestens jetzt war ich hellwach. Die Schlange musste noch nicht lange gefressen haben. In der Mitte ihrer etwa fünfzig Zentimeter war sie deutlich dicker, als hätte sie die Maus noch nicht verdaut, die sie erbeutet hat. Ob die Schlange giftig war oder nicht, konnten mir auch die herbeigeeilten Jungen nicht sagen. Sam, der Koch, der eher zufällig in der Nähe war, holte ein langes Stück Plastikschlauch, drosch vier Mal auf die Schlange ein und zerfetzte sie. Draußen wurde das Reptil von den neugierigen kleinen Jungen begutachtet, während sich die Mädchen ekeln. Dann brachte Sam das Tier weg.

Mittwoch, 25. April 2007.

„Vénuste arawaye!" kam heute Morgen der kleine Yan aufgeregt zu mir in die Küche gerannt. Vénuste sei krank. Dass sich Yan, der Achtjährige mit starken psychischen Problemen, der noch bis vor kurzem selbstzerstörerische Neigungen hatte und den Kopf gegen die Wand schlug, um andere kümmert ist neu. Aber es ist ein Fortschritt. Vénuste, der in etwa gleich alt wie Yan war, war sein Freund. Vénuste war zeitgleich mit Yan ins Heim gekommen. Wir hatten ihn stark unterernährt in unserer Medizinstation im Nordosten des Landes aufgefunden und mit dem Einverständnis der Eltern mit ins Heim nach Bujumbura genommen, um ihn wieder aufzubauen. Nun stand Yan vor mir, schaute mich mit seinen dunklen Augen erwartungsvoll an und wollte, dass ich nach seinem Freund sah. Ich nahm ihn an die Hand und ging mit ihm hinüber zum Haus, wo die Jungen ihre Zimmer haben.

Vénuste, der ansonsten immer schon sehr früh morgens aktiv ist, lag unter seinem Moskitonetz im Bett und schaute mich an. Ich fragte ihn, was ihm fehle. „Sawa", sagte er. Alles sei ok. Fieber hatte er keines, nur ein wenig Bauchschmerzen. Das sei alles. Nicht so schlimm, meinte er. Ich machte ihm dennoch einen Tee, den er trinken sollte. Brav wie er ist, tat er das auch.

Heimleiter Emmanuel begleitete mich anschließend den Hügel hinunter zum „Chez André". Auf dem Weg dorthin unterhielten wir uns, soweit mir möglich, auf Kirundi und Französisch. Er wollte mir alle möglichen Worte auf Kiswahili beibringen, als würde Kirundi noch nicht reichen. Ich lerne jedoch recht schnell, was sicherlich damit zusammenhängt, dass ich regelmäßig abends nach der Arbeit mit den Kindern im Heim zusammensitze, die sich angewöhnt haben, mich Vokabeln und Sätze abzufragen. Wenn ich dann richtig antworte, ist die Begeisterung groß: „Yoohhh!" Zur Begrüßung und zum Abschied reden sie ohnehin nur noch Kirundi mit mir. Natürlich beschränkt sich mein Wortschatz auf einsilbige Sätze aus dem Alltag. Aber genügend Lehrer habe ich im Heim, um schnelle Fortschritte zu machen. Und zwar Lehrer ohne Gnade. Die vergangenen Wochen schon habe ich immer kleine Merkzettel in der Brusttasche meines Hemds, beschrieben mit kirundischen Vokabeln und Sätzen. Nur wenn ich es immer und immer wieder lese, kann ich es lernen. Während dem Essen, abends beim Bier, wann auch immer.

Emmanuel ist erstaunt, wie viele Leute ich kenne. Dass mir Burundi gefalle, freut ihn sichtlich. Beim routinierten „Yambu, patron!" des Jungen mit seinem Straßenstand, bei dem ich immer einkaufe, muss auch ich lächeln. Emmanuel ist auf dem Weg zum Zentralmarkt, „indagara" kaufen, die kleinen Fische, die Koch Sam in die Sauce zu den Bohnen gibt.

Zurzeit werde ich mit Gemälden der Kinder überhäuft. Blumen, Flugzeuge, Autos, burundische Landschaften und kleine Geschichten mit Menschen. Darauf findet sich immer der Name des entsprechenden Kindes neben meinem. Viel Herzlichkeit und Verehrung. Der Abschied ist bereits jetzt in meinen Gedanken und es graut mir davor. Zwar ist es noch eine Weile hin, doch die Zeit vergeht wie im Flug.

In den vergangenen Wochen und Monaten war es verdächtig still geworden um den inoffiziell zweitmächtigsten Mann im Land, Hussein Radjabu, laut Gerüchten in seiner Partei CNDD-FDD gefürchteter und mächtiger noch als Präsident Nkurunziza. Diese Woche ist Radjabu das Thema Nummer eins der Radiosender, während er sich im Ausland befindet. Er habe eine geheime Versammlung abgehalten, so lautet der Vorwurf, in die jedoch ein Maulwurf eingeschleust gewesen sei: alles, was Radjabu geäußert hätte, sei aufgezeichnet worden und im Radio mit seiner, so wird es behauptet, Originalstimme ausgestrahlt. Auf besagter Versammlung habe Radjabu geäußert, er wolle „Komitees" bilden, die in ganz Burundi Demobilisierte wieder bewaffnen und ausbilden sollten. Es sei offensichtlich ein Putschversuch gegen den amtierenden Präsidenten und Parteikollegen, Pierre Nkurunziza. Es spielen sich unglaubliche Machtkämpfe und Intrigen in den höchsten Etagen ab. Nun wird gemunkelt, dass Radjabus Immunität suspendiert werden soll, um ihn vor Gericht zur Rechenschaft ziehen zu können. Ein Vorhaben, das jedoch nicht allzu leicht sein dürfte, schließlich verfüge Radjabu über Wissen von allen Geheimnissen seiner Partei- und Kampfgenossen während der gesamten Kriegszeit. Auch des jetzigen Präsidenten.

Freitag, 27. April 2007.

Am Morgen wurde der Haftbefehl gegen Hussein Radjabu erlassen. Bis mittags saß ich mit Verena und Benoit vor dem Radio. Dann beschloss ich, mir das Szenario anzusehen und ging zu Radjabus Haus, wo mittlerweile ein großes Polizei- und Militäraufgebot um das Grundstück postiert war. Auf der Straße davor sind Hunderte Menschen versammelt, Unterstützer Radjabus und Schaulustige. Die Spur direkt vor seinem Haus an der zweispurigen „Avenue du 28 Novembre" ist für den Verkehr gesperrt, auf der gegenüberliegenden Seite verstopfen die Schaulustigen die Straße, die von Polizisten mit Funkgeräten hin und her gescheucht werden. Vor dem Haupteingang des Hauses stehen schwer bewaffnete Polizisten. Im Radio wird gemeldet, dass eine Hausdurchsuchung in Gang sei. Was tatsächlich im Haus vor sich geht, weiß niemand. Fernsehteams, Fotografen und alle möglichen anderen Journalisten mischen sich in die Menge. Ich bin der einzige Weiße und ziehe es vor, nicht zu fotografieren.

Am Abend solle ich besonders vorsichtig sein, warnt mich Benoit, es sei nicht auszuschließen, dass es zu Ausschreitungen komme. Und Ausschreitungen in Burundi enden gewöhnlich mit Maschinengewehrsalven und Granaten. Die Situation macht mich wütend. Es baut sich eine unheimliche Spannung auf, nur aufgrund von Machtkämpfen irgendwelcher unersättlichen Politiker.

Laut der Informationen im Radio habe Hussein Radjabu in seiner Partei CNDD-FDD, der regierenden Partei, zwanzig Abgeordnete im Parlament auf seiner Seite. Sollte er mit der Opposition eine Vereinbarung treffen, könnte er den Präsidenten ernsthaft im Amt gefährden. Der ist derweil im Landesinneren unterwegs, vermutlich auf Stimmenfang. Denn sollte es tatsächlich zu einem Antrag auf seine Absetzung kommen, könnte er immer noch das Parlament auflösen und ein Referendum ansetzen. Das Volk könnte ihm dann helfen, im Amt zu bleiben. Die einzige Botschaft, die Radjabu zum jetzigen Zeitpunkt übrigens Asyl angeboten habe, sei die Südafrikas. Als Muslim habe er offensichtlich nicht besonders viele Freunde in den Botschaften des Westens.

Sonntag, 29. April 2007.

Nachmittags besuche ich Samira im Internat, das fünf Minuten vom Heim entfernt weiter den Berg hoch liegt. Dorothée hatte mich bereits vor einigen Tagen gefragt, ob ich Lust hätte, sie zu begleiten. Also spazieren wir gemeinsam ins Internat. Genauer gesagt: ins Mädcheninternat, was mir bis dato noch nicht so ganz bewusst gewesen ist. Nach dem kurzen Schleichweg kommt eine Straßensperre mit Soldaten. Die Straße zum Internat führt auch zum Wohnsitz des Präsidenten. Als Dorothée und ich uns der Sperre nähern, verstehe ich, dass die Soldaten über uns reden. Als ich einige meiner Sätze aufsage, die ich auf Kirundi beherrsche, sind sie plötzlich still und sichtlich verwundert. Dorothée diskutiert eine Weile mit ihnen, allerdings so schnell, dass ich nichts verstehen kann. Wir müssen angeben, wohin wir wollen und weshalb, dann dürfen wir passieren. Noch etwa zwanzig Meter, dann sind wir schon am Eingangstor des Internats.

Als ich mir bewusst werde, dass es sich um ein Internat für Mädchen handelt, frage ich Dorothée, ob nun nicht gleich sämtliche Bewohnerinnen des Internats auf uns aufmerksam würden. Sie lacht und winkt ab. Es ist jedoch nichts anderes zu erwarten. Im Internat wohnen einhundertachtzig Mädchen aus allen sozialen Schichten, arme Kinder und Töchter von Ministern. Männlicher Besuch ist hier selten, noch dazu von einem Weißen. Auf dem großen Gelände mit Pflastersteinen ist viel Betrieb. Viel männlicher Besuch hat den einzigen Tag im Monat wahrgenommen, an dem auch ohne Erlaubnis die Tür des Internats offensteht. Meine Anwesenheit erregt dennoch große Aufmerksamkeit. Aus einem der Fenster, die mit Metalllamellen versehen sind, höre ich lautes Gekicher. Ich schaue nach oben und sehe mehrere Köpfe, die die Nasen durch die Fensterschlitze stecken. Ich lache und winke, was für große Begeisterung und Geschrei sorgt. Die alte Ordensschwester beobachtet mich von ihrem ebenso alten Metallhocker aus und schmunzelt gelassen. Als ich passiere, grüße ich sie auf Kirundi, was sie noch fröhlicher werden lässt.

Wir gehen einen offenen Korridor entlang und ich werde natürlich auf Schritt und Tritt beobachtet. Wie viele Augenpaare auf mich gerichtet sind, kann ich nicht sagen. Dann sieht uns Samira und rennt uns entgegen. Sie freut sich sichtlich und strahlt übers ganze Gesicht. Dann schnappen wir uns drei Hocker und setzen uns ein Stück abseits des Wegs in den Schatten eines Baums. Wer unerlaubt das Internatsgelände verlässt, fliegt raus, erfahre ich. Es habe schon solche Fälle gegeben. Mehrere sogar. In diesem Internat leben und lernen zu dürfen, scheint ein Privileg zu sein. Es ist zwar Sonntag, doch die Mädchen lernen trotzdem, diskutieren angeregt über ihren Schulheften. Samira kaut hektisch auf ihrem Kugelschreiber herum. Sie hat bald ein Examen. Ich erkundige mich nach der Bibliothek des Internats. Samira und ihre Freundin, die sich zwischenzeitlich zu uns gesellt hat, schauen sich kurz an und lachen. Dabei ist ihnen jedoch zum Heulen zumute. Geöffnet sei die Bibliothek nicht immer. Und die Bücher, wenn denn überhaupt vorhanden, seien in einem miserablen Zustand. Außerdem sind sie mehrere Jahrzehnte alt und weit hinter dem aktuellen Stand der Wissenschaft. Hier werden die Mädchen auf die Universität vorbereitet. Dann ist die Besuchszeit wieder zu Ende und Dorothée und ich verabschieden uns von Samira am großen Stahltor der Schule. Die Sonne scheint noch kräftig.

Montag, 30. April 2007.

Radjabu sitzt im Gefängnis. Die burundische Gerüchteküche brodelt, „radio trottoir" hat Hochkonjunktur. Gerüchte sind das, wovon Burundi lebt. Die Straßen sind voll davon. Aktuell heißt es: Radjabu heule den ganzen Tag. So absurd und unnütz diese Information auch sein mag, so sagt sie jedoch viel aus über das Redebedürfnis vieler Leute in Bujumbura. Viele regen sich darüber auf: „Einer der schlimmsten Kriegsverbrecher unter der Sonne, der so viel auf dem Gewissen hat, heult, weil er ins Gefängnis kommt. Das ist unglaublich!" bekomme ich von manchen zu hören. „Der soll ruhig merken, wie es ist", sagen andere, „sieben Menschen hat er gefoltert und aufs Übelste misshandelt." Das Essen im Gefängnis verweigere Radjabu aus Angst, man könne ihn vergiften, was auch gar nicht so abwegig ist. Eine pessimistische Stimme sagt: „Wenn Radjabus Leute morgen ausflippen, dann ist hier wieder Krieg."

Die Niederländer laden am Abend ein zur Fete ins Restaurant „Chez André". Der Geburtstag der niederländischen Königin wird auch in Burundi jährlich zelebriert. Das Restaurant ist mit orangenen Luftballons und Girlanden in den niederländischen Farben geschmückt. Einhundertfünfzig Leute seien angemeldet, darunter auch vieles, was Rang und Namen hat. Der deutsche Botschafter Thomas Mangartz und sein Kollege Helmut Holzheuer waren anscheinend auch da, nur habe ich sie leider verpasst. Ich bin erst gegen einundzwanzig Uhr ins „Chez André" gekommen, als nur noch etwa fünfzig Leute lachen, trinken und tratschen. Der inoffizielle Teil des Abends war anscheinend eingeläutet.

Auf den Silbertabletts finde ich niederländischen Gouda. Eigens importiert für die Feier. Dazu Weißbrothäppchen mit unterschiedlichen Fischsorten. Aal. Ich belasse es beim Käse. Getrunken wird natürlich Heineken, was sonst. Einigen Gästen sieht man die fortgeschrittene Stunde im Gesicht an. Ich spreche kurz mit dem frischen „Premier Secrétaire" der niederländischen Vertretung in Burundi. Ein noch junger Typ, sehr interessiert und nett. Er gibt mir seine Visitenkarte und kündigt an, unser Kinderheim besuchen zu wollen. Ich verspreche ihm, mich bei ihm zu melden. Was ich auch definitiv tun werde und nicht bereuen sollte. Dann stellt er mir noch einen Landsmann aus den Niederlanden vor. Der fragt mich nach meiner Nationalität. Deutsch? Das sei nicht weiter schlimm, meint er. Ich lache mit ihm und gönne ihm seinen Witz, für den er sich aber gleich wieder entschuldigt. Zu viel getrunken habe er. Das hatte ich aber bereits vorher schon gerochen.

Benoit, der Mann meiner Chefin Verena, stellt mir drei Militärs vor. Ein burundischer Colonel, ein General der Vereinten Nationen und ein niederländischer Militär. Sie scherzen miteinander, doch wer weiß, was sie wirklich vom jeweils anderen halten? Anschließend gehe ich an die Bar, trinke eine Whiskey-Cola und unterhalte mich mit einem Mitarbeiter Benoits, der neben mir auf dem Barhocker sitzt und Erdnüsse kaut. Ein lustiger Typ, der einen Witz nach dem anderen reißt. Dazu Käse aus den Niederlanden.

Ich plane gedanklich eine Fahrt in den Norden, nach Uganda, die mich schon lange reizt. Abfahrt sei laut dem Mann im burundischen Reisebüro täglich um acht Uhr in Bujumbura, Ankunft in Kampala, Ugandas Hauptstadt, um zweiundzwanzig Uhr.

Dienstag, 1. Mai 2007.

Die Parade zum Tag der Arbeit

Ich stehe früh auf an diesem Feiertag, dem „Tag der Arbeit", der auch in Burundi gefeiert wird. Um neun Uhr dreißig soll in der Stadtmitte, beim Stadion „Prince Louis Rwagasore", ein Umzug stattfinden. Zur Feier des Tages dürfen alle Betriebe und Firmen sich vorstellen, mitlaufen, auf sich aufmerksam machen und vor den hohen Kadern des Landes vorbeimarschieren. Benoit nimmt mich mit, er hat einen Platz bei den Plastikstühlen auf der kleinen Holztribüne mit einem Dach aus Plastikplanen in den burundischen Nationalfarben, die eigens für diesen Tag vor dem Stadion aufgebaut worden ist. Es ist sehr heiß, die Sonne sticht schon früh am Morgen.

Gegenüber der Tribüne weht an einem hohen Mast die burundische Nationalflagge. Jeweils links und rechts davon wurde eine weitere Flagge gehisst, die die Umrisse Burundis auf blauem Hintergrund zeigt. Es ist die Flagge, die Einheit symbolisieren soll. Benoit und ich nehmen auf den blauen und weißen Plastikstühlen Platz. Einige Burunder, die meisten davon Männer, sitzen bereits als wir eintreffen und schwitzen in ihren feinen Anzügen. Ich wäre schon längst in der Hitze gestorben.

Ich schaue mich um, teilweise mit Hilfe meines dreihundert Millimeter Kameraobjektivs. Auf die Mauer um das Stadion sind Menschen geklettert, zumeist Jugendliche. Sie sitzen dort oben, albern herum und warten, bis es endlich losgeht. Einige Polizisten versuchen, sie herunter zu scheuchen, geben aber auf. An dem Funkmast vor der Mauer hängen ebenfalls Menschen. Am Straßenrand wird eine Menschenwand von Polizisten zurück gedrängt. Polizei und Militär sind massenhaft auf dem Plan, ich schätze einen Uniformierten pro Zuschauer. Teilweise sogar mit schwerem Geschütz. Zwar kenne ich die Typbezeichnungen für diese Waffen nicht, doch kann ich mir vorstellen, dass diese Art von Maschinengewehren, bei denen der kleine Soldat sichtlich Probleme hat, sie zu tragen, an diesem Tag und an diesem Ort wohl fehl am Platz sind. Das Gefühl der maßlos übertriebenen Wichtigtuerei drängt sich mir jedes Mal auf, wenn ich die Präsenz der vielen Sicherheitskräfte sehe, noch dazu ihre Mienen und Gesten.

Männer in schwarzen Anzügen und Funkgeräten rennen hektisch über die Straße, es scheint loszugehen: Noble Autos rauschen an, bremsen vor der Tribüne stark ab, ein Mann im Nadelstreifen entspringt dem Rücksitz und die Luxuskarosse rauscht wieder davon. Fehlalarm. Alle warten auf den Vizepräsidenten, ohne den können die Feierlichkeiten nicht beginnen. Staatspräsident Pierre Nkurunziza hält sich offensichtlich in Ngozi auf, seiner Heimatprovinz, wo ebenfalls eine Parade stattfinden soll.

Kurz nach zehn Uhr ist es dann soweit: die Wagenkolonne des Vizepräsidenten rückt an. Musik schallt blechern aus den großen Lautsprechern, die Trommlergruppe gegenüber der Tribüne gibt Vollgas und drischt auf die Trommeln ein, Frauen mit orangenen Kopftüchern tanzen einen traditionellen Tanz. Die meisten Polizisten und Soldaten schauen grimmig drein, als seien sie dabei, eine bösartige Menge von Demonstranten in Schach zu halten. Ein Polizist hat eine Hand in die Hüfte gestemmt, mit der anderen hält er den Lauf seiner Kalaschnikow fest, die er vor sich gestellt hat, und beobachtet mich. Ich fotografiere ihn. Keine Reaktion. Die burundische Nationalhymne ertönt, alle stehen stramm. Das einzige, das man hört, ist die Trompete und der leichte Wind. Drei Militärs in edler Festuniform marschieren langsam im Gleichschritt auf die drei Fahnen zu und hissen sie simultan. Danach wird salutiert, bis die Hymne ausgeklungen ist. Die Parade kann beginnen.

Nacheinander marschieren kleinere und größere Gruppen an den Zuschauern vorbei. Jede Administration der einzelnen Viertel Bujumburas wird auf einem Schild angekündigt. Ministerien, nationale Hilfsorganisationen, handwerkliche Betriebe, Unternehmen, Verwaltungen, Bars. Es ist eine Mischung aus Präsentation des eigenen Schaffens und Unternehmens, Werbung, stolze Präsenz und Langeweile. Auch das Portrait des Präsidenten zieht in goldenem Rahmen an der Menge vorbei. Frauengruppen, die ihre genähten Kleider zur Schau stellen, Handwerker, Mediziner, Menschenrechtler,

Regierungsangestellte. Die Vereinigung nationaler Fotografen und Kameraleute freut sich besonders, mich zu sehen. Sie winken eifrig, strecken ihre Daumen nach oben und lächeln, als ich sie fotografiere. Um die Brust baumeln ihre Kameras. Ihr Job ist wahrlich nicht der einfachste in einem Land wie Burundi. Ich habe großen Respekt vor allen, die hier an mir vorbeiziehen.

Ein Mechaniker rollt einen großen Lkw-Reifen vor sich her. Als er meine Kamera sieht, springt er kurzerhand darauf und balanciert einige Meter. Ich muss lachen und fotografiere ihn. Verena wird mir später erzählen, dass sie ihn ab und an in der Stadt sieht. Ihn und seinen Reifen. Einige junge Männer laufen vorbei und tragen ein Schild, worauf der Name mit Telefonnummer einer Bar zu lesen ist. Sie geben sich cool mit Sonnenbrille, Hip-Hop-Outfit und dem dazugehörigen lässigen Gang. Manche Firmen marschieren mit ihrem gesamten Personal auf, unzählige Männer und Frauen in Arbeitsuniform. Sie schauen stolz, sie leisten viel.

Die Parade ist noch nicht vorbei, Benoit und ich verabschieden uns dennoch. Es ist unerträglich heiß. Die Einwohner Bujumburas verteilen sich nach der Parade in den Restaurants und Bistros der Stadt. Eine einzige, große Fete. Auch im „Chez André" laufen später Feierwütige ein. Es sind die Angestellten einer Mikrokreditbank. Einigen begegne ich auf der Toilette, die ersten Primus, Amstel oder Heineken sind ihnen bereits ins Gesicht geschrieben.

Dienstag, 8. Mai 2007.

Ich bin an diesem Morgen wesentlich früher wach als sonst. Nach dem Waschen und Zähneputzen beschließe ich, zu „Belladone" hinunter zu laufen und Brot fürs Frühstück zu kaufen. Auf halber Strecke treffe ich auf zwei junge Frauen, die am Straßenrand sitzen, ihre Babys auf den Rücken gebunden. Sie grüßen freundlich, natürlich mit der typisch burundischen Schüchternheit, und lächeln.

Als ich mich mit meinem Brot in der schwarzen Tüte wieder bergauf auf den Rückweg mache, sitzen sie immer noch da. Jetzt sprechen sie mich an. Ihre Kinder hätten Hunger, ihre Gesten sind eindeutig. Sie wollen Geld. Sie begleiten mich bis zum Eingangstor des Kinderheims. Ob ich eine Frau hätte, fragen sie. Und Kinder. Ohne darauf einzugehen, frage ich sie, wo sie wohnten. Was mir erst im Nachhinein auffiel: ich sprach mit ihnen auf Kirundi und verstand jedes Wort der beiden Frauen. Ich gebe Ihnen die restlichen zweihundertfünfzig Francs, die ich noch in der Tasche habe. Sie bedanken sich und machen sich auf den weiteren Weg. Barfuß. Ihre Kinder schlummern unberührt in den bunten Tüchern auf ihren Rücken.

Jeroen Kelderhuis, der Erste Sekretär des niederländischen Konsulats in Burundi, den ich im „Chez André" kennengelernt hatte, hat Wort gehalten und mich im Kinderheim besucht. Ich hatte seine Visitenkarte aufgehoben und mich bei ihm gemeldet, um ihn in die Pflicht zu nehmen. Er kam gerade vom Flughafen von der Verabschiedung eines Besuchers des Konsulats. Da ich ihm nur schwer den Weg ins Kinderheim erklären konnte, trafen wir uns am Supermarkt an der großen Kreuzung. Von dort liefen wir ein Stück den Hügel hinauf zum Heim. Für Jeroen schien es nicht ungewöhnlich zu sein, zu Fuß zu gehen, was ich wiederum sympathisch fand. Für Europäer in Burundi eigentlich unüblich. Im Heim angekommen, stelle ich ihm einige der Kinder vor, die gerade auf der Wiese herumspringen. Freudig kommen sie auf uns zu und strecken ihre Hände zum Gruß aus. Anschließend führe ich Jeroen durch die Gebäude und erkläre ihm unser Tun. Er ist sehr interessiert an den Schicksalen der Kinder, schüttelt ungläubig den Kopf, als ich ihm einige Beispiele erzähle. Es sei gut für ihn, auf dem Boden zu bleiben, meint Jeroen, das alles zu sehen und zu hören. Im Konsulat, am Schreibtisch, sei man viel zu weit weg von diesen Realitäten. Wir trinken Kaffee in der kleinen Küche im Haus der Freiwilligen. Dann möchte sich Jeroen aber noch mal unter die Kinder mischen. Er spricht mit ihnen und schüttelt Kiki, der Kleinsten im Heim, die zwischenzeitlich keine Angst mehr vor Weißen hat, die Hand. Jeroen lacht. Der Besuch tut ihm offensichtlich gut. Er bedankt sich und verspricht, wieder zu kommen.

Ich begleite Jeroen ein Stück die Straße hinunter, wo er in ein Taxi steigt. Als ich die Hand noch hochhalte zum Abschied, hupt auf der anderen Straßenseite Thomas, der Sicherheitsbeamte aus Östringen. „Steig ein!" ruft er. Auf dem Beifahrersitz sitzt Adrian, einer seiner Bodyguard-Kollegen. Beide haben ihre khakifarbenen Uniformen an, was sie fast furcheinflößend wirken lässt. Im Haus der Bodyguards angekommen, trinken wir gemeinsam eine Cola auf dem Balkon von Thomas' Zimmer und genießen die Nachmittagssonne.

Am Abend esse ich mit den Kindern im Haus der Mädchen. Es gibt Reis mit Sombé, dem Gemüse aus Blättern der Maniokpflanze, und Avocado. Mit den Händen zu essen fällt mir nach wie vor schwer. Ich sitze mit einigen Kindern an einem Tisch. In der Mitte steht ein blauer Plastikteller mit dem Essen, das sich alle teilen. Ich schaue den Kindern lange zu, ohne selbst zuzugreifen, um herauszufinden, wie ich den Reis in meinen Mund bekomme ohne alles auf dem Tisch zu verteilen. Mit dem klebrigen Maisbrei klappte es bislang bestens: Man nimmt sich ein bisschen vom Maisbrei, formt ihn in der Hand zu einer Art kleiner Schaufel, nimmt damit Bohnen und Sauce auf und steckt es sich in den Mund. Auch wenn der Reis ebenfalls klebrig gekocht wird, so gestaltet sich das Essen doch wesentlich schwieriger, zumindest für Laien wie mich. Die Kinder lachen sich fast kaputt und haben Tränen in den Augen. Ich werde aber schließlich doch noch satt.

Viele sogenannte „zivilisierte" Leute (oder die sich dafür halten) in westlichen Kreisen finden es unhygienisch, mit den Händen zu essen. In der Regel sind das wohl aber diejenigen, die sich noch nicht einmal nach der Toilette die Hände waschen, bevor es zurück ins Restaurant geht, sondern sich ausschließlich um den perfekten Sitz der Frisur sorgen. Hier, im Kinderheim, kommt nur an den Tisch, wer sich die Hände ordentlich mit Seife gewaschen hat. Die Älteren beaufsichtigen die Kleinen. Selbst zum Gruß ist der Handschlag dann bis nach der Mahlzeit tabu.

Beim Essen fällt mir noch eine Anekdote ein. Ich ging eines Abends mit zwei burundischen Freunden zum Chinesen essen. Wir nahmen im Garten Platz, die Tochter der Besitzerin bediente uns, das Essen war fantastisch. Als es ans Begleichen der Rechnung ging, kam die große Überraschung und ich, der Deutsche, machte einmal mehr Bekanntschaft mit burundischen Sitten. Meine beiden Freunde machten keinerlei Anstalten, ihren Teil zu bezahlen. Zu Recht: fragt man einen Burunder, ob er mit essen geht, gilt das als Einladung. Zuerst schaute ich wohl etwas verwundert und befremdlich, was sich aber in ein entspanntes Lachen verwandelte, als das Missverständnis zur Sprache kam. Meine beiden burundischen Freunde waren peinlich berührt. Wir haben an diesem Abend alle dazu gelernt.

Freitag, 18. Mai 2007.

Das große Thema im Radio (und folglich auch in den Bars) sind wieder einmal die Rebellen der FNL und ihre aktuellen Aktivitäten im Norden des Landes. Dabei spielt jedoch, immerhin, die Ethnie keine Rolle mehr. Das zweite große Thema ist nach wie vor Hussein Radjabu, ehemals zweitmächtigster Mann der herrschenden Partei CNDD-FDD (Conseil national pour la défense de la démocratie-Forces de défense de la démocratie). Der ehemalige Präsident dieser Partei sitzt heute im Gefängnis und seine Anhänger sind es, die versuchen, das Land zu destabilisieren. In diesem Machtkampf sind selbst die FNL-Rebellen gespalten. Übergriffe auf die Bevölkerung werden aus Ngozi im Norden und Muyinga im Nordosten gemeldet. Nahrungsmittel werden gestohlen, Frauen vergewaltigt. Laut einigen Medienberichten scheint sich ein großer Teil der Rebellen in den großen Wald im Nordwesten, den Kibira, zurückgezogen zu haben. Dort, wo sie schon im Bürgerkrieg ihre Basis hatten.

Kapitel II

Uganda

Donnerstag, 10. Mai 2007.

Um sechs Uhr dreißig klopft es an meiner Schlafzimmertür. Mitfreiwillige Julia streckt vorsichtig den Kopf herein. Ich habe verschlafen. Mein Wecker hatte bereits um fünf Uhr geklingelt, aber ich hatte ihn ohne jede weitere Reaktion ausgedrückt und muss wieder fest eingeschlafen sein. Um sieben Uhr sollen wir in der Stadtmitte sein, „report time" vor dem Büro der Busgesellschaft „Gaso", die uns nach Uganda bringen soll. Die Abfahrt ist um sieben Uhr dreißig veranschlagt, aber ehrlich gesagt verlasse ich mich auf die übliche afrikanische Verspätung. Ich soll mich täuschen.

Wir treffen Viertel nach sieben beim Busbahnhof ein. Eine kleine Menschentraube hat sich um den riesigen Reisebus geschart: Reisende, die, die sie verabschieden, Angestellte der Reisegesellschaft und dazwischen kleine Straßenhändler mit ihren Bauchläden, die noch auf die Schnelle Bonbons, Erdnüsse, Taschentücher und Zigaretten loswerden wollen. Dann setzt sich der Bus in Bewegung, natürlich hupend, und die Reise beginnt. Uganda, ich komme!

Der Bus ist voll besetzt, alle fünfzig Plätze sind belegt. Das Gute ist, dass tatsächlich jeder Passagier einen Sitz hat, was in Burundi keine Selbstverständlichkeit ist. Meine drei Mitfreiwilligen und ich sind die einzigen Weißen, was auch zu erwarten war. Einige Burunder sind offensichtlich amüsiert darüber, dass sich Weiße mit Rucksack per Bus fortbewegen. Wir sitzen ganz vorne, hinter dem Busfahrer.

Der Motor des Busses dröhnt laut, was sich auch die gesamten vierzehn Stunden bis nach Kampala durchziehen sollte. Der Busfahrer scheint ein Prinzip zu haben: er bremst nicht, er hupt. Pkw, Motorräder, Fahrräder, Fußgänger sollten zusehen, dass sie zur Seite gehen oder fahren, wenn wir vorbei rauschen. Gebremst wird wirklich nur dann, wenn es nicht mehr anders geht. Das betrifft auch scharfe Kurven. Am Stadtrand Bujumburas, bevor es in die Berge geht, wartet eine lange Schlange Lkw darauf, vom Zoll abgefertigt zu werden und dass die nächtliche Sperre aufgehoben wird, die zwischen siebzehn und acht Uhr die Hauptstadt abriegelt. Unser Busfahrer überholt einige von ihnen, muss sich dann aber einordnen und ebenfalls warten. Nach geschätzten fünf Minuten setzt sich der Konvoi in Bewegung. Der Busfahrer drückt aufs Gas und überholt so viele Lkw, wie er nur kann. Er will nicht auf den Serpentinen in den Bergen hinter ihnen herschleichen müssen.

Der Abschied von den Kindern im Heim war mir schwergefallen. In den Tagen zuvor überschütteten sie meine Mitfreiwilligen und mich mit kleinen Briefen und selbstgemalten Bildern und sagten, dass sie uns vermissen werden. Sie hatten natürlich mitbekommen, dass wir eine Reise planen. „Es ist doch nur eine Woche!" versuchten wir, sie zu beschwichtigen, vergebens. Ich frage mich, was erst sein wird, wenn wir im September abreisen? Als wir morgens ins Taxi gestiegen sind, standen einige der Kinder in ihren Schuluniformen vor dem roten Tor des Heims und winkten uns zum Abschied. Sie schauten traurig, vom sonst glücklichen Lächeln nichts zu sehen. „Urugendo rwiza!" – Gute Reise, riefen sie schweren Herzens.

Noch am Tag zuvor traf mich fast der Schlag: Ich kam aus der Dusche als ich eine mir bekannte männliche Stimme hörte. Er war da, Abbé Alphonse aus Freiburg! Die Begrüßung war mehr als herzlich. Am Dienstag sei er angekommen, sagt er. Nach zwölf Jahren im deutschen Exil. Nun wolle er alte Freunde besuchen, sein Schulprojekt, das er in seiner Heimatgemeinde aufgebaut hat, und sich erst einmal wieder in seinem Heimatland zurechtfinden. Alphonse war der erste Burunder, den ich kennengelernt hatte und zwar noch in Deutschland. Über einen ehemaligen Arbeitskollegen hatte ich von ihm gehört und ihn in Freiburg getroffen, wo er wohnte und promovierte. Langsam aber sicher plane er die Rückkehr nach Burundi, offenbarte er mir schon damals, was jedoch nach so langer Zeit kein leichter Schritt sei. Vor allem auch aufgrund seines Schicksals: Abbé Alphonse war 1995 einem Attentat mit schweren Verletzungen nur knapp entkommen und dank seiner Verbindungen zur katholischen Kirche nach Deutschland evakuiert worden. Seit 1990 war er Priester, geweiht von Papst Johannes Paul II. Wir verabredeten uns auf nach unserer Ugandareise.

Erst als wir bereits einige Zeit unterwegs sind, fällt mir auf, dass kein Mensch mein Busticket geprüft hatte. Unser Gepäck wurde am Busbahnhof sofort geschnappt und im Bauch des Busses verstaut, dann wurden wir nach innen gebeten, ohne unsere Fahrkarten zu verlangen. Wir rauschen die kurvige Straße hinauf in Burundis grüne Berge. Hupend. Ab und an quietschen die Reifen, wenn der Fahrer die Kurve unterschätzt.

Burundis schöne Landschaft rauscht an uns vorbei wie im Flug. In der Sitzreihe neben mir diskutiert ein dicker Mann im Anzug lautstark mit seinem Sitznachbarn. Wenn der Fahrer wieder einmal die Kurve zu scharf nimmt, beschwert er sich wild gestikulierend. Am liebsten würde ich mich zurücklehnen und die Augen schließen, um nicht sehen zu müssen, wie schnell unser Bus auf Radfahrer und wesentlich langsamere Bustaxis zurast. Doch müde bin ich trotz der kurzen Nacht überhaupt nicht. Das Ticket nach Kampala hat mich übrigens siebenundzwanzigtausend Francs gekostet, etwa zwanzig Euro.

Unser Reisebegleiter ist ein junger Mann im Blaumann und mit Fischerhut, auf dem kleine Enten abgedruckt sind. Sein Gesichtsausdruck ist nicht einmal dann freundlich, wenn er lacht. Er diskutiert, mit Mund und Händen, permanent mit dem Fahrer oder einem der Fahrgäste und sitzt dabei auf seinem roten Polster auf der Beifahrerseite, vor sich seinen Wegproviant: eine Packung Weißbrot. Draußen laufen Bäuerinnen den Berg hinunter, mit ihren Gewändern in leuchtenden Farben und den Waren auf dem Kopf. Es ist ein langer Weg zum Markt in Bujumbura.

Nach etwa einer Stunde Fahrt kommen wir durch Bugarama, den kleinen Handelsort in den Bergen. Die Sonne versteckt sich hinter den Wolken und es nieselt. In über zweitausend Metern Höhe kann es ordentlich frisch werden. Ein Händler in Daunenjacke und Wollmütze streckt mir gebratenen Mais entgegen. Einhundert Kilometer pro Stunde, ich sehe den Tacho. Und ein Hupkonzert.

Wir kommen an der „Königsquelle" bei Muramvya vorbei, wo Händler frisches Gemüse und Obst direkt unter den kühlen Gebirgsquellen aufstellen. Bei jedem sich nähernden Auto schnappen sie ihre Körbe und preisen ihre Ware an allen offenen Fenstern an. Die Menschen laufen trotz Kälte barfüßig. Es bleibt ihnen auch nichts anderes übrig. Wir rasen durch den nächsten Ort. Die Menschen springen links und rechts von der Straße weg. Wenn jemand im Bus ein Bedürfnis hat, ist das dem Mann im Blaumann zu melden, der dann entscheidet, ob gehalten wird oder nicht. Solange die Geduld des Fahrers mitspielt, ist alles im Lot. Kaum hält der Bus, wird er von Händlern umschwirrt: Maracujas, Mais und Erbsen. Übrigens auch der, der am Straßenrand pinkeln geht. Ich beobachte das Treiben. Der dicke Mann im Anzug, der ununterbrochen diskutiert, kauft ein.

Wir kommen nach Kayanza, wo wir links abbiegen in Richtung ruandische Grenze. Gegen zehn Uhr sind wir da: „Murakaza neza mu Rwanda!" Herzlich willkommen in Ruanda. Wir reihen uns in die Schlange vor dem kleinen Büro, um unseren Ausreisestempel zu bekommen. Die Eisenschranke, auf burundischer Seite der letzte Grenzposten, ist abenteuerlich zusammengeschweißt. Ich muss lachen, woraufhin mich der Polizist, der seinen dicken Bauch gerade daran lehnt, mürrisch anschaut. Ich drehe mich um, um seinen Blicken auszuweichen, und grinse weiter. Stempel im Pass, ab über die Grenze! Der Beamte schaut meinen Ausweis sehr kritisch an, blättert sorgfältig darin, dreht ihn hin und her. Er hält ihn von Beginn an falsch herum. Dann nickt er und gibt mir das Dokument zurück. Auf ruandischer Seite noch einmal Schlange stehen. Stempel. Zurück zum Bus. Bezahlen müssen wir als deutsche Staatsbürger nichts. Es gibt für uns keine Visumspflicht.

Alte Menschen betteln mich an. Sie sind freundlich, keinesfalls aufdringlich. Auf den Hügeln um die Grenze herum, die aus einer kleinen Brücke besteht, stehen auf burundischer und ruandischer Seite kleine Lehmhütten. Die ruandischen Polizisten tragen dunkelblaue Uniformen. Sie sehen besser gekleidet und ausgestattet aus als ihre burundischen Kollegen. Über mir weht die ruandische Flagge in blau, gelb, grün, mit gelber Sonne. Die Flagge der neuen Nation Ruanda, nach dem Völkermord. Die Fahne mit dem großen, schwarzen „R" wurde nach 1994 abgeschafft. Totale Veränderung nach dem schwarzen Kapitel in Ruandas Geschichte. Die Frau in der Warteschlange neben mir sieht den Zettel, der aus der Brusttasche meines Hemds herausragt. Es sind meine Kirundi-Vokabeln, die ich auf der Reise lernen muss, wie mir die Kinder aufgetragen hatten. Sie spricht mit ihrer Freundin über mich, ohne zu wissen, dass ich sie verstehe. Ich gehe ungefragt auf ihr Gespräch ein, stelle mich und meinen Zettel vor und es entwickelt sich ein nettes kurzes Gespräch. Mein Impfausweis interessiert keinen Beamten. Dabei hatte ich ihn extra noch eingepackt, aufgrund der Erfahrungen im Kongo.

Das erste, was ich von Ruanda sehe, ist Nadelwald. Und eine makellose Straße, sogar mit weißen Markierungen, die auch Platz für Fußgänger vorsieht. Das Panorama gleicht dem in Burundi. Schöne, endlos weite, saftig grüne Hügel. Dazwischen Häuserruinen, jedoch weniger zahlreich als in Burundi, und bestellte Felder. Die Äcker geben jedoch einen klar strukturierten Eindruck. „Attention! Travaux!" Ein Hinweisschild auf eine Baustelle am Straßenrand. Das Gefälle zwischen Ruanda und Burundi scheint enorm.

Es drängt sich auf, egal wohin man blickt. Die Baustelle gleicht einer deutschen, gut organisiert, gut ausgestattet. Die Bauarbeiter haben neue, grelle Westen, daneben steht neues Arbeitsgerät. Die Bagger in leuchtendem Gelb, geputzt.

Englisch ist angesagt, ich muss umdenken und das Repertoire an Vokabeln wechseln. Ruandas Präsident Paul Kagame hat seit dem Drama von 1994 eine politische Fehde mit Frankreich, dem er Beteiligung am Völkermord an den Tutsi vorwirft. Kagame spricht Englisch. Und Englisch soll die neue Amtssprache in Ruanda werden. Reklame, Schilder, Schriftzüge. Die Grenzbeamten sprachen bereits jetzt schon ausschließlich Englisch, obwohl das System erst in den kommenden Jahren umgestellt werden soll. Ein klares Zeichen.

Nyanza heißt der erste Ort, den wir in Ruanda passieren. Am Ortseingang stehen zwei Motorradtaxis bereit für Kunden. Daneben stehen einige Kinder, die die Hand nach uns ausstrecken. Dann treffen wir in Mukoni ein. Das gelbblaue Schild der Sicherheitsfirma „KK Security" hängt an einigen Toren, wie auch in Bujumbura. Die schönen Häuser überwiegen, auch wenn hier und da eine einfachere Hütte gebaut wurde. Schicke Gardinen, Topfpflanzen vor den Türen. Die Straße hat kein einziges Schlagloch. Ich entdecke sogar einen Zebrastreifen. Und alles ist sauber gefegt.

Nächste Ortschaft. Die Straßen sind auch hier blitzblank gekehrt. Die gepflasterten Gehsteige sind voller Menschen. Schöne Häuser mit bunten Blumentöpfen auf den Balkonen stehen entlang der Hauptstraße. In der Mitte der Straße ist ein Grünstreifen angelegt, der Rasen gepflegt und akkurat geschnitten, alle paar Meter eine kleine Palme. Neben dem „Musée National" prangert ein großes, gelbes Werbeschild: „DHL". Am Stadtrand ändert sich das Bild. Die Häuser sind einfacher, schmutziger, aber immer noch besser als die meisten in den burundischen Ortschaften entlang der Hauptstraßen. Ist Burundi ein schlecht gepflegter Vorhof Ruandas? Ein Überholverbotsschild, eine durchgezogene Linie in der Straßenmitte. Das Bild, das sich mir bietet, könnte ebenso aus Südeuropa sein.

Im Bauch des Busses kracht es und unserem Fahrer geht es sichtlich auf die Nerven, dass wir halten müssen. Anscheinend ist im Gepäckraum etwas verrutscht. Der dicke Geschäftsmann neben mir diskutiert wieder einmal mit dem Busfahrer, während er mit zwei noblen Mobiltelefonen jongliert. Ich habe keinen Empfang. Dann geht es durch weitere kleine Dörfer. Eins sauberer und ordentlicher als das andere. Ist das die Natur der Ruander oder aufgezwungene Kosmetik? Ein anderer „Gaso"-Bus kommt uns entgegen. Nach dem Hupkonzert halten beide nebeneinander und blockieren nun die gesamte Straße. Die Busfahrer diskutieren, unser Geschäftsmann ist ganz vorne mit dabei. Unser Reisebegleiter mit Fischermütze steht mit verschränkten Armen daneben und grinst.

Mittag. wir sind in Butansinda, kurz danach in Butare, im Süden Ruandas. Als erstes sehe ich ein Schild „Achtung spielende Kinder". Ich traue meinen Augen kaum, hatte ich doch in Burundi solch ein Schild noch nie gesehen. Vor dem Bistro „La bonne adresse", der richtigen Adresse, unterhalten sich einige Männer. „Überholverbot", „Vorfahrt achten", uns begegnet die gesamte Palette, die die Straßenverkehrsordnung zu bieten hat. Jetzt werden auch unsere Bustickets kontrolliert.

Wir fahren an einer Schule vorbei. Im Freien tanzen Mädchen im Kreis und singen. Ihre Uniformen sind dunkelblau. Dann erreichen wir die nächste Polizeikontrolle. Ein Mann, eine Frau. Als die Uniformierte den Bus zur Seite winkt, springt der Dicke im Anzug auf in Richtung Tür. Er flüstert ihr etwas zu, dann fahren wir ohne weiteren Kommentar weiter. Ich staune immer wieder über die Straßen. In den Kurven sind rotweiße Betonpfähle und Hinweisschilder angebracht, es gibt in regelmäßigen Abständen Nothaltebuchten. Die Hütten, an denen wir vorbeirauschen, sehen geräumig aus und sind aus festem Stein gebaut. Wir sind in Muhororo. Hier sehe ich die erste Moschee seit wir auf ruandischem Territorium sind. Sie ist klein und grün, über dem Eingang thront der Sichelmond. Darum herum sind Felder angelegt, mit einem klar strukturierten Be- und Entwässerungssystem. Der Bus fährt langsam wegen der Schulkinder, die von der Schule nach Hause laufen. Vorbei an einem Werbeschild, auf dem eine Kampagne gegen „Malariya" abgedruckt ist.

Der Ort Kabgayi. Wieder ist alles sauber und schön hergerichtet. Jetzt sehen wir auch schicke Autos, makellos, blank poliert. „Oxfam Great Britain" steht auf einem Hoftor. Daneben ein Sonnenblumenfeld und Hirse. Die Straße ist voller Kinder in Schuluniformen. Auffallend sind die vielen Tankstellen. Sogar mit digitalen Anzeigenschildern für den Spritpreis: Premium sechshundertsieben ruandische Francs. Ich hatte einen Euro für siebenhundert ruandische Francs getauscht. Außerhalb des Orts sind endlos scheinende Maisfelder angelegt. Eine einheitliche, riesige Fläche, die nichts mit den zerstückelten Parzellen Burundis gemein hat. Wir kommen nach Buhoro.

„Genocide - never again". Ein Denkmal des Völkermords. Mir fallen Bilder aus dem Film „Hotel Ruanda" ein. Wild gewordene, unter Drogen stehende Horden mit Macheten, Steinen und Knüppeln, Straßen übersät mit Leichen. Ein Lastwagen des World Food Programme, des Welternährungsprogramms der Vereinten Nationen, fährt an uns vorbei. Was muss sich hier abgespielt haben, im April vor dreizehn Jahren? Oder an der Grenze, über die wir heute ganz selbstverständlich gegangen sind? Idyllisch liegen die kleinen Hütten in der fruchtbaren Landschaft, vor dem Eingang kleine Blumenbeete, offensichtlich liebevoll gepflegt und ordentlich. Beinahe wie ein deutscher

Schrebergarten. An den Hügeln sind Trassen angelegt, um Erdrutsche zu vermeiden und die Äcker zu schützen. Im Tal sind die Äcker aufgeschüttet, darum herum fließt das Wasser in Kanälen.

Um dreizehn Uhr sind wir in Ruyenzi. Wir fahren die Überlandstraße hinunter ins Tal. Achtzig Kilometer pro Stunde sind vorgeschrieben, unser Fahrer hält sich daran. Die ruandische Polizei verstehe keinen Spaß und verfüge außerdem über Radarkontrollen. Wir fahren zwischen einem Papyrussumpf hindurch, der unendlich weit zu sein scheint. Weiter weg hat sich eine Industrie um einen Fluss gebildet. Fabriken pusten ihren Rauch in den Himmel. Vor uns fährt ein Pkw mit Kennzeichen aus Süd-Kivu, Kongo (gelbe Schrift, blauer Grund). Die ruandischen Kennzeichen haben schwarze Schrift auf gelbem Grund. In Burundi hat man weißen Grund, grün-rote Schrift und einen roten Rahmen. Bald sollen alle Nummernschilder der Ostafrikanischen Gemeinschaft jedoch einheitlich angepasst werden. Soldaten bewachen die Straße, die zu den Fabriken führt. In neuen, gepflegten Uniformen stehen sie am Straßenrand, das Maschinengewehr über der Schulter.

Kurz darauf sind wir in Kigali, Ruandas Hauptstadt im Zentrum des Landes. Die Stadt hängt zwischen mehreren Hügeln, zwischen dem wenigen Grün der Bäume dominiert das Braun der Lehmhäuser. Die Straßen sind voller Menschen. Die Viertel am Stadtrand, die wir passieren, machen einen sehr armen Eindruck. Wir halten kurz, einige Fahrgäste holen sich etwas zu essen. Sie schleppen die braunen Papiertüten in den Bus und essen zufrieden auf ihren Plätzen. Plastiktüten sind in Ruanda verboten. Oft kommt es vor, dass die Grenzpolizei sogar das Gepäck der Reisenden durchsucht und Plastiktüten umgehend konfisziert. Auch seien im Zentrum Kigalis einfache Schlappen, wie Flip Flops, wie sie der Großteil der Bevölkerung aus praktischen und finanziellen Gründen trägt, verboten. Ob dies jedoch nur ein Gerücht oder tatsächlich Vorschrift ist, sollte ich nicht herausbekommen.

Als sich der Bus wieder in Bewegung setzt, bekommen wir die Ausreisekarten für Ruanda, um sie auszufüllen. Alles wird detailgenau dokumentiert. Eine halbe Stunde später sind wir in Murenge. Ein Arbeiter mit einer Motorsäge auf der Schulter schlendert den Straßenrand entlang. Dann folgen riesige Teeplantagen. Unglaublich große Flächen. Die Straße wird nun schlechter, je weiter wir in Richtung Norden kommen. Um vierzehn Uhr dreißig kommen wir in die nächste Polizeikontrolle. Scheinwerfer, Blinker und Scheibenwischer werden überprüft. Dabei grinst der Beamte als wüsste er genau, dass es eigentlich nur Schikane ist. Unser dicker Geschäftsmann fuchtelt wieder mit dem Mobiltelefon und palavert. Der Busfahrer lässt das Prozedere kommentarlos, aber sichtlich genervt über sich ergehen.

Dann erreichen wir die nächste Grenze. Auf ruandischer Seite müssen wir anstehen, die ausgefüllte Karte zur Ausreise abgeben und den Ausreisestempel in den Pass geben lassen. Warten ist eine große Tugend. Vor allem, weil Drängeln für manche Zeitgenossen eine Selbstverständlichkeit ist. Sie drücken, strecken ihren Pass über die Köpfe der anderen, wollen mit den ohnehin schlecht gelaunten Beamten diskutieren. Schneller läuft dadurch nichts, denn immerhin müssen wir alle zurück in denselben Bus zur Weiterfahrt. „No smoke here", Rauchen verboten, belehrt mich ein junger Mann, der ebenfalls in unserem Bus reist. Ich entschuldige mich höflich und frage, wo es erlaubt sei zu rauchen. Er zeigt auf eine Stelle wenige Schritte von mir entfernt. Ich schaue ihn ungläubig an und gebe ihm zu verstehen, dass er mich nicht für dumm verkaufen solle. „No smoke here". Ob nun hier oder drei Schritte weiter, sei wohl schlichtweg egal, wir sind im Freien! „No smoke here". Ich drehe mich um und ignoriere ihn. Der Grenzbeamte, der die Szene beobachtete, grinst und interessiert sich nicht weiter für uns, noch für meine Zigarette. Ein anderer Mann bittet mich um einen Kugelschreiber. Ich gebe ihn ihm. „No smoke here" höre ich die Nervensäge immer noch hinter mir. Ich muss lachen.

Nach dem ruandischen Stempel geht es zu Fuß wieder über eine Brücke, wo die Lkw Schlange stehen. Auf der anderen Seite angekommen, stelle ich mich in die nächste Reihe, um das Visum für Uganda zu bekommen. Konnte ich mich in Ruanda doch noch ein wenig mit Französisch durchschlagen, so bin ich hier endgültig am Ende der Frankophonie angekommen. Auch mein Kirundi kann mir nun nicht mehr weiterhelfen. Ab sofort gelten nur noch Englisch und Kiswahili, allenfalls noch Luganda. Da ich die letzteren beiden nicht kann, versuche ich mich wieder in die englische Sprache einzufinden. In Uganda gibt es etwa vierzig unterschiedliche Sprachen. „Change?" Nein, danke. „My brother, change?" Nein, immer noch nicht. Nach zwanzig Minuten in der Warteschlange gebe ich dem Beamten am Schalter meinen Pass und dreißig Dollar für das Visum. Der Grenzbeamte prüft die Scheine kritisch, dann stempelt er meinen Reisepass und unterschreibt. Mein Pass sieht mittlerweile exotisch aus: Stempel und Visa aus Burundi, Kongo, Ruanda und Uganda. Gedränge an der Visastelle. Diskretion und Distanz sind Fremdwörter. Ich frage mich, wie die Menschen reagieren würden, wenn ich mich ebenfalls vordrängeln würde.

Linksverkehr. Unser Busfahrer erinnert sich an diese Umstellung erst, als ihm ein Auto auf derselben Spur entgegen kommt. Ich bin in Uganda. Ein anderes Land, eine andere Vegetation, andere Menschen, andere Sprachen, eine andere Kultur. Ein neues Abenteuer, auf das ich mich nun ganz und gar einlassen möchte. Die Landschaft unterscheidet sich vorerst nicht von der Ruandas und Burundis. Saftiges Grün, viele Bananen, mit dem kleinen Unterschied, dass das Land flacher ist. Wir machen in der ersten Stadt Halt: Kabale. „Kabale University" steht ein großes Schild am Ortseingang. Eine Tankstelle von Shell. Die „Yakobo Clinic" steht neben dem „Kadio Motel". Ein Haus trägt den Schriftzug „Adventists of the seventh day", Adventisten des siebten Tages. Eine Kirche dieser protestantischen Bewegung steht auch in Bujumbura unweit des Kinderheims, in dem ich wohne. Kabale wirkt geschäftig, es ist viel los auf der Straße.

Ein Unfall hat sich ereignet, die Beteiligten streiten auf der Straße. Wie in Burundi, dienen auch hier Äste zur Absicherung, als natürliches Warndreieck. Ein Konvoi der UN kommt uns entgegen. Das ruandische blau-gelb-grün ist nun ugandisches schwarz-gelb-rot. Das burundische „telecel", der meist genutzte Kommunikationsanbieter, heißt hier „celtel" und ist überall zu lesen. Zumeist auf grell rot gestrichenen Häusern. Statt dem mir gewohnten Primus-Bier gibt es Club, Bell und Nile. Riesige Bananenwälder, dazwischen grasen Langhornrinder. Ein schwarzer Pick-Up der „Police Highway Control" steht am Straßenrand. Die Landschaft verändert sich plötzlich. Das Land wird flacher, nur am Horizont sind Berge zu sehen. Grasland, Prärie wie in Wild West Filmen. Die weit entfernten grünen Berge werden von der untergehenden Sonne angestrahlt. Der Konkurrenzkampf zwischen Pepsi und Coca Cola wird selbst in dem kleinen Ort ausgetragen, den wir passieren. Der Geschäftsmann neben mir zählt ein Bündel Geldscheine. Er macht Späße über den jungen Mann im Blaumann, der nicht so recht weiß, wie er damit umgehen soll. Er gibt sich cool, scheint sich aber nicht zu trauen, etwas gegen den Mann im Anzug zu sagen. Der Dicke lacht schallend.

Die Menschen sitzen vor ihren Hütten. Unser Bus ist mittlerweile gnadenlos überfüllt, seit in Kigali weitere Passagiere eingestiegen sind, die im Gang sitzen oder die gesamte Zeit bis Kampala stehen. Ein Mann sitzt neben mir auf dem Boden. Er kann vor Erschöpfung seinen Kopf nicht mehr halten und nickt ein, mit dem Kopf auf meinem Knie. Wir halten erneut in einer kleinen Ortschaft und die Händler scharen sich um den Bus. Der unsympathische Geschäftsmann kauft Bananen, wovon er sich eine gleich in den Mund schiebt. Ein kleiner Rest bleibt in seinem Schnauzbart hängen. Ich würde viel dafür geben, in den Genuss eines der leckeren burundischen Fleischspieße zu kommen. Wir lassen die Kreuzung Kabale - Mbarara hinter uns.

Es ist achtzehn Uhr und es dämmert als wir Mbarara erreichen, eine Kleinstadt. Viele große Gebäude, daneben ein gepflegter Sportplatz. Die „Nile Bank" thront neben den Einkaufszeilen in der Innenstadt. An kleinen Ständen werden Chapati, Teigfladen, gebacken. Wir halten zum Tanken. Ich kaufe mir einen Chapati. Sie sind sehr fettig, aber lecker und erinnern an einen deutschen Pfannenkuchen. Dann geht es weiter nach Kampala, das große Zentrum, die Haupt- und Handelsstadt Ugandas. In der Nachtfahrt erstreckt sich über uns der schönste Sternenhimmel, den ich jemals gesehen habe und bislang nur von Postkarten kannte.

Um kurz nach zweiundzwanzig Uhr auf meiner Uhr, nach ugandischer Zeit schon eine Stunde später, treffen wir in Kampala ein. Judith, eine deutsche Freiwillige, die wir beim Vorbereitungsseminar in Köln vor unserer Ausreise kennengelernt hatten, erwartet uns bereits am Busbahnhof mitten in Kampala. Wir nehmen unser Gepäck entgegen, laufen hinüber zum Bustaxipark, wo wir in ein Bustaxi steigen, und fahren in Schrittgeschwindigkeit in unser neues Heim, in dem wir eine Woche bleiben werden: das „Rainbow House of Hope Uganda" (RHU), eine kleine Nichtregierungsorganisation geführt von Ugandern mit einem internationalen Unterstützernetzwerk. Der Reisebus wird gewartet und noch in derselben Nacht zurück nach Burundi fahren.

Am nächsten Morgen wache ich erst um neun Uhr auf. Die Reise steckt in meinen Knochen. Wir hatten am Abend noch Rose und Timothy kennengelernt, ugandische Kollegen Judiths im „Rainbow House". Sie arbeiten neben ihrem Studium im Projekt und wohnen seit mehreren Jahren im Jugendzentrum für benachteiligte Kinder. Beide begrüßen uns herzlich. Wir lernen auch Max kennen, einen Bayer, der dort seinen Ersatzdienst leistet, und Anna aus Essen, die ein mehrwöchiges Praktikum absolviert, das ihr ihr Studium in Deutschland vorschreibt. Wie uns Judith erklärt, wohnen außerdem noch weitere fünf Ugander in dem kleinen Haus, die im Projekt mitarbeiten. Da sie jedoch darauf bestanden hatte, uns ebenfalls in dem Haus unterzubringen, ist der Platz mehr als ausgereizt. Wir legen Matratzenlager in Judiths und Roses Zimmer an, die ihre Betten für uns aufgeben. Ein solches Angebot nicht anzunehmen, wäre einem Ugander gegenüber ein Affront. Ebenso verhält es sich mit dem Essen. Heute wollen wir uns Kampala ansehen und erst einmal Geld tauschen. Ugandische Schilling.

Mit „olya otya niabo/sebo", der üblichen Begrüßung für Frau oder Mann, und „jendi niabo/sebo", der Antwort, mache ich meine ersten Schritte in Luganda, der Sprache Kampalas. Dabei spielt es immer eine Rolle, ob das Gegenüber weiblich oder männlich ist. „Webale nyo niabo/sebo", vielen Dank!

Um zehn Uhr sitze ich geduscht und mit frischer Kleidung im Freien vor dem Haus. Die Kinder, die Judith und ihre Kollegen betreuen, sind bereits alle zum RHU gekommen. Als sie die weißen Besucher sehen, stürmen sie auf uns zu und umarmen uns. Ein kleiner Junge will auf meinen Rücken klettern. Von Scheu und Zurückhaltung keine Spur. Die Kinder in Burundi sind definitiv anders erzogen. Nachdem ich jedes der Kinder einmal umarmt, an den Armen durch die Luft geschleudert oder auch nur an der Hand gehalten habe, komme ich in den Genuss meines ersten ugandischen Frühstücks. Es gibt Chapati, die Teigfladen, dazu eine Avocadocreme mit Tomaten und Paprika. Deftig, sättigend und sehr köstlich. Dazu essen wir frittierte Süßkartoffeln. Die Köche strahlen übers ganze Gesicht, als sie sehen, wie wir über die Teller herfallen.

Ich gehe für eine Zigarette um die Ecke. Dann machen wir uns zu Fuß auf, die Stadt Kampala zu erkunden. Das Viertel, in dem das „Rainbow House" liegt, sei sehr arm gewesen, erzählt Judith, sei aber zwischenzeitlich um einiges besser geworden. Die Kinder, die das Kinderzentrum besuchen, kommen alle aus armen oder zerrütteten Familien, auch wenige Waisen sind darunter. Regelmäßig werden vierzig Kinder betreut, insgesamt sind es jedoch über zweihundert, die vom RHU profitieren, darunter viele Straßenkinder. Bis in die Stadt sind es etwa zwanzig Minuten Fußmarsch. Auf halbem Weg habe ich eine tolle Aussicht auf die Skyline der Stadt. Bujumbura wirkt hingegen wie ein Provinznest. Nach einem kurzen Marsch über Sandpisten, geteerte Straßen, Wiesen und ein Schienenbett stehe ich mitten in einer der Metropolen Ostafrikas: Kampala. Drei

Millionen Einwohner leben hier. Aus einer Kirche tönt „Halleluja", auf der Straße davor steht ein Mann mit einer Bibel in der Hand, der jeden Passant von seinen Ansichten überzeugen will. Über den Hochhäusern schweben riesige, storchenähnliche Vögel, die „Marabu" genannt und von Ugandern gerne gemieden werden. Sie sitzen in den Baumkronen und verrichten ihr Bedürfnis, zum Leid der Fußgänger. Sie seien außerdem giftig, wird mir versichert. Die Fliegen gehen noch nicht einmal an die Kadaver. Das sei gleichzeitig das Glück der Vögel: ansonsten wären sie wahrscheinlich längst aus Kampala verschwunden: gegessen von den Menschen.

Ich beobachte junge Frauen, die mit kleinen Plastikkörben die Straße entlang schlendern und kalte Getränke verkaufen. Andere haben größere Körbe und bieten Nüsse, Zigaretten, die hier „Rex", „Sportsman" oder „Safari" heißen, Taschentücher, Obst oder Kekse an. Judith bestätigt mir, dass es den Ugandern vergleichsweise gut gehe. Die letzten Kriege lägen lange zurück, in der Zeit des gefürchteten Herrschers Idi Amin. Nur im Norden des Landes sei die Lage nach wie vor schlimm, wo die Lord's Resistance Army unter ihrem Anführer Joseph Kony immer noch aktiv ist und Kinder aus den Dörfern entführt, um sie als Soldaten zu missbrauchen. Aber hungern müsse in Uganda niemand mehr, was einen wesentlichen Unterschied zu Burundi darstellt. Und Kampala hat ohnehin ein ganz eigenes Flair.

Wir gehen auf den „Crafts market", einem Platz mit Ständen für Souvenirs ausschließlich für Touristen. Die meisten Waren kommen jedoch aus Kenia und Tansania. Eine kleine Maske als Schlüsselanhänger gefällt mir und der Händler versichert mir, sie sei aus Uganda. Ich zweifle. zweitausend ugandische Schilling will er von mir haben, ich will aber nur eintausend geben. Also gehe ich weiter. An einem anderen Stand sehe ich genau die gleiche Maske. Ich frage die Verkäuferin, woher der Schlüsselanhänger komme. Südafrika. Ich muss laut lachen und gehe geraden Wegs zurück zum ersten Laden. „Ich gebe dir nur eintausend Schilling, weil du mich angeschwindelt hast", sage ich zum Händler, der selbst grinsen muss. Er besteht auf seine zweitausend Schilling, also gehe ich ohne Maske. Aber grinsend.

Im selben Laden kauft ein anderer Weißer zwei Skulpturen aus dem Kongo. Sie sind fünfzig Zentimeter hoch und sehen alt aus. Der Tourist bezahlt umgerechnet fünfzig Dollar. Ich denke mir meinen Teil und gehe zurück zu den anderen. In den Augen des Händlers kann ich genau lesen, was er denkt. Nach diesem Geschäft wird er für den Rest des Tages seinen Laden dicht machen, einen trinken gehen und mit Freunden lästern, wie blöd die Weißen doch sein können.

In der Stadtmitte herrscht Chaos. Der Verkehr verstopft die Adern zwischen den Hochhäusern, vor allem die Bustaxis, „Matatu" genannt, die ihren Boykott der sehr wohl existierenden Verkehrsregeln bei jeder Gelegenheit demonstrieren. Am schnellsten voran kommt man, wenn man nicht laufen möchte, mit den „Boda Bodas", den Motorradtaxis. Der Begriff wurde anscheinend vom englischen Wort „boarder", Grenze, abgeleitet und ursprünglich für die Transportfahrräder benutzt, mit denen der Handel mit den Nachbarländern betrieben wurde. Am Straßenrand wird wirklich alles verkauft: Bücher, Obst, Gemüse, Tageszeitungen, Mobiltelefone. Zwischen den Ständen finden sich immer wieder kleine Pavillons, „Public Pay Phone", öffentliche Telefone. Lebendige Telefone, denn ein Angestellter steht mit in der Zelle und regelt das Wählen und Abkassieren. Über dem weißen Meer des „Matatu" Parks prangert ein riesiges Werbeschild von Motorola für Mobiltelefone: „Yourmoto". Es ist sehr staubig und laut. Das Getöse der Großstadt wird in regelmäßigen Abständen übertönt von der Trillerpfeife eines Verkehrspolizisten, der einsam und vergebens die „Matatus" zur Ordnung rufen will. Er wird beinahe von einem großen Holzkarren angefahren. Am Horizont, auf einem Hügel hinter der Innenstadt, thront eine große Moschee. In einer anderen Ecke der Stadt steht ein Hindutempel. Und eine Kirche. Ein Schmelztiegel der Kulturen und Mentalitaten. Und so friedlich. Ich bin angetan von dieser Stadt.

Am Abend bleiben wir im „Rainbow House" mit Judith und ihren Freunden. Ich spendiere eine Kiste Soda und Bier für die, die wollen. Die Ugander bedanken sich überschwänglich, einer umarmt mich sogar. Dazu gibt es ein Festmahl: Cassava, die in Burundi Maniok genannt wird, Süßkartoffeln, Reis, Bohnen, Erdnusssauce und Brei aus Kochbananen („Mutoke"). Die Kinder singen im Freien zum Gitarrenspiel Timothys. Ich fühle mich plötzlich sehr wohl, mitten in der Dunkelheit, mitten in Afrika. J.B., der eigentlich John Bosco heißt, ein kleiner Junge, ist sichtlich müde und hängt an mir. Einschlafen scheint er auch nicht zu wollen, er könnte ja etwas verpassen. Er grinst ohne Pause.

Das Frühstück am zweiten Tag besteht aus einem „Rolex" und Instantkaffee. „Rolex" ist ein Rührei mit Zwiebeln, Paprika und Tomaten, das in einen Chapati eingerollt wird. Sehr fettig, sehr lecker. Man bekommt sie in Kampala an den vielen Straßenständen für sechshundert ugandische Schilling, knapp dreißig Eurocent. Zuvor hatten wir das einzige Badezimmer für dreizehn Personen ziemlich beansprucht.

Es ist Samstag und wir wollen zu den „Sipi Falls", einem Naturparadies im Osten Ugandas nahe der Grenze zu Kenia, wie es nur noch selten zu finden ist. Wir nehmen eines der Bustaxis im belebten Taxipark und fahren zuerst nach Mbale, wo wir umsteigen werden und noch eine Stunde nach Sipi weiterfahren, das kleine Dorf in den Bergen in der Nähe des Mount Elgon, einem erloschenen Vulkan. Händler schwirren um den Bus und drücken alle denkbare Ware durch oder an die Fenster: frittierte Grashüpfer, Lutscher, Zigaretten, Damenunterwäsche, Haarspangen, Uhren, Sonnenbrillen. Original Gucci, „made in China". Und Weißbrot, wie es in Uganda an jeder Ecke zu finden ist. Vier bis fünf Stunden Fahrt liegen vor uns. Ich habe gerade einmal genügend Platz, meine Knie an den Vordersitz zu pressen. Der Ugander vor mir kauft sich eine schicke Uhr. Ein Original aus China.

Sechzehn Passagiere sind im Bus. Auf der Karosserie des „Matatu" ist in großen Lettern aufgedruckt, dass es eine Lizenz für vierzehn Insassen hat. Ich beschwere mich dennoch nicht, denn ich habe schon weitaus schlimmer überfüllte Taxis gesehen. Ich lese die Überschriften der ugandischen Tageszeitung, die mir ein Händler entgegenstreckt. Die Wattestäbchen des anderen kaufe ich nicht, auch keine indischen Medikamente. „Sijagala", ich will nicht, auf Luganda. Ich kaufe Wasser, worauf mir Judith erklärt, dass auf Luganda „amazi" Wasser bedeutet, gleich dem Wort in Kirundi. Doch falsch betont könne es auf Luganda auch Scheiße bedeuten. Gut zu wissen.

Um kurz vor elf Uhr setzt sich unser Taxi in Bewegung. Der erste Parcours besteht darin, aus dem riesigen „Matatu" Park herauszukommen. Ich sitze in der zweitletzten Reihe, am Fenster, was mir erlaubt, das rege Treiben auf der Straße zu beobachten. In der Mercedes-Vertretung, an der wir vorbeifahren, stehen tatsächlich die neuesten Modelle.

Am Stadtrand tanken wir, bevor es aufs Land geht. Die Sonne strahlt mir auf den Kopf. „Rotary Club of Kyambogo-Kampala" steht groß über einer Bushaltestelle.

Am Straßenrand sind Särge aufgestapelt, in unterschiedlichen Holzfarben. Die großen unten, die Kindersärge oben. Es schaudert mir, als ich die kleinen Särge sehe. In Uganda, wird mir gesagt, hätten Kinder nicht sofort nach der Geburt einen Namen, da sie noch sterben könnten. Überleben die Kinder ihre Namensgebung, kommt die nächste Hürde: Hexenkult. Täglich würden in Uganda Kinder entführt und für abergläubische Rituale geopfert. Vor allem Geschlechtsteile und Innereien würden für den Kult benötigt, der regelmäßig in der lokalen Presse für Schlagzeilen sorgt. Die Polizei nehme die Anzeigen auf, mehr aber auch nicht. Viele der Kleinkinder in Uganda tragen deshalb Ohrringe schon im jüngsten Alter. Denn durch den Schmuck würden sie für den Hexenkult unbrauchbar. Es sei sogar schon vorgekommen, dass Kinder entführt und am nächsten Tag wieder ausgesetzt worden sind, weil sie Ringe in den Ohren hatten. Es ist auffallend, wie viele Kleinkinder bereits den Schmuck im Ohr tragen. Sie tun besser daran.

Die Verkaufsstände am Straßenrand bieten eine unglaubliche Vielfalt an Obst und Gemüse: Melone, Kürbis, Ananas, Bananen, von allem etwas. Daneben stehen Geschäfte für Baumaterial, Betten und Möbel gibt es im „Basindi Furniture Center". Und wieder Kindersärge, gleich neben dem „Highway Restaurant". Und die hässlichen, großen Vögel. „Live on the Coke side of life", steht auf einem großen Werbeschild. „Celtel - making life better" oder „Sadolin - colour your world". Ein Blasorchester einer evangelischen Kirche zieht an uns vorbei.

Die Straße wird zur Schneise durch den Urwald. Links und rechts vom Teer ist jetzt nichts als Busch, hohe Bäume, Natur pur. Der „Mabira-Wald". Zuvor war die Landschaft geprägt von Zuckerrohr und Teeplantagen. Judith erzählt mir, dass das gesamte Waldgebiet von der Regierung hätte verkauft werden sollen für den Anbau von Zuckerrohr. Der Plan der Regierung Yoweri Musevenis hatte heftige und gewaltsame Proteste ausgelöst, die sogar mit dem Einsatz von Tränengas endeten. Hinzu kommt der für Ugander schockierende Umstand, dass der Käufer aus Indien stammen soll. Museveni habe den Kaufvertrag abgeblasen, nachdem selbst die Queen of England Besorgnis geäußert hätte, die in den kommenden Monaten zu einem Staatsbesuch erwartet wird. So viel zum Thema Unabhängigkeit.

Wir fahren über den „Victoria Nile", der an dieser Stelle sehr breit verlauft. Ich sehe den Rhein vor mir, wenn man meine Heimat Karlsruhe über die Rheinbrücke nach Rheinland-Pfalz verlässt. An den Ufern des Nils hat sich die Industrie breitgemacht. Ein großes Kraftwerk versorgt ganz Uganda mit Elektrizität. Früher habe Uganda aufgrund dieses Werks sogar Strom in die Nachbarstaaten Ruanda und Kenia exportieren können. Kurz nach der Brücke steht ein „Chinese Restaurant". Dann dauert es nicht lange und ich kann in der Ferne den Viktoriasee sehen. Die Luft ist voll von rotem Staub, der sich auf alles legt. Das Zuckerrohr am Straßenrand ist rotbraun. Der Ugander vor mir mit der schicken neuen Uhr klemmt sich ein Stofftaschentuch unter die Sonnenbrille. Keine schlechte Idee. Der Lastwagen vor uns wirbelt dermaßen viel Staub auf, dass ich mich frage, ob unser Fahrer überhaupt noch etwas sehen kann. Strohhütten, bebaute Felder, Bäume. Es ist mittlerweile nach vierzehn Uhr und wir müssten bald ankommen.

Meine Knie schmerzen. Ich kann mich die gesamte Fahrt keinen Zentimeter bewegen und bin quasi zwischen Rückenlehne und Vordersitz eingeklemmt. Wir kommen durch eine kleine Ortschaft, wo mir als erstes ein Schild von Shell auffällt. Mangobäume, voll behangen mit Früchten, Bananenstauden, Papyrussümpfe. Dann fahren wir an einem großen Sportplatz vorbei. Ein Fußballspiel, Rot gegen Gelb. Dann kommen wir schließlich nach Mbale, wo wir umsteigen müssen. Bevor wir in den nächsten Bus steigen, suchen wir einen kleinen Supermarkt auf, in dem wir uns mit Wasser und Keksen versorgen. Mbale macht einen eher gemütlichen Eindruck. Dann suchen wir uns ein „Matatu" zur Weiterfahrt. Ein kleines Mädchen bleibt neben mir stehen und winkt. Ich winke zurück. Dann geht sie ihren Weg. Und wir fahren los.

Gegen sechzehn Uhr passieren wir Buyaga und es regnet. Die Lehmhäuser haben hier Fensterscheiben und Ziegeldächer. Neben jedem Wohnhaus steht eine weitere Hütte in traditionellem rundem Baustil und Grasdach. Die Männer sitzen zusammen unter den Bäumen, reden und spielen, trinken und essen. Wir biegen rechts ab in Richtung Kapchorwa und fahren auf eine Bergkette zu. Achtundzwanzig Kilometer, laut Straßenschild. Unser Bustaxi wird aufgrund der steilen Steigung langsamer. Schließlich schleichen wir mit zwanzig Stundenkilometern den Berg hinauf. So kann ich wenigstens die Landschaft genießen. Ich hatte mir beim Umsteigen nämlich den komfortablen Beifahrersitz erobert.

Die Hütten hier oben sind einfacher gebaut, den Leuten scheint es weniger gut zu gehen. Der Regen weicht der Sonne und die Aussicht, die sich mir bietet, ist fantastisch. Es ist kurz vor fünf am Nachmittag, als wir Kaserem erreichen. Ich sehe den ersten Esel, seit ich in Ostafrika gelandet bin, zwischen Hühnern, Schafen und Hunden. Auf einer der kleinen Hütten aus rotbraunem Lehm steht mit weißer Farbe gekritzelt: Hotel.

Das nächste Dorf heißt Amukol. Mit jedem fremden Ortsschild, das wir passieren, wird mir bewusst, wo ich eigentlich bin: mitten in Afrika, präziser gesagt im Osten Ugandas, nahe der kenianischen Grenze. In Amukol. Ein von Menschen beanspruchter und bebauter Fleck mitten im Urwald. Hütten aus Lehm, bestellte Felder, Viehzucht. Siedeln in seiner ursprünglichsten Form. Kinder springen über die Straße, einem selbstgemachten Ball hinterher. Schließlich erreichen wir unser Ziel: Sipi. Ein kleiner Ort in den Bergen, der sich von den anderen Dörfern nicht sonderlich unterscheidet. Mit einem signifikanten Unterschied, der dem Ort Bekanntheit und Touristen beschert: drei wundervolle Wasserfälle in einem Naturparadies, das als Geheimtipp gilt und noch nicht in Reisekatalogen steht. Es ist still in Sipi. Vielleicht haben sich die Einwohner wegen des Regens in ihre Häuser verkrochen. Auf der Straße stehen nur drei Jugendliche, die sich nicht für uns interessieren. Wie herrlich!

Wer sich für uns interessiert, ist das weiße Pärchen, das hüpfend und grinsend auf uns zukommt. „Hi, welcome! We have a nice place over there. Check it out". Wir sollten ihre Unterkünfte ansehen und buchen. Sie, vielleicht Mitte zwanzig, hat lange braune Locken und trägt ein langes buntes Kleid. Er, nicht viel älter, trägt Vollbart und lange Haare. Es sind Hippies, mitten im Urwald. Aussteiger, und das mit knapp über zwanzig. Sie kommen mir mit ihrer blumigen Sprache und ihrem Dauergrinsen naiv vor. Dann springen sie händchenhaltend davon. Ich fasse es nicht. Der Busfahrer hat zwischenzeitlich unsere Rucksäcke auf einen Haufen geworfen und düst davon.

Nach zweihundert Metern zu Fuß sind wir im „Crow's Nest", unserer Bleibe für eine Nacht in Sipi. Einige Hütten aus Bambus, „Bandas" genannt, stehen abgelegen an einem Hang, umgeben von Urwald. Die Lodge wird geführt von zwei ugandischen Familien und ist ein

Traum für jeden, der Entspannung und Ruhe sucht. Die Begrüßung fällt sehr freundlich aus. Rezeptionist Moses erinnert sich an Judith, die schon zwei Mal hier gewesen ist. Die Nacht kostet dreißigtausend Schilling, nicht ganz fünfzehn Euro. Jede „Banda" hat ein eigenes Badezimmer mit Dusche und, auf den ersten Blick, richtiger Toilette. Es ist jedoch lediglich ein nobleres Plumpsklo. Ich sitze vor meinem Zimmer und bin erschlagen von der Aussicht direkt auf einen der Wasserfälle, den größten der drei „Sipi Falls".

Ich befinde mich im Nationalpark um den Mount Elgon. Und ich habe Strom, dank eines Generators, der erstaunlich leise läuft, und fließend Wasser. Luxus im Urwald. Als ob das noch nicht genug wäre, stelle ich am Abend in der Dusche fest, dass ich sogar warmes Wasser habe. Es ist meine erste heiße Dusche seit sieben Monaten.

Nachdem wir die Rucksäcke in den „Bandas" abgestellt haben, bestellen wir unser Essen für den Abend, was frisch zubereitet wird und daher Zeit braucht. Es kostet rund fünfzehn Euro für sechs Personen. Dann steige ich die in den Fels gehauenen Treppen hinauf auf den Hügel, der „Crow's Nest" überragt. Umringt von einer massiven Bergkette, habe ich das Gefühl, auf dem Dach der Welt zu stehen, und warte auf den Sonnenuntergang. Einige Meter entfernt sitzt ein weißes Pärchen, das Rotwein trinkt, und ein afrikanischer Vater mit seinen zwei kleinen Kindern.

Ein kühler Wind weht, ein Glück hat der Regen aufgehört. Am Horizont wird sich in wenigen Minuten einer der schönsten Sonnenuntergänge abspielen, die ich jemals gesehen habe. Wie eine kitschige Postkarte. Hinter mir liegen das verschlafene Dorf Sipi, die gigantischen Wasserfälle und die grüne Bergkette. Vor mir, auf einem kleineren, vorgelagerten grün bedeckten Hügel, springen und schreien Kinder bei einem Spiel. Es ist eine Schule, die mitten im Paradies liegt, umringt von Bananenstauden. Unberührbar.

Vor mir erstreckt sich unendlich weites, flaches Land, in der Ferne spiegeln sich große Seen. Die Sonne taucht alles in Rot, der Himmel direkt über mir ist blau, unten wird das Grün der Hügel immer dunkler und allmählich schwarz. Die Kinder verziehen sich in das lange Gebäude und wir steigen wieder hinab. Bei Dunkelheit ist hier oben nicht zu sehen, wohin man tritt und die Steintreppe ist sehr steil.

Zurück in unserem kleinen Paradies rund um die Bambushütten freue ich mich auf die warme Dusche. Mitten im Urwald, mit dem typischen lauten Zirpen der Insekten. Es ist neunzehn Uhr und stockdunkel. In der „Banda" sind Moskitonetz, Bettwäsche und Handtücher blitzblank sauber. Auf dem Bett liegt eine warme Decke, die in der Nacht auch notwendig sein wird. Dann ist es Zeit fürs Abendessen, mir knurrt der Magen. Ich gehe hinüber ins Haupthaus, wo die anderen bereits an einem Tisch mit Plastiktischdecke sitzen.

Eine junge Frau bringt ein großes Tablett mit mehreren Blechtöpfen an unseren Tisch. Es soll noch nicht alles gewesen sein. Sie kommt noch weitere zwei Male. Ein königliches Abendessen für sechs Personen: Hühnchen in Tomatensauce, mehrere Schalen Reis, Erdnusssauce, Bambusgemüse, Chapati, eine scharfe Gemüsesauce, Kraut und Karotten. Dazu trinken wir Stoney, eine Ingwerlimonade, die in Uganda und vielen anderen anglophonen Ländern häufig getrunken wird. Bis zu meinem Aufenthalt in Uganda hätte ich mir nicht träumen lassen, dass ein kaltes Getränk aus Ingwer schmecken könnte. Außerdem gibt es Cola und Club, eines der ugandischen Biere. Um einundzwanzig Uhr wird der Generator abgeschaltet. Schlafenszeit. Jede „Banda" wird mit einer kleinen Petrollampe ausgestattet. Wir könnten noch sitzen bleiben solange wir wollten, sagt uns das Mädchen, das uns bedient hatte.

Ich lerne an diesem Abend noch drei Norweger kennen, zwei junge Frauen und einen Mann. Sie arbeiten in der Entwicklungshilfe in Kampala. Eine der Frauen hatte ich bereits in der Hauptstadt in einem Café gesehen. Um uns und die Gaslampen schwirren kleine Käfer, angezogen vom Licht der Lampen. Weiter oben unter der Decke schwirrt ein Glühwürmchen. Drei englische Jungs gesellen sich zu uns. Der offene Raum, in dem das Essen serviert wird, wurde anscheinend noch am selben Tag neu gestrichen. Der Boden klebt noch von der frischen blutroten Farbe.

Der Service im „Crow's Nest" ist absolut erstklassig. Was mir besonders gefällt, ist der Gedanke, dass die Betreiberfamilien, Ugander, sich vollständig selbst organisieren. Kein ausländisches Investment, keine Ausbeute, keine Touristenhochburg. Morgen ist Sonntag. Und es soll ein besonderer Sonntag werden. Wir wollen zu den Wasserfällen wandern. Der Guide kostet neuntausend Schilling pro Kopf, etwas über vier Euro, für die gesamte vierstündige Tour. Der Guide gehört übrigens auch zur Familie des „Crow's Nest". Man ist auch besser beraten, empfohlene Tourguides zu nehmen. Mir wurden Geschichten erzählt, dass manche fremde Führer mitten im Urwald Halt machten und nach mehr Geld fragten als zuvor abgemacht war. Viele Gegenargumente hat man in so einem Fall nicht, ist man doch auf den Einheimischen angewiesen, um zur Unterkunft zurück zu finden.

Ich habe mich in Afrika verliebt. Seine Länder, die ich bislang besuchen konnte, seine Menschen, seine Kulturen, die Lebensweise, die Leichtigkeit, Dinge zu betrachten. Ich frage mich allerdings, ob das nur der Fall ist, weil ich ein „weißes" Leben in Afrika führen kann. Natürlich bin ich Freiwilliger und schwimme nicht in Geld. Aber dennoch kann ich mir fast alles leisten, was ich möchte. Ein gravierender Unterschied zu den meisten Menschen, die ich auf meinen Reisen treffe. Ich nehme eine Zigarette aus der Schachtel und zünde sie an, puste den Rauch in die Höhe. Dann betrachte ich die Schachtel. „Rex". König.

Wie ist das wirkliche Leben in Uganda? Außerhalb der schönen „Bandas", ohne viel Geld? Würde ich Afrika immer noch lieben, wenn ich in einer Lehmhütte leben müsste? Vieles geht mir durch den Kopf. Als wir oben auf dem grünen Hügel standen und auf den Sonnenuntergang warteten, sah ich weiter unten die Hütten der Einwohner von Sipi. Ich mache Fotos, das Pärchen neben uns trank eine Flasche Rotwein. In Uganda bin ich Tourist. Kein Freiwilliger, niemand, der mit der Absicht gekommen ist, etwas zum Positiven zu verändern. Der Gedanke lässt mir unwohl sein.

Ich vermisse die Kinder in Bujumbura. Ich spüre das Bedürfnis, sie zu sehen, mit ihnen zu reden, zu lachen, ihnen nahe zu sein, Basketball zu spielen, mit ihnen Hausaufgaben zu machen. Sicherlich sitzen sie in diesem Moment mit ihren Schulheften in einer Ecke des Heims und pauken. Für die sechsten Klassen steht am 30. Mai der nationale Test an, der den Weg in die weiterführende Schule ebnet. Meine Mitfreiwilligen singen „Bolle reiste jüngst zu Pfingsten". Ich glaube, der Verfasser hätte nie damit gerechnet, dass „Bolle" auch einmal in Sipi, im Osten Ugandas, gesungen würde. Ich auch nicht.

Ich schlafe schnell und gut. Kurz nachdem ich unter das Moskitonetz geschlüpft war, setzte ein starker Regen ein, der auf das Wellblech prasselte. Als ich am nächsten Morgen kurz vor acht Uhr vor die Hütte trete, stehe ich im Nebel. Die gesamte Bergkette steht in einem weißen Schleier. Zeit für ein Foto. Ich frühstücke zwei Pancakes, kleine, sehr dicke Pfannkuchen, mit Marmelade und Honig. Dazu trinke ich schwarzen Kaffee. Der burundische Kaffee ist um Klassen besser.

Um halb zehn machen wir uns auf zur Wanderung. Unser Guide, Malicia, begrüßt uns grinsend und mit Handschlag vor der Hütte der Rezeption. Zuerst marschieren wir die geteerte Straße entlang ins Dorf. Dann biegen wir zwischen zwei Hütten querfeldein links ab, mitten ins Grüne, wo die Wiese steil abfällt. Wir marschieren mitten in den Busch, zwischen den Felsen. Es geht auf und ab auf einem schmalen und durch den Regen rutschigen Trampelpfad, den man besser nicht verfehlen sollte. Malicia lässt uns nicht aus den Augen, schließlich ist die Tour nicht ganz ungefährlich. Zwei kleine Jungen aus dem Dorf gesellen sich zu uns und laufen ein Stück mit. Rogers und Julas heißen sie. Anscheinend wollen sie Malicia den Job streitig machen und geben sich als Fremdenführer. Sie erklären Pflanzen und Früchte.

Wir durchqueren einen Hof, vorbei an einer kleinen Lehmhütte. Eine Frau mit Kind auf dem Arm beobachtet uns. Mir ist es unangenehm, einfach so über ihr Grundstück zu laufen, muss aber Malicia folgen. Man stelle sich das einmal in Deutschland vor!

Ich mache kein Foto und lasse die Kamera stecken. Später wird mir jedoch erklärt, es wäre eine Beleidigung, das Gehöft zu umgehen. Man würde den Besitzern dadurch Abneigung signalisieren. Es sei üblich, mitten hindurch zu gehen. Ich habe wieder einmal etwas dazugelernt. Interessant, wie sehr uns unser nordeuropäischer (deutscher?) Individualismus doch einschränkt.

Wir schlüpfen durch Bananenplantagen, waten über bestelltes Ackerland mit Bohnen und Zwiebeln. Dann folgt ein felsiger Abstieg. Über einem kleinen Wasserfall sind wacklige Holzbretter als Treppe angebracht. Es ist sehr rutschig, ich muss mich an beiden Seiten an den Felsen festhalten. Bergauf, bergab. Ich schwitze, nicht zuletzt wegen der Sonnencreme auf meiner Haut, die ich mir hätte sparen können. Es ist bewölkt, nicht zu heiß, aber sehr schwül. Dann erreichen wir schließlich den ersten der „Sipi Falls", einen neunzehn Meter hohen Wasserfall. Die Wassermassen prallen auf hartes Gestein, darum herum ist alles grün. Es ist sehr laut. Es ist faszinierend vor diesem gewaltigen Naturschauspiel zu stehen. Was für ein kleines, unbedeutendes Wesen der Mensch in dieser Welt doch eigentlich ist.

Gerade als ich die Schönheit der Natur bewundere und denke, hier sei keine Menschenseele, da rücken in der Ferne die Norweger aus „Crow's Nest" an. Wir schauen also, dass wir weiterkommen. Nach einem steilen Aufstieg durch einen Bananenwald und einer mehr als abenteuerlichen Holzleiter kommen wir zu einer kleinen Höhle, in der es viele Fledermäuse gäbe, sagt Malicia. Um uns herum springen kleine Kinder, die in der Nähe wohnen und gehört haben, dass Weiße hier unterwegs seien. Die Mädchen tragen kleine, rosa Kleidchen, schmutzig und zerrissen. Sie freuen sich und lachen, als ich Quatsch mit ihnen mache. Ich wasche mir Hände und Gesicht mit dem Wasser, das von der Klippe heruntertropft, was die Kinder sichtlich amüsiert. Dann gehen wir weiter. Esther, wie sich mir eines der kleinen Mädchen vorstellt, folgt mir auf Schritt und Tritt, ist aber schüchtern und hält einen Sicherheitsabstand zu dem weißen Fremden. Daraus entwickelt sich ein Spiel: Ich bleibe abrupt stehen und sie tut es mir gleich, wobei sie mich erwartungsvoll anschaut, bereit zur sofortigen Flucht. Dann setze ich meinen Weg fort und sie folgt mir, natürlich immer mit ihrem Sicherheitsabstand.

Wir erreichen eine kleine Weide mit saftig grünem Gras. Die Kühe darauf kümmern sich herzlich wenig um uns. Die Männer vor ihren Hütten hingegen schon. Ihre Blicke verfolgen uns. Ich unterhalte mich mit unserem Guide Malicia. Die Sprache hier, erklärt er mir, sei eine ganz eigene, die sonst nirgendwo in Uganda gesprochen würde. Sie sei einer Sprache im Westen Kenias ähnlich, das nur wenige Kilometer weiter östlich liegt. Mit einigen Völkergruppen dort könnten sie sich leicht verständigen. Mit anderen Ugandern hingegen nicht. Konsequenzen der willkürlich gezogenen Ländergrenzen durch die Kolonialmächte auf der „Bismarck-Konferenz" Ende des neunzehnten Jahrhunderts. Eine Absurdität ohnegleichen.

Wir sitzen nun am Fuß des Bergs mit dem zweiten Wasserfall und ruhen uns aus. Vor uns fließt ein kleiner glasklarer Bach, dessen Ufer üppig bewachsen ist. Auf der anderen Seite des Bachs steht eine kleine Hütte, versteckt im Grünen. Ein Junge winkt mir zu. Andere Kinder tragen gelbe Wasserkanister aus Plastik auf dem Kopf und verschwinden im Dickicht. Eine Frau wäscht ihre Kleider im Bach. Ich genieße die Stille. Es ist ein Idyll. Hinter mir zieht plötzlich eine Gruppe japanischer Touristen vorbei. Sie lächeln und winken. Eine indische Familie sitzt weiter weg unter einem Baum und trinkt Fanta.

Nach einer ganzen Weile gehen wir zurück zum „Crow's Nest", entlang der einzigen Straße in Sipi, an der sich das Leben abspielt. Es ist ein Nest, ruhig und verschlafen. Die Äcker sehen ordentlich aus, kleine Pflänzchen sprießen überall. Die Menschen winken freundlich oder bemerken uns gar nicht und gehen ihrem Tagesgeschäft nach. Manche sind in ihre Mahlzeiten vertieft. Wie lange wird Sipi noch so bleiben? So unberührt, so ruhig? Noch ist es ein Geheimtipp für jeden, der Entspannung und Abenteuer sucht. Klar, Tourismus bringt Geld. So etwas wie Sipi habe ich noch nie gesehen.

Die Bars und Stores im Dorfzentrum sind in grauen Gebäuden aus festem Stein untergebracht und erinnern mich an Filme über den „Wilden Westen". Die Bauweise, das

Flair. Zwei kleine Jungen rennen lachend neben mir her. Dann komme ich zu einem langen Haus aus Bambus, in dem gerade ein Gottesdienst gefeiert wird. „Halleluja" schallt es ein paar Mal heraus. Der Prediger ist heißer. Daneben steht der „Community Center", aus dem Gesang von Frauen zu hören ist. Auf den Vorplätzen springen und spielen Kinder in schicken Kleidern. „Hotel" steht auf einer einfachen Lehmhütte. Der alte Mann, der neben dem Eingang in seinen Stuhl gesunken ist, schläft tief und fest mit offenem Mund. Sein Hut hängt ihm schief ins Gesicht. Auch das eine Wild-West-Szene: der Cowboy im Schaukelstuhl vor dem Saloon. Die Polizeistation von Sipi: eine Lehmhütte, die nicht gerade zu den neuesten und schönsten im Dorf gehört, Fenster ohne Glasscheiben und tiefe Risse in den Wänden. Polizisten sehe ich keine. Eine Frau sitzt vor der Hütte im Gras und scheint sich offensichtlich zu langweilen.

Die Abreise zurück nach Kampala ist für sechzehn Uhr vorgesehen. Zuvor dusche ich und gehe hinüber ins Haupthaus zum Mittagessen, wo ich Saskia kennenlerne, eine neunzehnjährige Deutsche aus Mainz. Sie wohne in Kampala, erzählt sie, und arbeite für eine Umweltschutzorganisation. Im Moment habe sie frei und schaue sich auf eigene Faust das Land an. Sie checkt an der Rezeption ein, ich gehe essen. Es gibt eine große Schüssel mit Avocadocreme mit Paprika und Tomaten, dazu Teigfladen, die an mexikanische Tortillas erinnern. Anschließend packe ich meinen Rucksack und gehe zur Rezeption, um mich abzumelden. Beim Auschecken und Bezahlen merke ich einmal mehr, dass mir die ugandische Mentalität gefällt. Man ist offen, diskutiert herzlich gern, aber stets freundlich, und hat seine Meinung. Keine Spur vom ständigen Kuschen vor dem weißen Mann, wie es in Burundi leider an der Tagesordnung ist. Man hat hier das Gefühl, man ist wirklich gleich. Kein Unterschied zwischen Schwarz und Weiß, woran man in Burundi leider täglich und automatisch erinnert wird. Der Aufenthalt in Sipi ist übrigens günstiger als die Busfahrten dorthin.

Auf der Rückfahrt unterhalte ich mich mit Judith über das ugandische Schulsystem. Es ist ein Beispiel dafür, wie schwer umsetzbar einige der Millenniumsziele der Vereinten Nationen sind oder wie schwer vorhersehbar ihre Folgen. In diesem konkreten Fall das Vorhaben, bis 2015 jedem Kind eine kostenlose Schulbildung zu ermöglichen. Die kostenlosen Grundschulen gibt es in Uganda, wie in Burundi übrigens auch. Nur sind die Folgen verheerend: einhundert Schüler in einer Klasse sind die Regel, weil es zu wenige Schulen gibt, genauso wenige Lehrer, die darüber hinaus gnadenlos unterbezahlt sind. Vom Schulmaterial ganz zu schweigen. Wer in Uganda etwas lernen möchte, geht auf eine Schule, für die bezahlt werden muss. Das beginnt bereits im Kindergartenalter, den „Nursery Schools", und zieht sich durch bis zu den Universitäten. Je teurer ein Platz, desto besser die Ausbildung und die spätere Chance auf eine Arbeit. Die teuersten Universitäten in Uganda sind mit ihren Studiengebühren etwa auf gleicher Höhe mit denen in Deutschland. Die Frage ist berechtigt, wie viele Ugander sich das leisten können. Denn zu den „school fees", den Gebühren für die Schule, kommen noch Kosten für Uniform, Schuhe, Lernmaterial und Lebensunterhalt.

Moses, der Rezeptionist des „Crow's Nest" hatte mir erzählt, er würde gerne die Oberschule beenden und Tourismus studieren. Doch er hat nicht das Geld dafür. Ein eigenes Haus, Frau und Kinder seien die Wünsche seines Lebens. Ein krasser Unterschied zu Burundi. Fragt man dort nach den Wünschen, bekommt man „genug zu essen, auch morgen" zu hören. Es sind markante Unterschiede, die mir bei meiner Reise nach Uganda und innerhalb Ugandas auffallen. Der Kleinbus, der uns zurück nach Kampala bringt, hat ein elektrisches Schiebedach. Die Busse in Burundi haben oft nicht einmal einen Rückspiegel. Ich werde in Uganda fast nicht angebettelt. Die Kinder sind häufig fröhlich, spielen und springen auf der Straße und in den Höfen. Die Erwachsenen kümmern sich herzlich wenig um Touristen oder Fremde, grüßen höchstens kurz mit erhobener Hand, es sei denn, sie sind Händler und wollen ihre Ware loswerden. Kein hoffnungsvoller Blick, vom weißen Mann etwas zu bekommen. Auf der gesamten Reise von Kampala nach Sipi bin ich nur ein einziges Mal nach Geld gefragt worden, von einem Jungen vor der Höhle in den Bergen unter den Wasserfällen. Er wollte Geld für die Fotos, die ich von ihm und den anderen Kindern machte.

Das in westlichen Kreisen oft zitierte „einfach, aber glücklich", um die Lebensumstände vieler Afrikaner zu beschreiben, ist abgedroschen und Klischee. Doch ich muss gestehen, dass mir genau das in den Sinn kommt, wenn ich mich in Uganda umsehe. Zumindest in den Ecken, die ich besuchen konnte. Wirklich unglücklich scheinen mir hier die wenigsten zu sein. Vielleicht täusche ich mich auch und sie beklagen sich einfach nur nicht. Unser Bus rauscht vorbei an einer „School of Hygiene". Ich bin beeindruckt. Vielleicht sind das auch alles verzerrte Eindrücke, da ich mich nur als Reisender in diesem Land befinde und nur an der Oberfläche kratzen kann. Zwar sind es immer noch nicht genügend, doch habe ich sehr viele Schulen gesehen. Alleine im kleinen Sipi stehen zwei. Viele Krankenhäuser scheint es auch zu geben. Sie sehen außerdem sauber aus. Zumindest äußerlich. Doch wie ich erfahre, wird auch hier nur behandelt, wer bezahlen kann. Kein Unterschied zu Burundi.

Um sechzehn Uhr dreißig treffen wir in Mbale ein. Bereits zwanzig Minuten später sitzen wir im Reisebus nach Kampala. Es ist ein größerer Bus, das Ticket kostet auch etwas mehr, zehntausend Schilling. Auf der einen Seite des Busses sind Zweierreihen installiert, auf der anderen Seite einzelne Sitze. Alle Plätze sind belegt. Der Mann mit den Bustickets sagt hektisch zu mir: „Take a seat", ich solle Platz nehmen. Aber wo? Ich sehe keinen freien Platz mehr. Er macht einen gereizten Eindruck und klappt einen Sitz herunter. Ich nehme Platz, wie befohlen, und sitze nun mitten im Gang. „Take a seat" sagt er zum nächsten. Wo? Er schiebt mich bei Seite und der Passagier soll ebenfalls in derselben Reihe neben mir Platz nehmen. Fünf Personen pro Reihe, drei Sitze plus ein Klappsitz. In unserer Reihe sind wir aber zu siebt, denn die Frau rechts neben mir hat zwei Kinder auf dem Schoß. Der Mann ganz links wird ans Fenster gedrückt, es scheint ihm jedoch nichts auszumachen. Der Mann rechts neben der zweifachen Mutter ist eingeklemmt zwischen ihr und dem rechten Fenster. Ich kann mein Lachen nicht zurückhalten, obwohl die Metallkante meines Sitzes alles andere als bequem ist und vier Stunden Fahrt vor uns liegen. Das kleine Mädchen neben mir beobachtet mich ununterbrochen vom Schoß seiner Mutter aus. Im Bus wird es heißer und heißer. Wir müssen warten bis der Mann alle Tickets ausgestellt hat, die er einzeln mit Namen bekritzelt. Er reicht sie uns von außen durchs Fenster, denn im Bus ist Gehen unmöglich. Ich atme tief durch, als es endlich losgeht. An der nächsten Tankstelle halten wir bereits. Mein Rücken schmerzt, aber ich beklage mich nicht. Dem Huhn unter meinem Sitz geht es noch wesentlich schlechter. Es wird bald für siebentausend Schilling zum Kochen verkauft.

Kurz nach fünf Uhr am Nachmittag sind wir auf Fahrt nach Kampala. Eine Frau vorne im Bus muss stehen, zahlt aber auch weniger fürs Ticket. Ein kleiner Junge hat Kanülen in der Hand stecken. Er muss wohl in die Hauptstadt ins Krankenhaus. Er schaut traurig aus dem Fenster. Das kleine Mädchen neben mir schaut mich immer noch an und schläft dabei ein. Ob es ihr bei Bewusstsein so recht wäre, dass sie dabei langsam auf meinen Schoß sinkt, wage ich zu bezweifeln. Ihre junge Mutter sieht die Szene und lacht. Die Sonne geht unter, von draußen riecht es nach Holzkohle und mein Gesäß schmerzt. Ich denke an die Wasserfälle von Sipi. Diese unglaubliche Stille und Einsamkeit.

Kurz vor acht Uhr. Wir überqueren im Ort Njero den Nil. Majestätisch ragen die „Nile Breweries", Brauereien, neben der Straße in die Höhe, Qualm steigt auf. Nach unzähligen Schlaglöchern sind wir kurz nach neun Uhr abends wieder in Kampala. Großstadt. Ein Lichtermeer, tausende Autos. Alles ist laut. Das krasse Gegenteil zu Sipi. Junge Ugander trinken am Straßenrand aus Flaschen. Natürlich mit Strohhalm, wie immer in Uganda. Die Bistros und kleinen Essensstände am Straßenrand schließen um neun Uhr, wir sind zu spät. Wir finden doch noch ein kleines Restaurant, das „City Restaurant". Die junge Bedienung spricht uns auf dem Gehsteig an und bittet uns hinein. Ich bestelle vom leckeren, eiskalten Fruchtsaft, den man überall in Kampala bekommt.

Nach einer Portion sehr fettiger Pommes Frites mit künstlichem, rosafarbenem Ketchup gehen wir noch ins Büro von „Gaso", um nach der Uhrzeit für die Buckfahrt nach Bujumbura zu fragen. Am Dienstag wollen wir zurück. Dass wir uns schon heute informieren, ist purer Zufall und zugleich unser Glück. Bis auf wenige Plätze ist der gesamte Bus ausgebucht. Wir reservieren und sollen am nächsten Tag die Tickets bezahlen. Fünfundvierzigtausend Schilling pro Person, knapp über zwanzig Euro. Wir überqueren den Taxipark um zu den Bussen zu gelangen, die das Viertel anfahren, in dem das „Rainbow House" liegt. Einige Verkaufsstände haben noch geöffnet, die Händler preisen sichtlich müde noch ihr letztes Gemüse, Brot und Obst an. Ugandischer Hip-Hop dröhnt aus Lautsprechern, ein Junge ruft „muzungu". Im „Rainbow" werden wir von allen herzlich und mit Umarmung begrüßt. Was für eine Fahrt!

Ein Montag in Uganda, den ich nie wieder vergessen sollte. Heute sollte ich mit „G Point", „Dead Dutchman", „Sausage Maker", „Chicken Line" und „Bad Place" Bekanntschaft machen. Was klingt wie Namen irgendwelcher Wrestling-Kämpfer ist nichts anderes als die Bezeichnung für die „rapids", Stromschnellen auf dem Nil, die man mit dem Schlauchboot beim Rafting durchfahren muss. Ich lasse mich freiwillig auf dieses Abenteuer ein, wohl aber zum ersten und zum letzten Mal in meinem Leben.

Um halb acht morgens fahren wir vor einem Hotel in der Stadt ab. Der noble Bus kommt beinahe pünktlich. Er sammelt uns auf zum „Nile Rafting", angeboten von lokalen Firmen. Als wir vor dem Hotel warten, lernen wir einen Belgier kennen, der die fünfzig Jahre schon überschritten haben muss, und sich mit seiner sechzehnjährigen Nichte fürs Rafting angemeldet hat. Sein Schwager, erzählt er mir, lebe und arbeite hier in Kampala. Zuvor sei er in Kigali gewesen, hätte dort aber bei Ausbruch des Bürgerkriegs weg müssen, ging dann nach Nairobi, dann nach Dar es Salam und landete schließlich hier in Kampala. Der Bus ist ausschließlich voller Weißer. Tourismus pur. Eine weitere Ladung Weißer holen wir im Hotel „Red Chilli" ab. Dann sind es eineinhalb Stunden Fahrt nach Jinja. Ich sitze ganz hinten.

Am Ziel angekommen werden wir angewiesen, alles bis auf Shirt und Shorts auszuziehen, auch Schmuck, Uhren, Ohrringe. Barfüßig legen wir die Sturzhelme und die grellen Schwimmwesten an und schnappen uns je ein weißes Paddel und eine Banane zur letzten Stärkung. Nach einer kurzen Einweisung und Einteilung in Gruppen marschiert die gesamte Truppe zum Nil hinunter, wo die blauen Schlauchboote auf uns warten. Meine drei Mitfreiwilligen und ich sitzen zusammen im Boot mit einem jungen Pärchen aus England und unserem Bootsführer Jussi, ein junger, strahlend blonder Finne, der seit Januar in Uganda lebt. Er reise in der Weltgeschichte herum und heuere als Bootsführer an, sagt er. Rafting sei seine Spezialität. Und in Finnland sei es eben zu kalt dafür, weshalb er Afrika vorziehe, lacht er. Dann wird es ernst. Amerikaner, Neuseeländer, Engländer, Belgier, Finnen und Deutsche sitzen mit Helm und Paddel in Schlauchbooten und schieben sich auf den Nil hinaus.

Im Boot erfolgt die nächste Einweisung zur Haltung im Ernstfall, will heißen: bei Stromschnellen, und zur Art und Weise, wie gepaddelt werden soll. „Paddle forward", vorwärts, „paddle back", rückwärts, „paddle right", rechts, „paddle left", links, „get down", raus aus dem Boot - das wohl wichtigste Kommando von allen, wie ich noch herausfinden sollte - und „get back", zurück ins Boot. Und, ebenfalls wichtig: „paddle harder", schneller! Wir lernen und üben, tollpatschig und lächerlich wie Touristen, den anderen wieder aus dem Wasser zurück ins Boot zu ziehen, wie wir das Paddel in allen denkbaren Situationen zu halten haben, ohne andere Insassen zu verletzen, was zu tun ist, wenn man über Bord fällt und sich das Boot umdreht. „If we flip", wie es Jussi im Rafting-Jargon ausdrückt.

Ich sollte lernen, dass Rafting eine Mischung aus Todesangst, Stromschnellen, Wasserfällen, Spaß und purer Entspannung mitten im Paradies ist. Wir treiben im ruhigen und sehr warmen Nilwasser an einer kleinen, grünen Insel vorbei. „Das ist Rastafari", schreit Jussi plötzlich und winkt einem Mann, der am Ufer vor seinem Holzboot steht, einen Speer in der Hand. Rastafari gehöre die Insel, sagt Jussi.

Unser Bootskonvoi wird eskortiert von einem Begleitboot, in dem Sonnencreme, Wasser und unsere Wertsachen transportiert werden. Ich bekomme dennoch einen heftigen Sonnenbrand, insbesondere auf den Oberschenkeln. Zu Beginn der Tour ist es bewölkt, später setzt sich die Sonne durch und es wird sehr heiß. Außer dem Begleitboot huschen weitere Mitarbeiter in Minikajaks um uns herum. Sie sollen zum Einsatz kommen, sollte es ernst werden. Ich werde noch Bekanntschaft mit ihnen machen. Minuten vor jedem „Rapid" bekommen wir klare Anweisungen von Jussi. Am Ufer und auf den kleinen Inseln im Nil sitzen viele Vögel unterschiedlicher Arten, sonnen sich, fangen Fisch oder beobachten die Weißen im Schlauchboot. Wir paddeln durch das Paradies. Trotz exakter Anweisungen Jussis kentern wir zwei Mal. Das sei unvermeidbar, beruhigt Jussi. Einmal sei es beabsichtigt gewesen, gibt er lächelnd zu. Ich finde es nicht lustig. Ins Wasser falle ich noch ein weiteres Mal, bei dem unsere gesamte linke Seite daran glauben musste. Ich war dabei.

Nach den ersten Stromschnellen und schon halbwegs erschöpft machen wir Rast auf einer kleinen Insel mitten im Fluss. In der Mitte der Insel ist eine kleine Lichtung, das Ufer ist komplett von Bäumen umringt. Ein Idyll! Dann bekommen wir einen Lunch serviert: Sandwiches, Ananas, Kartoffelsalat und kalter Tee. Ich esse nicht viel angesichts der weiteren Bootsfahrt, obwohl ich noch Hunger habe.

Zurück in den Schlauchbooten, lassen wir uns vom Strom treiben. Füße hoch und Sonne auf den Bauch scheinen lassen. Das Wasser ist sehr ruhig, wir können sogar neben dem Boot her schwimmen. Mit der Schwimmweste ist es besonders leicht, man muss sich einfach treiben lassen. Wenn man zu weit vom Boot wegdriftet, schreit Jussi.

Es ist ein mehrstündiges Hin und Her zwischen fast ertrinken und absoluter Entspannung in einem, so scheint es, unberührten Paradies. Zuerst dachte ich, mit einem kleinen

Wasserfall, den wir meisterten ohne zu Kentern, hätten wird das Schlimmste überstanden. Doch ich sollte eines Besseren belehrt werden. Ich kannte den „Bad Place" noch nicht, die letzte Stromschnelle auf unserer Tour. Laut Jussi sei „Bad Place" einer der größten und gefährlichsten „rapids" der Welt, nur die Besten der Besten würden ihn durchfahren können. Grund genug für uns, kurz vor der Stromschnelle an Land zu gehen und unser Schlauchboot über einen kleinen Hügel zu tragen, von dem aus wir den gesamten „Bad Place" überschauen können. Tosende Wassermassen, es ist pure Gewalt der Natur. Nach der Stromschnelle, aber immer noch im sehr unruhigen Gewässer steigen wir am Ufer wieder ein. Jussi brüllt gegen das Rauschen der Wassermassen einige Anweisungen an uns heran, die jedoch keiner versteht. Nur das „Viel Glück" am Ende seines Satzes lässt mich erahnen, was jetzt auf uns zukommen sollte. Kaum auf dem Fluss, schreit Jussi nur noch „paddle harder, harder, harder!" doch alles Paddeln hilft nichts. Wir werden hin- und hergerissen, und kaum in der Mitte des Flusses angelangt, reißen die Wellen unser Boot um, wir kentern und landen allesamt unter Wasser.

Sich am Schlauchboot festzuhalten, an der so genannten „Shit Line", ist in einer solchen Situation für Laien unmöglich. Ich fühle mich hilflos wie ein Gummiball beim Squash, und werde durch die Luft geschleudert. Dann werde ich unter Wasser gezogen, es sprudelt wie in einem Whirlpool. Ich schlucke eine Menge Wasser. Ich paddle mit den Armen, was herzlich wenig Sinn macht. Die Schwimmweste bringt einen immerhin an die Oberfläche, wenn es denn die Stromschnelle zulässt. Ich denke, dass es nun um mich geschehen sein wird. Noch mehr Wasser kann ich nicht schlucken. Dann die Rettung: Luft! Ich bin an der Oberfläche. Ich spucke Wasser aus, will nach Luft schnappen, wozu ich aber schon nicht mehr komme: die nächste Welle drückt mich wieder unter Wasser. Jetzt war es das wirklich! Da ich mit dem Ertrinken beschäftigt bin, denke ich nicht mehr an die scharfen Felsen unter mir. „Beine hoch im Wasser", hatte Jussi noch gebrüllt. Aber ich schramme bereits an einem Steinbrocken entlang und schürfe mir den rechten Fuß und das Schienbein auf. Es brennt. Ich tauche wieder auf, direkt neben unserem Schlauchboot, an dem ich mich festkralle. Jetzt weiß ich auch, warum diese Schnur „Shit Line" heißt. „Kopf runter" schreit Jussi, ich tue es, ohne zu wissen, was jetzt schon wieder passiert. Er dreht das Boot um, indem er darauf steht und an einer Leine reißt, die um seine Hüfte gebunden ist.

Jussi zieht mich ins Boot und lacht. „Lucky guy" grinst er. Dann halten wir gemeinsam Ausschau nach den anderen, die wir nach und nach einsammeln. Die Männer in den Kajaks waren zum Einsatz gekommen und hatten bereits einige aus dem Fluss gezogen. Geschafft! Ich habe den „Bad Place" überlebt. Die Sonne brennt auf meinem aufgeschürften Schienbein.

Das Wasser ist wieder sehr ruhig. Wir lassen uns treiben, holen Luft. Ich schaue noch einmal zurück und kann nicht glauben, wo ich da gerade durchgefahren bin. Ich bin außer Puste und froh, wieder im Boot zu sitzen. Endspurt. Wir müssen einen Nebenarm des Nils überqueren, um ans Ufer zu gelangen, wo auch schon der Bus für die Rückfahrt wartet. Und kalte Getränke. Mit der letzten Kraft in den Armen schaffen wir es ans Ziel. Ich bin erschöpft. Am Ufer stehen lachende Kinder und fotografieren mit einer Plastikkamera jeden, der an Land steigt. Wahrscheinlich hat einer der Tourguides sie ihnen gegeben. Eine aberwitzige Situation: die Einheimischen fotografieren die Touristen mit ihren doofen, hochroten Gesichtern. Ich muss lachen. Die Kinder haben Spaß. Nur dummerweise hat der junge Fotograf seinen Finger direkt vor der Linse. So bleibt der Welt wenigstens dieser peinliche Anblick erspart.

Cola, Fanta, Wasser und Bier werden angeboten. Ich genehmige mir ein Bier, um mein Überleben zu feiern. Als hätte ich nicht schon genug Nilwasser getrunken, steht auf meinem Etikett „Nile Premium". Helme, Paddel und Westen werden auf einen Haufen geworfen. Kurz nach vier Uhr am Nachmittag startet der Motor des Busses und wir sind wieder auf dem Heimweg nach Kampala. Im Bus ist es ruhig.

Achtzehn Uhr, wir sind zurück in der Hauptstadt. Der Verkehr brummt. „We are all Ugandans. Voting should not divide us!" steht auf einem großen Schild. „Wir sind alle Ugander. Wahlen sollten uns nicht spalten!" Eine solche Parole würde Burundi auch gut tun. Genauso wie die Werbung für eine Anti-Malaria-Kampagne. Auf einem Baum sitzen die hässlichen, großen Vögel. Wie Aasgeier. Wir erreichen den Taxipark in der Stadtmitte. „I do need water but I do not have the money to buy it" spricht mich ein Mann an, als ich aussteige. Er bräuchte Wasser, habe jedoch kein Geld. Seine sportliche Kleidung und die leuchtenden Sportschuhe verraten mir jedoch, dass er es sich sehr wohl leisten kann. Nachdem ich keine Reaktion zeige, fragt er mich, ob ich ein Taxi brauche.

Mein Kopf brummt, ich bin müde und für derartige Scherze heute nicht mehr zu haben. Wir suchen und finden unseren Bus nach „Nsambya", das Viertel, in dem sich „Rainbow" befindet. Als wir ankommen, spielen die Kinder im Hof Fußball. Einer der kleinen Jungen kommt mir schon auf der Straße entgegen und nimmt mich an der Hand. Ich esse zwei „Rolex" und kaufe ugandische Süßigkeiten für die Kinder in Burundi. Kurze Zeit später falle ich erschöpft ins Bett.

Dienstag. Unser letzter Tag in Kampala. Wir gehen zusammen mit Rose in die Innenstadt, um Essen einzukaufen: Proviant für die Fahrt und für abends, weil wir für die „Rainbow"-Mitarbeiter als Dankeschön für ihre Gastfreundschaft kochen wollen. Wir spendieren drei dicke Hühner, die wir auf den Grill legen, machen Nudel- und Kartoffelsalat. Allen schmeckt es, zumindest hat es den Anschein. Von meinen letzten Schilling kaufe ich eine

Kiste Cola, Fanta und Stoney. Nach dem Essen sitzen wir zusammen im Stuhlkreis im Hof vor dem „Rainbow House". Geoffrey, einer der Gründer des „Rainbow", ist eigens für uns gekommen und bedankt sich vor allen in einer kurzen Rede bei Judith und für ihre Arbeit für die kleine Organisation. Timo, Rose und einige der Kinder folgen. Judith hat Tränen in den Augen. Für uns gehen einige wenige Tage Urlaub in Uganda vorbei, für sie ist es ein schmerzlicher Abschied von guten Freunden, einer kleinen Familie. So wie er uns in Burundi erst noch bevor steht. Ich möchte nicht daran denken. Judith wird mit uns reisen und im Gegenzug Burundi besuchen. Sie ist am Ende ihres Engagements in Uganda.

Um Roses Hals baumelt Jesus am Kreuz an einer Kette. Sie ist sehr gläubig. Wir unterhalten uns an diesem Abend lange, gemeinsam mit Timothy und Yusuf. Die Jugendlichen spielen auf der Gitarre und singen. Dann folgt der Höhepunkt des Abends: der für Uganda typische Tanz „Calypso". Es sind eher lustige, abrupte Bewegungen, mehr Gaudi als ernstgemeinter Tanz. Selbst die Kleinen beherrschen den „Calypso" schon perfekt, unter Jubel und Geschrei der Älteren.

Mittwoch, 16. Mai 2007.

Es ist zwei Uhr in der Nacht. Wir sitzen im Bus nach Bujumbura. Bereits kurz nach ein Uhr waren wir am Sammelplatz, da auf unseren Tickets „report time: 1.30 a.m." gestanden hat. Wir waren zu früh, dachten wir, doch der Bus war bereits voll. Ein dicker „Gaso"-Angestellter begrüßte uns vor dem Bus unfreundlich. Unser Gepäck, immerhin große Reiserucksäcke, mussten wir mit in den Bus nehmen. Unten im Bus sei schon voll, gab mir der Dicke zu verstehen. Ich wagte es, mich zu beschweren, weil ich schlichtweg nicht wusste, wohin ich den großen Rucksack während der langen Fahrt packen sollte. Er entgegnete mir nur, ich sei falsch informiert, denn in diesem Bus seien lediglich sieben Kilo Handgepäck zugelassen. Wieso denn dann im Stauraum des Busses kein Platz mehr sei, bei sieben Kilo Handgepäck pro Passagier, fragte ich ihn. Doch mein Protest wurde ignoriert. Es blieb uns demnach nichts anderes übrig, als mit Rucksäcken in den Bus zu steigen und uns durch den schmalen Gang bis nach hinten durchzuschieben, bis zur letzten Reihe zu unseren fünf Plätzen. Wir können die Rucksäcke unter den Sitzen verstauen, dachte ich. Nur war dort ebenfalls alles belegt mit Koffern, Kartons und großen Plastiktüten. Die Reisebusse sind auch Handelskarawanen, in denen alle möglichen Güter vom Produktionsland Uganda ins Abnehmerland Burundi transportiert werden. Allem voran Alkohol und Stoffe. Wir wussten uns nicht anderweitig zu helfen als die Kartons und Koffer der anderen Passagiere unter unseren Sitzen hervorzukramen und unsere eigenen darunter zu schieben. Sturheit will gelernt sein. Endlich am Platz.

Gemütlich wird die Fahrt nicht, es ist sehr eng. Ich versuche zu schlafen. Nach zwei Stunden der erste Stopp. Ich muss eingenickt sein, denn es kam mir vor wie zwei Minuten. Wir befinden uns direkt am Äquator, wie ich später erfahren sollte. Es ist stockfinster. Einer der Begleiter im Bus, Albright, erkundigt sich nach meinem Wohlergehen. Alles bestens, sage ich ihm, bei ihm auch. Ich bin froh, wieder „nach Hause" zu kommen. Durch die Fenster kann ich den Sonnenaufgang beobachten. Als wir die Grenze zu Ruanda erreichen ist es bereits hell. Wir steigen aus, um den Ausreisestempel zu holen. Es ist es sehr kalt. Ich stehe in Jeans und Poloshirt in der Warteschlange und zittere.

Zurück im Bus stellt sich mir ein Mann im Gang breitspurig in den Weg und möchte meinen Pass sehen. Zur Kontrolle, ob ich den Ausreisestempel abgeholt hätte, sagt er. Sie möchten im Nachhinein keine Probleme bekommen. Ich gebe ihm meinen Pass. Ob ich für eine Hilfsorganisation arbeite, will er wissen und prüft meinen Pass als stimme damit etwas nicht. Ich bejahe und schaue ihn fragend an. „Für welche?" „Für die Fondation Stamm in Bujumbura." „Ah, okay, alles klar." Er wirkt plötzlich freundlicher, gibt mir meinen Pass zurück und lässt mich durch zu meinem Platz. Ich lege die Stirn in Falten. Als ich hinter ihm stehe, drehe ich mich noch einmal um und frage ihn, ob er sie etwa kenne, die Fondation Stamm? Nein. Nicht nur ich breche in Lachen aus, sondern alle anderen Passagiere, die das Gespräch mitbekommen haben. Mir ist jetzt nicht mehr kalt. Ich freue mich auf Burundi, auf die Kinder. Daran kann auch der Schweißgestank des Mannes zwei Reihen vor mir nichts mehr ändern. Ich schaue grinsend aus dem Fenster. Dann schlafe ich wieder ein bis zur nächsten Grenze.

Die ruandischen Beamten haben offensichtlich viel Zeit. Zumindest nehmen sie sie sich, um alle Dokumente und teilweise das Gepäck zu inspizieren. Wir kommen dennoch ohne Zwischenfälle über die Grenze. Bei den burundischen Beamten hingegen wird es wieder lustiger, je nach Gemütslage auch anstrengend. Wir stellen uns, wie üblich, in die Schlange vor dem kleinen Büro mit dem Beamten. Mein Visum sei abgelaufen, will mir der Polizist hinter dem rostigen Gitter weismachen. Ich nehme meinen Pass zurück und zeige ihm das Ausstellungsdatum meines Visums. „Das ist abgelaufen", beharrt er. Ich verliere die Geduld, zeige mit dem Zeigefinger direkt auf die Stelle, an der das Datum gedruckt ist, und halte ihm den Pass direkt vors Gesicht. „Ahhh, d'accord", gibt er sich einsichtig. Noch sechs Tage gültig. Er stempelt und winkt mich weg. Alles bestens.

Ich verstehe ansatzweise die Gespräche der Leute. Kirundi! Ich fühle mich sofort wieder heimisch. Die Vorfreude auf die Kinder im Heim lässt mich beinahe platzen. Der Empfang im Heim ist entsprechend: siebenundsechzig Kinder klammern sich nacheinander an uns, manche nur kurz zum Gruß, andere wollen gar nicht mehr los lassen. Dabei war es gerade einmal eine einzige, kurze Woche.

Kapitel III

Zurück bei der Arbeit

Mittwoch, 23. Mai 2007.

Gestern war wieder einmal einer dieser unverhofften Tage. Gegen Mittag klingelte mein Telefon und ich nahm ab, was ich sonst nie tue, wenn ich die Nummer nicht kenne. Mit dem unverwechselbaren Schweizer Akzent grüßte mich Paul am anderen Ende der Leitung, mein Bekannter aus Südafrika, mit dem ich seit einiger Zeit per E-Mail in Kontakt war. Pauls größter Wunsch sei es gewesen, an seinem zweiundsechzigsten Geburtstag zusammen mit seiner Frau Maria am Nil in Uganda zu sitzen. Als er mich über das Internet kennengelernt hatte, das die Welt zu einem Dorf werden lässt und uns zwischen Kapstadt und Bujumbura verband, lag es ihm fortan am Herzen, mich und die Kinder in Burundi zu besuchen. Über die Internetplattform eines Bekannten für Geländewagen waren wir in Kontakt gekommen. Maria und Paul nahmen also neuntausend neunhundertachtzig Kilometer in fünfundvierzig Tagen auf sich, nicht nur um Geburtstag am Nil zu feiern, sondern um sich schließlich auch von der Fondation Stamm zu überzeugen. „Du spinnst", sagte ihm jeder, der im Vorfeld von seinem Vorhaben erfuhr. Nun war es soweit. Paul sei gerade im Begriff, mit seinem Geländewagen samt Wohnanhänger nach Bujumbura einzufahren. In einer dreiviertel Stunde sei er im „Chez André".

Keine fünf Minuten später klingelte das Telefon erneut. Wieder war es Paul. Diesmal klang er beunruhigt. Die Polizei habe ihn angehalten und behauptet, er habe in den Bergen ein Kind totgefahren. Ich versicherte Paul, dass ich sofort bei ihm sei und kontaktierte Benoit, Verenas Mann. Wir fuhren zur Stadtgrenze, wo wir Pauls „Buschtaxi" mit Wohnanhänger und außerdem eine Menge wild gestikulierender Menschen antrafen. Daneben Polizisten. Pauls Frau, Maria, saß im Auto und schien mit den Nerven fertig zu sein.

Benoit stürmte in seiner charmanten und direkten Art zum Polizisten und fragte ihn, was denn los sei. Oben in den Bergen habe bereits ein Motorradfahrer Paul und seinen zwölf Meter langen Zug fluchend und gestikulierend überholt. Unten in der Stadt angekommen, hielten die Polizisten Paul und seine Frau an. Der Motorradfahrer war bereits da und stand an der Seite der Uniformierten. Paul habe ein Kind tot gefahren, behaupteten sie. Der wurde kreidebleich und bestritt sofort die Vorwürfe. Wieso hätte er denn weiterfahren sollen, wenn er ein Kind angefahren hätte? Dem Polizisten waren Pauls Beteuerungen egal. Der Motorradfahrer hätte es gesehen, also müsse es stimmen. In dem Augenblick hielt ein kleiner Bus, der einen verletzten Jungen transportiert. Das Beweismaterial.

Benoit wurde stutzig und roch den Braten: die Polizisten fragten nun offen nach Geld. Ansonsten bekomme Paul seine Fahrzeugpapiere nicht zurück. Benoit zog sein Mobiltelefon aus der Tasche, um den Polizeichef zu kontaktieren. „Ok, ok", gab der Polizist Paul seine Papiere. Wir brachten den Jungen und seine Begleitperson ins nächstgelegene Krankenhaus. Das Universitätskrankenhaus, in dem auch Jimmy gewesen war. Dort wurden wir jedoch weggeschickt, man könne keine Röntgenaufnahmen mehr machen. Benoit sagte, ich solle Paul und Maria ins „Chez André" führen. Er bringe den Jungen ins nahegelegene Militärkrankenhaus. Dort sollte er dann auch die Wahrheit erfahren.

Ich stieg zu Paul und Maria in den weißen Geländewagen und wir fuhren zu Verena ins Restaurant, die uns aufgeregt empfing. Als Benoit nachkam, hatten die Spekulationen ein Ende und wir erfuhren, was tatsächlich passiert war. Der Militärarzt konnte aus dem Jungen die Wahrheit heraus bekommen: Zu zweit seien sie auf einem Fahrrad gesessen und als sie den Zug auf der Straße sahen, hätten sie sich festhalten wollen, um sich ein Stück weit ziehen zu lassen. So, wie es die Fahrradfahrer immer tun. Sie seien jedoch mit der Hand abgerutscht und im Gebüsch gelandet. Paul treffe keinerlei Schuld. Nur habe anscheinend der Motorradfahrer, der dahinter fuhr, alles mitbekommen und sich kurzerhand den Schwindel ausgedacht. Den Polizisten in Bujumbura hätte er einen Anteil versprochen, sollten sie den Weißen ausquetschen helfen. Schließlich könne er ja alles bezeugen. Diese Rechnung ging nicht auf.

Nach einer Erfrischung mit Verena und Benoit, um den Schock zu verdauen, der Paul und Maria ins Gesicht geschrieben war, fuhren wir ins Kinderheim. Sie bleiben in den kommenden Wochen bei uns. Alleine die Ankunft des großen Autos samt Wohnwagen war die Attraktion schlechthin für die Kinder. Alle wollten mithelfen, den Wohnwagen an die richtige Stelle zu schieben und das Vorzelt mit aufzubauen. Pauls Grimassen sind von Anfang an die Sensation. Die Kinder sollten noch viel Spaß mit ihm haben. Und er mit ihnen. Denn, wie Paul sagt: „Ich bin nicht umsonst zehntausend Kilometer bis zu den Kindern gefahren!"

Donnerstag, 24. Mai 2007.

Mittag. Gerade bin ich zurückgekommen von der Geberkonferenz für Burundi. Die halbe Welt war vertreten durch Konsuln, Botschafter und allerlei andere wichtige Leute. Thomas Mangartz, den deutschen Botschafter, habe ich ebenfalls getroffen wie Domitille Barancira, die burundische Botschafterin in Deutschland, und Jeroen Kelderhuis vom niederländischen Konsulat. Burundis Präsident Pierre Nkurunziza schaute einige Male direkt in meine Kamera, als ich vor ihm stand. Ich hatte das Gefühl, dass er überlegte, wo er mich schon mal gesehen haben könnte. Es war in Cibitoke damals, Herr Präsident, im März, als Brandenburgs Bildungsminister Holger Rupprecht nach Burundi gereist war und Sie meine Hand geschüttelt und leger gefragt haben „How are you doing?".

Es war für mich als Journalist das erste Mal, an einem solchen Gebertreff teilzunehmen. Sehr interessant, aber auch unterhaltsam. Als Fotograf habe ich die Erlaubnis, mich in den Gängen frei zu bewegen, was mir erlaubt, die Entsandten aus aller Herren Länder genauer zu beobachten.

Auf den Karten vor jedem der Teilnehmer standen die Namen der jeweiligen Nation, die sie vertraten. Staaten aus Europa, Asien, Afrika und die USA. Die amerikanische Botschafterin ist eine kleine, zierliche Frau. Sie macht einen sympathischen Eindruck und scheint sehr aufgeweckt. Sie machte Späße mit ihrem Sitznachbarn. Besonders interessiert am Treffen schienen die Vertreter der Niederlande, Japan und China. Sie folgten aufmerksam der Rede des burundischen Präsidenten und schrieben fleißig auf ihre Blöcke. Indiens Platz blieb unterdessen leer, was mich erstaunte, schließlich ist die indische Gemeinschaft in Burundi nicht unbedeutend. Viele Geschäfte sind in indischer Hand, ebenso einige große Firmen. Viele Inder wohnen in Bujumbura in den schicksten und größten Villen. Vielleicht ist das genau der Punkt: Sie sind Geschäftsleute. Das heißt nicht, dass sie sich auch auf der Geberkonferenz blicken lassen müssen. Ähnlich wie in Uganda ist die Meinung über Inder in Burundi nicht gerade zimperlich.

Während der Präsident sprach, hatte der italienische Vertreter, der in seinem Stuhl weit nach unten gesunken war, offensichtliche Probleme, seine Augen offen zu halten. Damit es nicht allzu offensichtlich wurde, hat er seine Hände vor dem Gesicht gefaltet. Kanada blätterte derweil in einer Zeitschrift und die Schweiz gähnte beinahe permanent. Ich fotografierte den Botschafter Sudans, dem das jedoch sichtlich unangenehm zu sein schien und nervös auf seinem Stuhl hin und her zu rutschen begann. Was macht der Sudan auf einer Geberkonferenz für Burundi? Ich ließ ihn wieder in Ruhe.

Der russische Botschafter schaute ungläubig, es sei denn, ich täuschte mich und der Blick war sehr konzentriert, zum Rednerpult, wo Pierre Nkurunziza sein Bestes gab. Der russische Diplomat, so lautet ein Gerücht, sei nach Burundi strafversetzt worden. Was das über die Meinung Russlands zu Burundi aussagt, liegt auf der Hand. Vor einigen Monaten schon wurde ein russischer Botschaftsmitarbeiter versehentlich von der burundischen Polizei erschossen. Er hatte offensichtlich genug Alkohol im Blut und Prostituierte im Auto. An einer Straßensperre wollte er anscheinend nicht anhalten, so das Gerücht, woraufhin die Polizei das Feuer eröffnete und den Botschaftsmitarbeiter tödlich verletzte.

Nkurunziza war am Ende seiner Rede. Die Menge applaudierte. Hinter den Vertretern ihrer Nationen saßen die internationalen Hilfsorganisationen und Repräsentanten der Vereinten Nationen. Sie hörten angestrengt und aufmerksam zu. Der „Chef de Mission" der Ärzte ohne Grenzen in Burundi, ein Niederländer, nickte mir zu.

Es war sehr heiß im Saal. Außer dem indischen Botschafter fehlten noch Griechenland, Dänemark, Kroatien, Saudi-Arabien, Spanien, Finnland, Äquatorialguinea und Irland. Südafrika, der Friedensgarant in Burundi nach dem Bürgerkrieg, war vertreten durch einen sehr interessierten Mann im dunklen Anzug. Die Südafrikaner haben nach wie vor Militär in Burundi, mit Mandat der Afrikanischen Union. Ich grüße immer die Soldaten, die ab und an vor unserem Heim vorbei fahren. Manchmal grüßen sie zurück. Ich beobachtete die Sicherheitsbeamten, die ebenfalls in dunklen Anzügen in einer Reihe am Rande des Saals standen, immer ihren Botschafter im Blick. Was für ein Job.

Samstag, 26. Mai 2007.

Gestern Abend organisierten wir eine Feier mit den Kindern im Heim. Thomas, der Bodyguard, hatte Getränke und Süßigkeiten spendiert, Pauls Frau Maria backte mit den Mädchen Kuchen und Kekse. Von Verena lieh ich mir die große Musikanlage aus und damit war die Party perfekt. Eric, der ehemalige Straßenjunge, der es faustdick hinter den Ohren hat, spielte den DJ, zwei der älteren Jungen machte ich verantwortlich, die Getränkeausgabe im Griff zu haben. Es war wirklich genug für alle da, es gab keinerlei Grund zu drängeln. Und es funktionierte. Die Kinder hatten sichtlich Spaß, tanzten, lachten und sangen. Dann stand das Spiel „Reise nach Jerusalem" auf dem Plan, bei dem so lange um einen Stuhlkreis getanzt wird, bis die Musik aufhört zu spielen, immer ein Teilnehmer mehr als verfügbare Stühle. Wer zuletzt keinen Platz findet, scheidet aus. Selbst Paul und Maria mischten sich unter die Kinder. Die beiden sind in den vergangenen Tagen längst als Oma und Opa adoptiert worden.

Donnerstag, 31. Mai 2007.

Es gibt so vieles, das mich beschäftigt und mir nachts den Schlaf raubt. Viele meiner Erlebnisse und Fortschritte bei der Arbeit geben mir Grund zur Freude und sind Ansporn für mein weiteres Handeln. Viele andere Dinge hingegen stimmen mich traurig, sind einfach nur enttäuschend oder schlichtweg überhaupt nicht zu verstehen. Ein Wechselbad der Gefühle. Aber ich wollte es nicht anders, von dem Moment an als ich mich entschied, nach Burundi zu gehen. Jedoch kann man sich auf ein solches Abenteuer niemals vollständig vorbereiten.

Vergangene Woche kamen zwei deutsche Fernsehjournalistinnen vom Format „Neuneinhalb", das Kinder- und Jugendmagazin der ARD, zu uns. Sie nahmen den G8-Gipfel in Heiligendamm zum Anlass, am Beispiel Burundis die Probleme Afrikas aufzuzeigen. Keine leichte Aufgabe, diese komplexe Problematik für Kinder verständlich zu verpacken und anhand eines kurzen Fernsehbeitrags zu erklären. Die beiden Journalistinnen sind sehr aufgeschlossen und interessiert. Ich begleite sie während ihres gesamten Aufenthalts. Wir drehten in unseren Kinderheimen in Bujumbura und fuhren gemeinsam aufs Land, nach Muyinga, zu unserer Ernährungsstation. Die Bilder aus Muyinga von hungernden Menschen, abgemagerten Frauen und unterernährten Kindern waren so erschreckend wie beim vergangenen Besuch. Sie beschäftigen mich. Und ich merke, wie sie auch den Journalistinnen nahe gehen.

Ein Baby schlief auf dem Arm seiner Mutter. Laut seiner Mutter sollte es vier Monate alt sein, hatte jedoch schätzungsweise nur die Hälfte der Körpergröße eines normal gewachsenen Babys in diesem Alter. Das Kind sah krank aus, nur Haut und Knochen. Seine Augen standen aus dem Schädel hervor, als wären sie viel zu groß für den kleinen, schwachen Kopf. Die Mutter holte ihre Brust aus dem Tuch, um ihr Kind zu stillen, doch es schien nichts zu kommen. Auch sie war unterernährt und produziert kaum Milch. Ich schloss für eine Sekunde die Augen und wollte nur noch wegrennen. Aber wohin? Alle hundert Meter zeigt sich dasselbe Bild. Wegschauen, genau so handelt die halbe Welt. Es mag absurd klingen, aber ich bin froh, diese Bilder gesehen zu haben. Froh darüber, dass sie sich in mein Gehirn einbrennen und zu einer Erinnerung werden, zu einer Mahnung, die ich nie wieder vergessen sollte. Sie formt mich und beeinflusst fortan mein Handeln, das mich zu einem bewussten Menschen werden lässt. Vor allem dann, später einmal, wenn ich wieder zurück in Deutschland sein werde und vor den endlos langen, vollen Regalen in riesigen Supermärkten stehe und überlege, ob ich nun Erdbeeren oder Waldfrüchte in meinem Joghurt haben möchte. Ich werde sensibler und reizbarer, ändere meine Wertvorstellungen und bekomme ein dickeres Fell, um nicht zu verzweifeln. Doch dieser Prozess ist sehr anstrengend.

Für den Dreh besuchten wir einen Kaffeebauern. Vier- bis fünfhundert Kilogramm pro Jahr könne er auf seinem kleinen Stück Land ernten, erzählte uns der dürre Mann. Sechs Monate Arbeit bedeute das für ihn. Für ein Kilo rohen Kaffee bekomme er zweihundert burundische Franc ausbezahlt, knapp fünfzehn Cent. Von dem verdienten Geld bezahle er das Schulgeld seiner Tochter. Ich war begeistert, dass er seine Tochter in die Schule schickt, ist das doch in Burundi eher eine Seltenheit. Doch dieses Jahr blieb die Ernte aus. Komplett. Ungewöhnlich und auffallend viele Mädchen sah ich auch in der Schule in der Kommune Buhinyuza, in der nordöstlichen Provinz Muyinga, wo wir mit einer Schulspeisung den Schulabbruch der Kinder verhindern konnten. Die Kinder, in dieser Schule sind es eintausend siebenhundert, umringten uns sofort als sie uns sahen. Sie mussten dieses Jahr kein einziges Mal von der Schule fernbleiben, dank der unterstützenden Mahlzeit. In irgendwelchen entwicklungspolitischen Kreisen wurde nun jedoch der Beschluss gefasst, dass es der Provinz Muyinga zwischenzeitlich besser gehe und die zur Verfügung gestellten Mittel gekürzt würden. Die Schulspeisung endet demnach in den kommenden Monaten mit dem Ende des aktuellen Trimesters. Im neuen Schuljahr wird es keine weiteren Gelder geben. Unser Koordinator im Norden sagt mir, dass nicht damit zu rechnen sei, dass alle Kinder im neuen Schuljahr wieder zur Schule kommen würden. Insbesondere die Mädchen. Sie werden aller Voraussicht nach wieder zu Hause bleiben und die Felder bestellen, weil die Familien kein Geld für die Schule haben. Schon gar nicht für Mädchen.

Samstag, 9. Juni 2007.

Kurz nach zehn Uhr. Ich stehe spät auf uns gehe in die Küche, um Frühstück zu richten. Plötzlich steht Yan in der Tür, Arm in Arm mit seinem kleineren Kumpel Gaston. „Gukina?" fragt er mich mit großen Augen, ob er ins Spielezimmer dürfe. „Ego", antworte ich, natürlich. Ich öffne das Wohnzimmer und lasse die beiden ihre Holzklötze und Holzeisenbahn bearbeiten.

Im Hof ist längst heiterer Betrieb. Die Mädchen im Haus gegenüber sitzen auf der Mauer ihrer Terrasse und diskutieren lautstark. Um was es geht, verstehe ich nicht. Floride, eine Zwölfjährige mit unfassbar frechem Mundwerk, spaziert in Hausfrauendress und Kopftuch zum Haus der Jungen, in der Hand Eimer und Lumpen, bereit für den Großputz. Die kleine Dodo folgt ihr auf Schritt und Tritt mit einem Besen. Emmanuela sitzt auf der Terrasse hinter unserem Haus der Freiwilligen, weil es dort am ruhigsten ist, und lernt. Bald stehen wieder die Abschlussarbeiten fürs Schuljahresende an.

Paul und Maria sind wieder abgereist, ganz früh am Morgen, in Richtung Süden. Kigoma in Tansania soll ihre erste Station sein. Der Abschied von den Kindern fiel ihm, das merkte ich, sehr schwer. Ich hatte das Gefühl, er wollte dem Abschiedsmoment schnellstmöglich entfliehen. „Ich hasse Abschiede", fluchte er mehr als ein Mal, als die Kinder um ihn herum standen und ihn nacheinander umarmten. Der Caravan ist an den Geländewagen angedockt, Paul startet den Motor und der Zug setzt sich in Bewegung. Die Kinder winken zum Abschied. Paul und Maria auch. Dann fahren sie davon.

Montag, 11. Juni 2007.

Nun ist es nur noch etwas mehr als zwei Monate, die mir in Burundi bleiben. Ich befürchte, dass die Zeit viel zu schnell vergehen wird. Die Kinder fürchten es ebenfalls. Und sie teilen es mir auch mit. „Musazanje", nennen mich mittlerweile einige von ihnen. Mein Bruder.

Am Nachmittag gehe ich auf den Markt. Die Stimmung ist anscheinend sehr gut, vor allem als ich mich mit einigen der älteren, fülligen Frauen an den Verkaufsständen außerhalb der Markthalle auf Kirundi unterhalte. Sie lachen lauthals und mit rauen Stimmen und zeigen ihre sympathischen Zahnlücken zwischen den Schneidezähnen. Als plötzlich von irgendwoher laute Musik zu dröhnen beginnt, gibt es für sie kein Halten mehr. Die Frauen tanzen um ihre Obstkörbe, die Arme in die Höhe gestreckt, die Hüften kreisen. Im Gedränge drückt sich ein junger Bursche an mich und ich bemerke seine Hand an meiner rechten Hosentasche. „Hewe!" schreie ich und habe damit sofort die Aufmerksamkeit der Händlerinnen. Als sie die Situation verstehen, wollen sie den Dieb verprügeln, was ich jedoch zu verhindern weiß. Der Junge dreht sich um und verschwindet in der Menge. Ich gehe auf einen der gestikulierenden Taxifahrer ein, der mich nach Hause bringen möchte. Als ich am Taxi ankomme, öffnet ein anderer Mann den Kofferraum, legt eine Tüte Waren hinein und möchte dann bezahlt werden. Der Taxifahrer muss lachen, ich ebenfalls. „Oya!" gibt er dem offensichtlich schlitzohrigen Händler zu verstehen, dass er seine Tüte wieder an sich nehmen und sich entfernen solle.

Donnerstag, 14. Juni 2007.

Gestern Nachmittag war ich wie jeden Mittwoch im Straßenkinderheim, um die Jungen in Englisch zu unterrichten. Einige von ihnen schreiben am Montag eine Klausur in Englisch, demnach kam ihnen meine Nachhilfe sehr gelegen. Auf der Fahrt zum Heim im Viertel Kabondo hielt ich kurz am Markt an und kaufte Obst für das Straßenkinderheim. Zwölf Kilo Maracuja, alles was die Händlerin in ihrem Korb hatte. Für umgerechnet drei Euro. Der Händlerin machte ich natürlich eine Freude und sorgte für den Tagesumsatz. Als Zeichen ihrer Freude, gab sie noch ein zusätzliches Kilo in die Tüte, das sie aus dem Korb ihrer Nachbarin nahm. Auch der Junge, der die Plastiktüten verkaufte, verdiente am Geschäft mit. Zweihundert Franc für die Tüten und noch mal fünfzig fürs Tragen. Auf dem Weg ins Heim, am Kreisel am Platz der Unabhängigkeit, rauschte ein blitzblank polierter, dunkelblauer Mercedes Benz an mir vorbei. Die silbernen Lettern AMG, dem Zeichen der Veredelung der Luxusmarke, am Heck der Luxuskarosse blitzten mir entgegen. Am Steuer: ein recht junger Inder.

Die Arbeit mit den Straßenjungen macht Spaß. Aber ich kann ihre Vergangenheit und ihre Geschichten nicht begreifen. Es ist schwer, ihre Schicksale zu verstehen, wenn ich sie lächelnd vor mir sehe, scherzend, lernbegierig, offen und so sehr diszipliniert. Auf der Fahrt nach Hause lernte ich einen Taxifahrer kennen. Pascal, ein Kongolese fortgeschrittenen Alters. Er unterhielt sich mit mir in einem astreinen Französisch. Am Ende der Fahrt tauschten wir unsere Telefonnummern aus. „Falls du mal wieder ein Taxi brauchst", zwinkerte er mir zu und steckte sein Geld ein.

Auf dem Weg ins Büro heute Morgen rasten wieder einmal Polizei und Armee an mir vorbei. Ein Pick-Up mit schwer bewaffneten Polizisten war um jeden Preis darauf bedacht, den Anschluss an den Konvoi der vorausrasenden und wild hupenden Luxuskarossen nicht zu verlieren. Große Maschinengewehre und Panzerfäuste ragten links und rechts vom Pick-Up in die Höhe. Mir ist bis heute schleierhaft, was diese Jungs eigentlich mit dem schweren Gerät wollen. Personenschutz mit der Schulterrakete? Ein großer Lastwagen der Armee quälte sich voll bepackt mit Soldaten den Berg hoch und hinterlässt eine große Rußwolke. Die Soldaten hingen teilweise nur mit einem Bein an der überfüllten Ladefläche und halten sich an der Plane fest. Ihre Stimmung schient gut zu sein, alle lachten. Einige grüßten mich.

Als ich die große Kreuzung überquert hatte, sprach mich ein rundlicher Mann mit „Hello, bonjour!" an. Er stellte sich mir als Emmanuel vor. Koch sei er, oben im Viertel der Reichen, in Kiriri. Warum ich denn zu Fuß unterwegs sei, fragte er mich. Weil ich das immer bin, erwiderte ich. Er lachte ungläubig. Er auch. Er sei zu dick, sagte er, und so bleibe er wenigstens ein bisschen fit. Er unterhielt sich mit mir auf Englisch, warum, weiß ich nicht, aber es machte ihm offensichtlich Freude. Eine sympathische Erscheinung. Emmanuel war erstaunt, dass ich so viele Menschen auf der Straße grüße. Ob ich die alle kenne, wollte er wissen. „Ja, die meisten schon". „Eh!" drückte er in burundischer Manier seine Verwunderung aus. Dann freute er sich. So sei das richtig, sagte er mit erhobenem Zeigefinger. Dann ging er seines Wegs hinunter in die Stadt zum Markt und ich bog ab ins „Chez André".

Sonntag, 17. Juni 2007.

Abend. Ich warte, bis es Essen gibt. Die Kinder, genauer gesagt die junge Prudence, haben mich gefragt, ob ich mit ihnen essen möchte. Ich sagte für diesen Abend zu. Es ist schon spät und mein Magen knurrt seit einer ganzen Weile.

Es gibt Maisbrei mit Kohl und Bohnen in Sauce. Es schmeckt wunderbar und mir wird bewusst, dass ich mich vollständig an das Essen gewöhnt habe. Es schmeckt tatsächlich, ich muss mich nicht überwinden. Dennoch, ohne überheblich zu klingen: ich bin froh, es nicht jeden Tag essen zu müssen. Für die Kinder ist es die tägliche Nahrung. Sie haben nicht den Luxus, auswählen zu können.

Ich sitze mit einigen der Kinder am Tisch, jeder hat seinen Plastikbecher mit Wasser vor sich. Einige essen statt des Kohls das Gemüse „Lenga Lenga", besser bekannt als Amarant. Beim Essen gibt es ein beherrschendes Thema: unser Abschied in einigen Wochen. Wieso wir gehen müssten, wieso wir denn überhaupt gehen, wollen die Kinder von mir wissen. Was soll ich antworten? Dass es mir genauso schwer fällt, wie ihnen, wissen sie. Doch was kann ich darüber hinaus noch großartig sagen? Ich muss beginnen, mich damit abzufinden, auch wenn es schmerzlich ist. Wir vertrösten uns schließlich damit, dass es noch eine Weile hin sei. Doch tief in mir weiß ich natürlich, dass die verbleibende Zeit wie im Flug vergehen wird. Ich lasse mir nichts anmerken.

Benoit, Verenas Mann, hat für mich eine kurze Rede übersetzt, die ich zum Abschied im Heim auf Kirundi halten möchte. Ich wollte sie schon jetzt haben, einige Wochen vorher, um die Aussprache üben zu können. Ich sage den Kindern noch nichts davon.

Mittwoch, 20. Juni 2007.

Als ich zur großen Kreuzung komme, stehen Hunderte von Polizisten in Reih' und Glied mit ihren Kalaschnikows über der Schulter auf der Straße, soweit das Auge nur reicht. Ich erschrecke nicht besonders, dasselbe Schauspiel hatte ich bereits am Montag erlebt. Sie üben die Parade für den 1. Juli, den Unabhängigkeitstag Burundis, der mit einem großen Aufmarsch begangen wird: Polizei, Militär, Schüler, Firmen, Ministerien und Betriebe. Da sollte der Gleichschritt schon stimmen.

Es ist ein Meer dunkelblauer Uniformen. Die Stimmung ist heiter, viele der noch sehr jungen Polizisten lachen und scherzen, andere wiederum versuchen nur cool dreinzuschauen mit Grashalm im Mundwinkel und Sonnenbrille. Heute sind sie Ordnungshüter, vor einigen Jahren waren die meisten von ihnen noch Rebellen. Sie stehen unter sengender Hitze und warten, bis sie endlich marschieren dürfen. Den gesamten Vormittag sind die Straßen für die Marschprobe gesperrt. Nicht einmal die Vereinten Nationen und die großen gepanzerten Wagen der Afrikanischen Union, die ich weiter unten die Straße überqueren sehe, dürfen passieren. Ein Polizist, mit dem Barett tief in die Stirn gezogen, grinst und winkt mir. Ich werde am Unabhängigkeitstag leider nicht in Burundi sein, sondern in Tansania, wohin ich in den kommenden Tagen aufbrechen werde.

Auf dem weiteren Weg zur Arbeit, spricht mich ein Jugendlicher an. Er fragt nicht nach Geld, was ich zuerst befürchte. Er ist Kongolese. Seiner Arbeitskleidung nach scheint er Maler zu sein, In der Hand trägt er einen kleinen, gelben Kanister. Er erzählt mir von seiner Leidenschaft, dem Rap, und gibt mir auch gleich eine Kostprobe. Ich komme nicht dazu, Fragen zu stellen, denn er redet schnell und viel. Eine gesellige Type. Dann biege ich ab und er geht weiter seines Wegs, nicht aber ohne mir noch „Schönen Tag und gute Arbeit" zu wünschen. Eine nette, aber fast einseitige Unterhaltung auf dem Arbeitsweg.

Freitag, 22. Juni 2007.

Bevor ich auf Reisen gehe, schaue ich beim Frisör vorbei. Zu lange Haare sind schlichtweg zu umständlich und außerdem viel zu heiß unter der afrikanischen Sonne. Die Kinder im Heim ärgern sich, wenn ich meine Haare schneiden lasse. Sie lieben lange Haare, insbesondere helle. Als ich nach Hause komme, muss ich mir ihre Vorwürfe anhören. „Yooh, Philippo". Auch dass ich einige Wochen nach Tansania verreisen möchte, geht ihnen gegen den Strich. Wenn alles nach Plan läuft, werde ich Mitte Juli wieder in Bujumbura sein.

Als ich an der großen Straße auf ein Taxi warte, kommt kein einziges Auto vorbei. Die Polizei übt weiter unten wieder für die Parade und blockiert alles. Ein netter, älterer Herr nimmt mich schließlich per Anhalter in seinem Wagen mit in die Stadtmitte, wo ich in ein Taxi umsteige. Ich halte kurz inne, um den Soldaten beim Marschieren zuzuschauen. Ich frage mich, was wohl die Geschichten dieser Männer und Frauen sind. Was haben sie im jüngsten Krieg erlebt? Tarnuniformen, olivgrüne Uniformen, rote, grüne und schwarze Barette und natürlich Waffen aller Gattungen. Einige der jüngeren Soldaten scherzen etwas zu laut, sodass es ihr Vorgesetzter mitbekommt und sie sofort zurechtweist. Andere wiederum nehmen die Probe für den 1. Juli offensichtlich sehr ernst und sind sichtlich darum bemüht, im Gleichschritt zu bleiben. Die meisten machen jedoch eher einen unbeholfenen Eindruck. Die Offiziere schwirren mit ihren Bambusstöcken wie Hornissen um die Truppe, gestikulieren aufgeregt, brüllen Kommandos und scheinen eher unzufrieden mit ihren Soldaten. Sie haben noch eine Woche Zeit zum Üben, dann muss die Armee vor den aufmerksamen Augen des Staatsoberhaupts im Gleichschritt die Straße passieren.

Am Abend sollte ich mich über mich selbst ärgern. Ich lerne mit Christelle Englisch und wir sitzen vor ihrem aufgeschlagenen Englischbuch. Sie soll einen Text übersetzen. Als wir auf das Wort „Hexe" (witch) stoßen, weiß sie nicht weiter und fragt mich nach der französischen Vokabel, die mir ebenfalls spontan nicht einfällt. Nach einigen Sekunden, als ich schon Anstalten mache, das Wort zu umschreiben, und einem Blick ins Wörterbuch kommt sie selbst darauf und sagt: „Ich hab's! Ein traditioneller Mediziner!" Ich schlucke. Aber natürlich! Ein traditioneller Mediziner. Nicht mehr, aber auch nicht weniger, ein völlig wertfreier Begriff. Ich erschrecke in diesem Moment über meine westliche, christliche Erziehung, in der „Hexe" prinzipiell eine negative Bedeutung hat, indoktriniert vom christlichen Glauben. Was wir jedoch häufig damit bezeichnen, ist nichts anderes als ein traditioneller Mediziner. Ein spiritueller Auserwählter, der zu Göttern, Geistern, der Natur oder anderen Wesen betet, die nicht ins Bild der christlichen Kirche passen. Doch wir, das heißt „der Westen", nehmen es uns häufig ungefragt heraus, Andersdenkende und Andershandelnde in einer unbeschreiblichen Arroganz eines Besseren belehren zu wollen. So, wie es mir in diesem Augenblick beinahe passiert wäre, Christelle dazu zu bringen, dass „Hexe" etwas Bösartiges bedeuten muss. Ich ärgere mich über mich selbst, obwohl ich aufgrund meiner Herkunft, Erziehung und Wertvorstellungen natürlich unbewusst handle. Sich in solchen Situationen selbst zu ertappen, ist nicht leicht. Vor allem, es zu akzeptieren, wenn man sich gerade selbst ertappt hat.

Später am Abend passiert dann das, worauf ich schon seit meiner Ankunft in Burundi warte. Ich finde mich plötzlich in einer hitzigen Diskussion zur aktuellen Lage Burundis wieder und bekomme die radikale Meinung eines Tutsi zu hören, wie sie radikaler nicht sein könnte. Der junge Mann ist bereits etwas angetrunken, eine sachliche Diskussion ist nicht mehr möglich. Ich halte es für besser, den Mund zu halten und höre nur zu, um mein Gegenüber nicht unnötig zu provozieren. Dass es nach wie vor radikale Einstellungen auf beiden ethnischen Seiten gibt, ist mir bekannt, weshalb ich nicht allzu sehr geschockt bin. Nur war es mir bislang erspart geblieben, sie direkt aus dem Mund eines Burunders zu hören, der auch nicht einmal den Anschein von Verständnis oder Versöhnungsgedanken in sich trägt.

„Warum ich mir nicht die Parade am 1. Juli anschaue?", schreit der junge Mann. Wenn uns jemand zuhören möchte, kann er es mit Leichtigkeit, denn die Nacht ist klar und windstill. „Weil sie für einen Hutu-Präsidenten ist und ich ein Tutsi bin. Deshalb! Niemals!" Die Biergläser auf unserem kniehohen Tisch wackeln, als er daran stößt. Sein Zeigefinger schießt in die Höhe und er beginnt zu lallen: „Ich bin Tutsi und ein höhergestelltes Wesen als die. Wie die arische Rasse in Europa. So in etwa." Besonders mir als Deutschen sträuben sich die Nackenhaare, als er diese radikale Sichtweise zum Besten gibt. In dem Moment warte ich darauf, dass er persönlich wird und in Schubladen denkt, er der erhabene Tutsi, und ich, der große, blonde Arier. Aber dazu kommt es dann doch nicht.

Er lässt noch weitere rassistische Parolen vom Stapel, die volle Bandbreite, die erahnen lässt, wieso es in Burundi zu einem solch brutalen Bürgerkrieg kommen konnte und weshalb die Situation im Land immer noch die ist, wie ich sie tagtäglich erlebe. Das Schlimme daran ist, dass der junge Mann mit seiner Meinung nicht alleine dasteht. Sie zieht sich durch beide Ethnien, alle sozialen Schichten und alle Bildungsklassen. Manche sprechen offen darüber, manche schweigen zu ihrem Handeln. Moderate Meinungen haben, zumindest sehr oft, kein Gehör.

Seine Freunde schalten sich ein und versuchen, den jungen Mann zu beruhigen, indem sie ihm noch ein Bier bestellen. Er solle leiser reden, es sei schon spät und die Nachbarn würden schlafen, beschwichtigen sie ihn. Ihm zu widersprechen hat keinen Zweck, was sie nach ersten zaghaften Anläufen recht schnell merken, also versuchen sie es mit anderen Argumenten. Bis ich mich verabschiede und nach Hause gehe.

Die eine Seite habe ich nun gehört. Ohne Tabu und ohne Blatt vor dem Mund. Ich würde wirklich gerne auch die andere Seite hören, und zwar in derselben radikalen Art. Dabei gibt es in Burundi so viele Menschen, die es einfach nur satt haben. Die nichts mehr hören wollen von ethnischen Grenzen, gegenseitigen Anschuldigungen und Vorwürfen, sondern nur ihre Ruhe haben und friedlich leben wollen. Überleben.

Ich habe nun drei Wochen Zeit in Tansania, darüber nachzudenken.

Montag, 16. Juli 2007.

Es ist fast Mitternacht und ich sitze in meinem kleinen Zimmer im Kinderheim in Bujumbura an den Tasten meines Notebooks und lasse die vergangenen, erlebnisreichen Wochen Revue passieren. Seit einigen Tagen bin ich aus Tansania zurück. Die Rückkehr ins Heim und zu den Kindern war sehr emotionsgeladen. Die kleine Eva rannte als erste ungebremst in meine Arme, nach und nach stürmten alle auf mich zu. Einige der Kinder weinen, als sie mich umarmen. Der Moment ging mir sehr nahe. Es ist unbeschreiblich wie sehr wir uns aneinander gewöhnt haben in so kurzer Zeit. Mir wird deutlich, welchen Eindruck ich hier hinterlassen habe. Und die Kinder bei mir. Dabei war ich gerade mal drei Wochen weg! Aber der Reihe nach.

Kapitel IV

Mit Bus, Zug und Fahrradtaxi: der Trip nach Tansania

Sonntag, 24. Juni 2007.

Sieben Uhr fünfundvierzig. Ich stehe am Busbahnhof hinterm Zentralmarkt in Bujumburas Innenstadt. Auf dem Markt ist schon längst die Hölle los, die Straßen wild befahren, überall lautes Hupen. Auf dem Weg am Markt vorbei wollte mich schon ein Murundi einfangen: Jaja, nach Makamba fahre er. In den Süden Burundis, der an Tansania grenzt. Oui, oui. Als ich ihm mein Ticket entgegenstrecke, das ich bereits am Vortag gekauft habe, wendet er sich ab und ein anderer kümmert sich um uns. „Makamba Express" steht auf dem kleinen Bus. Und Peter heißt sein Fahrer. Peter Sterling, stellt er sich vor. Ein junger Bursche, der noch verschlafen aussieht und keinerlei Lust zu haben scheint, um diese Uhrzeit auch nur irgendwohin zu fahren, geschweige denn mehrere Stunden gen Süden.

Händler schwirren um uns herum und bieten uns ihre Ware in kleinen Holzkisten an. Sonnenbrillen von Gucci, original natürlich, wie sie versichern. Kekse. Zigaretten, Handtaschenspiegel und Parfum. „Promotion Pack - Not For Sale" steht auf einigen der kleinen, bunten Kartons. Ich suche das Gespräch mit Peter, dem Fahrer, und rauche meine erste Zigarette des Tages. Wohin wir fuhren, will er wissen und sein Blick wirkt schon etwas aufgeweckter als noch wenige Minuten zuvor. Peter beschwert sich, dass er es leid sei, in Bujumbura zu wohnen. Er habe keine Lust mehr auf den Dreck und Lärm der Stadt. Für mich sieht er in dem Moment eher wie jemand aus, der auf überhaupt nichts Lust hat. Aber er ist nett, zumindest mir gegenüber. Mein Mobiltelefon habe ich zu Hause gelassen, wir sind also zeitlos. Ich nehme dennoch an, dass wir etwa eine Stunde vor dem Bus warten. Die anderen Fahrgäste lassen auf sich warten. Kein Problem, wir haben ja Zeit.

Ein großer Bus mit einem burundischen Fußballteam hält direkt vor uns und die gesamte Mannschaft steigt aus. Ich kann es mir nicht verkneifen, sie zu fragen, woher man ein Trikot der Nationalmannschaft Burundis bekommen kann. Sie wissen es nicht. „Nirgends, wahrscheinlich." Ich war schon einmal auf den Markt auf die Suche nach diesem Trikot gegangen, aber dort gab man mir dieselbe Antwort.

Dann fahren wir endlich ab. Ich kaufe am Gehsteig noch einem Jungen zwei kleine Brötchen ab, eines für mich und eines für Peter, der am Steuer vor sich hin brummt und die Hupe quält. Ich habe einen der bequemeren Plätze ganz vorne. Neben Peter. Ich muss an die Kleinen im Heim denken, wie sie in einer Reihe auf der Terrasse standen und mir zum Tor hinterher sahen. „Oya", hatten sie immerzu gerufen. Geh nicht. Es ist ja nur für kurze Zeit.

Wir fahren die Straße in Richtung Süden, nach Rumonge, zuerst durch das riesige Hauptstadtviertel Kanyosha. Wir rauschen an Christelle und Emmanuela vorbei. Die beiden Mädchen aus unserem Kinderheim gehen hier zur Kirche. In dem Moment wird mir erst bewusst, dass Sonntag ist. Männer und Frauen haben sich schick gemacht, um zum Gottesdienst zu gehen. Am Abend zuvor habe ich noch lange mit Yasmine gesprochen. Und einfach nur mit ihr da gesessen. Irgendwann zeigte sie mir einige Narben. „Papa", sagte sie. Ihr Gesichtsausdruck hatte etwas Gleichgültiges, aber zugleich Fragendes und Trauriges. Ich wusste nicht, was ich sagen sollte. Einer anderen Verwandten habe er die Fingerkuppen abgeschnitten.

Die Kinder im Heim schienen nicht besonders begeistert zu sein von meinen Urlaubsplänen. Aber sie akzeptierten es. Sagen wir eher: sie nahmen es hin. Wie schon so vieles in ihrem kurzen Leben. Vor Abreise mussten wir noch einen Termin ausmachen für ein Abschiedsfest am Ende des Freiwilligendienstes in Burundi, da viele der Kinder in den großen Schulferien im Juli und August zu noch lebenden Verwandten oder Bekannten gehen. Nachdem plötzlich alle behauptet hatten, sie seien die gesamten Ferien nicht mehr im Heim und ich müsste deshalb bis in den September hinein in Burundi bleiben, durchschaute ich ihre Masche und wir einigten uns schließlich auf den 29. August für die Abschiedsparty im Heim. Ein Tag vor Abreise zurück nach Deutschland. „Oh, FNL!", reißt mich Peter aus den Gedanken und nickt in Richtung Fahrerfenster. Draußen stehen zwei düster dreinblickende Männer in verblassten Uniformen und mit Kalaschnikows. Rebellen (Force National de Liberation). Die letzte übrig gebliebene Rebellenbewegung in Burundi. Und die älteste. In vielen Teilen des Landes sind sie nach wie vor präsent, und manchmal mehr als der Regierung lieb ist. Fünf Minuten später rasen wir an regulärem Militär vorbei. Tust du mir nichts, tu ich dir nichts.

Wir kommen zur ersten Polizeikontrolle. Vor uns liegen noch etwa drei Stunden bis nach Mabanda, meine erste Etappe, wo es den Ausreisestempel in den Pass gibt. Peter ist das beste Beispiel, dass die Hupe eines Autos in einem Land wie Burundi unter allen Umständen funktionieren sollte. Wieder FNL. Dann Armee. Sie scheinen hier nebeneinanderher zu existieren, ohne wirklich ein Problem miteinander zu haben. Wieder FNL. Dieses Mal mit zwei schicken Handgranateiern am Hemd. Dahinter wälzt sich ein Nilpferd am Ufer des Tanganyikasees. Die Sonne scheint nun klar und heiß, über Bujumbura hängt noch eine graue Dunstwolke. Wir brettern über die Sandpiste und Peter hupt.

Am Ufer schwanken die kleinen Holzboote der Fischer. Unzählige. Einige der Männer sind auch draußen auf dem See und kämpfen mit ihren Netzen. Die Luft riecht nach Fisch. Fast wie am Meer. Am Straßenrand stehen kleine Kinder, schälen Obst und winken uns Fratzen ziehend entgegen. Ein alter Mann, gekleidet in Lumpen und nur noch Haut und Knochen, streckt bettelnd seine Hand aus. Er zeigt auf seinen Bauch, stützt sich auf einen krummen Stock. Im Bus klingelt ein Mobiltelefon. Peter gibt mehr Gas. Der Alte muss zur Seite springen und bleibt in einer braunen Staubwolke zurück.

Wir halten in einem kleinen Ort. Sofort sind wir von Händlerinnen umringt, die Uburobe, Maniokbrei, verpackt in großen Bananenblättern, verkaufen wollen. An unserem Bus wird ein Reifen gewechselt. Einige jüngere Mädchen kommen mit silbernen Schalen auf uns zu. Sie bieten Mandarinen und Maracujas an und schauen mir fragend in die Augen. Sie scherzen untereinander auf Kirundi. Ich versuche, mich mit ihnen auf Kirundi zu unterhalten, was helle Begeisterung auslöst. „Yoooh, muzungu arazi ikirundi!" Der weiße Mann versteht Kirundi. Ein Stück weiter abseits entdecke ich einen älteren Mann, gekleidet in olivgrün und einem Cowboyhut mit Kuhmuster auf dem Kopf. Er versucht offensichtlich den Eindruck zu geben, als interessiere ihn nichts, doch hat er alles genau im Blick. Wahrscheinlich der Chef der Zone, in der wir uns gerade befinden.

Es ist halb elf. Wir rollen weiter. Peter hat sichtlich noch schlechtere Laune als zuvor. Und nun auch noch schmutzige Hände vom Öl und Bremsstaub. Die Bremsscheiben sind notdürftig wieder einsatzbereit. Bis nach Mabanda sollte es reichen, meint Peter.

Nicht lange später bremst Peter abrupt und heftig ab, ich spüre die Knie meines Hintermanns durch den Sitz im Rücken. Dann setzt er zurück. Ich weiß zuerst nicht, was nun geschieht, dann sehe ich im Rückspiegel die blaue Uniform eines Polizisten. Der Ordnungshüter rückt sein blaues Barett zurecht und marschiert auf Peters Fenster zu, offensichtlich sehr selbstsicher. Weiter hinten steht sein Kollege. Auf einem kleinen Holzhocker daneben thront eine dicke Polizistin. Sie schaut mich an, mit einem Blick als wäre sie in der Lage, Kinder zu fressen. Es ist wohl nicht ihr Tag. Ich winke trotzdem und spiele den naiven „muzungu". Spaß erwarte ich von ihr keinen, sie winkt auch nicht zurück. Unter lautstarker Diskussion mit dem Polizisten an seinem Fenster sieht Peter seine Papiere in eine kleine Aktentasche der Polizistin verschwinden, die anfängt, etwas in ein blaues Buch zu kritzeln. Währenddessen scheint sie auf taubstumm zu schalten.

In das Fluchen auf Kirundi ist zwischenzeitlich ein Kollege Peters eingestiegen, der auf den hinteren Plätzen im Bus saß. Die dicke Polizistin scheint wenig beeindruckt und schlendert beinahe gemütlich davon. Unser Fahrer schnaubt, fährt ihr hinterher und flucht weiter.

Peters Kollege steigt aus, huscht schleunigst um den Bus herum, in der Hoffnung, dass es keiner sieht, und steckt der Polizistin einen Zehntausend-Franc-Schein zu. Mit einem triumphalen Lächeln und immer noch derselben Geschwindigkeit öffnet die Polizistin ihre kleine, lederne Tasche und reicht Peters Papiere durchs Fenster. Der nimmt sie wortlos entgegen und drückt sie absichtlich aggressiv in ein kleines Fach neben dem Lenkrad. Den Strafzettel, den Peters Kollege noch zum Führerschein bekommen hat, wirft er der Polizistin wortlos vor die Füße. Dann rauschen wir davon. Alles hinter uns sehe ich in einer großen, braunen Staubwolke verschwinden. Peters Laune ist nun explosiv.

Eine Weile später, Peter hat sich wieder ein wenig gefasst, erreichen wir Rumonge, ein überschaubares, aber wichtiges Handelsstädtchen im Süden Burundis, in der Provinz Bururi. Wir nehmen noch einige Passagiere mit in den Bus, schließlich muss Peter das Geld für den Strafzettel wieder reinbekommen. Die Fahrgäste werden in den Bus gequetscht, bis wirklich nichts mehr geht. Alltag. Man muss nur wissen, wie man an die Moneten kommt. Jeder für sich.

Auf dem weiteren Weg nach Mabanda stoppen wir mehrmals, Leute steigen aus, andere ein. Bei dem ganzen Trubel hoffe ich, dass mein Rucksack im hinteren Teil des Wagens nicht unterwegs ausgeladen wird. Hinter Rumonge wird die Straße unerwartet gut. Asphalt ohne Schlaglöcher, sogar mit weißer Fahrbahnmarkierung.

Kurz nach elf Uhr. Die nächste Polizeikontrolle. Nach links weist ein Schild: Bururi/Makamba. Wir fahren nach rechts. Ich genieße die grüne Vegetation. Riesige Palmwälder und Maniokfelder. Die Grundstücke der Menschen hier scheinen größer als im Norden. Auch die Häuser machen einen stabileren, besseren Eindruck. Einige Hundert Meter weiter der nächste Stopp. Polizei.

Peter scheint dieses Mal erleichtert zu sein, als er den Polizisten erkennt, der an sein Fenster kommt. Die beiden geben sich die Hand und lachen. Dann reicht der Uniformierte einen Zehntausend-Franc-Schein durchs Fenster, nickt zustimmend und wir fahren weiter. Die Straße führt nun entlang am Ufer des Tanganyikasees. Ich ärgere mich, nicht an meine Kamera zu kommen, die in meinem Rucksack verstaut ist. Wir passieren ein winziges Fischerdörfchen, vor dem unzählige kleine Nussschalen auf dem glänzenden See wippen. Türkises Wasser, weißer Sandstrand. Der See scheint eine unendliche Weite zu haben. Ein Paradies!

Papaya-Bäume, Zitronen, Orangen. Das nächste Fischerdorf, dasselbe Bild. Ich bin am Überlegen, ob ich meine Kamera nicht doch auskramen soll. Doch wie an sie heran kommen? Der Mann hinter mir schaut schon kritisch, als ich irgendwelche Anstalten mache, etwas zu wollen. Noch fünfundzwanzig Kilometer bis Mabanda. Dann folgt wieder die übliche Grenzpostenprozedur. Über die Bergkuppe schleppt sich unser kleiner Bus nur mit größter Mühe. Ich werde müde wegen der Hitze. Die Aussicht ist überwältigend, doch meine Augen fallen zu. Im Bus herrscht jetzt Totenstille.

Schließlich erreichen wir Mabanda. Ein auf den ersten Blick kleines, verschlafenes Dorf. Ich steige aus dem „Makamba-Express" aus und suche ein Taxi für die Weiterfahrt bis zur Grenze. Lange warten muss ich nicht, bis ich von einem Fahrer angesprochen werde. Ich verabschiede mich von Peter, der nun doch erleichtert zu sein scheint, und steige zusammen mit Janvier und Désiré in das Taxi. Die beiden Burunder habe ich auf der Fahrt kennen gelernt. Später soll ich noch erfahren, dass die beiden Salz aus Tansania nach Burundi importieren. Wir einigen uns auf einen Preis von zweitausend Franc pro Person und teilen das Taxi. Das ist nicht viel für die Strecke, die vor uns liegt, mitten durch das burundisch-tansanische Niemandsland im Grenzgebiet. Bevor es losgeht halten wir noch vor dem Polizeiposten, wo wir unsere Ausreisestempel bekommen. In dem kleinen, dunklen Büro sitzen zwei Uniformierte. Ein junger, der die Arbeit macht und sein älterer Vorgesetzter, der nichts als die Verantwortung zu tragen scheint und grimmig dreinschaut. Jung prüft bis ins Detail, Alt prüft, ob Jung richtig prüft. Ich muss grinsen.

Dann startet die Fahrt durch unzählige Staubwolken. Wir rasen über die Schotterpiste bis zu einer einfachen Holzschranke, der letzten auf burundischem Gebiet. Der Polizist drückt dem Fahrer einige Geldscheine in die Hand, er solle ihm auf dem Rückweg eine Cola mitbringen. Nach einem kleinen Waldstück sind wir dann auf tansanischem Staatsgebiet. Am Grenzposten sind viele Menschen unterwegs. Wir stellen uns in die Reihe und warten, bis wir in das Büro mit den zwei Beamten dürfen und unsere Pässe vorzeigen. Als wir endlich an der Reihe sind, klingelt das Telefon der runden Beamtin. Feierabend. Sie packt ihr schwarz-goldenes Handtäschchen, klappt das Buch auf dem Holztisch zu und verschwindet. Sie lässt uns stehen. Ihr Kollege macht gnädiger Weise Überstunden und nimmt mir das Geld fürs Visum ab. Meine burundischen Begleiter bezahlen zwanzig US-Dollar. Ich, als Weißer, fünfzig US-Dollar. Mein Impfausweis, den ich aufgrund meiner schlechten Erfahrungen noch sorgfältig zu Hause überprüft und eingepackt hatte, interessiert hier niemanden. Der Beamte, der eigens dafür zuständig ist, winkt mich aus seinem schattigen Plätzchen unter einem großen Baum einfach durch. Er steht noch nicht einmal auf.

Weiter oben am Wegrand wartet Janvier bereits vor einem „Dalla Dalla" auf mich, wie die kleinen Bustaxis in Tansania heißen. Es ist voll beladen. Vom trockenen Staub ist alles mit einer rotbraunen Schicht bedeckt. Der Fahrer und sein Kollege, der im hinteren Teil des Busses für das Geldeintreiben zuständig ist, wollen meinen Rucksack aufs Dach des „Dalla Dalla" spannen. Ich halte sie hektisch davon ab, wohlwissend, dass sich meine Kamera ebenfalls darin befindet. Sie lassen sich überzeugen und quetschen ihn doch noch ins Wageninnere. Geht nicht, gibt es nicht. So kommt es auch, dass wir sage und schreibe einundzwanzig Personen in unserem Taxi sind. Zusätzlich Gepäck, versteht sich. Reguläre Plätze gibt es vierzehn. Mit lautem und bassstarkem Hip Hop auf Kiswahili rauschen wir den roten Graben entlang. Ich bin in Tansania.

Normalerweise liebe ich es, die klischeehaft beleibten „afrikanischen Mamas", in ihren bunten Gewändern und mit ihren lauten, rauen Stimmorganen zu beobachten. Vor allem bei lebhaften Diskussionen sind sie in der Regel ein Erlebnis. Aber in einem Bustaxi neben ihnen zu sitzen, ist fürwahr kein Vergnügen. Unser Bus ist voll von ihnen, eine klopft ans Blech der Karosserie, das Zeichen, dass sie aussteigen möchte. Wir halten, der Fahrer reißt an der Leine, die das Gepäck auf dem Autodach hält, diskutiert mit seinem Assistenten, dann folgt eine gleichgültige Handbewegung und er tritt wieder auf das Gaspedal. Am späten Nachmittag sind wir in Kigoma, dem kleinen Hafenstädtchen in Tansanias Westen, am Tanganyikasee. Auf der Uhr ist es eine Stunde später als in Burundi, da sich Kigoma, das etwa auf demselben Längengrad wie Bujumbura liegt, in der Zeit nach dem wirtschaftlichen Zentrum des Landes, Daressalam an der Ostküste, richtet.

Zusammen mit meinen burundischen Begleitern Janvier und Désiré mache ich mich auf die endlose Suche nach einer Unterkunft. „Ausgebucht" lautet meistens die Antwort. Der Grund liegt auf der Hand, besser gesagt einige Straßen weiter: das Bahnhofsgebäude. Am Montagmorgen startet der Zug nach Daressalam. Viele der Reisenden nehmen sich deshalb schon sonntags ein Zimmer im kleinen Kigoma, um morgens den Zug zu erwischen, der nicht täglich fährt. Die Unterkünfte sind demnach hoffnungslos ausgebucht. Schließlich haben wir doch noch Glück: In der „Zanzibar Lodge" sind noch drei Zimmer frei, für zehntausend tansanische Schilling pro Nacht und Zimmer, umgerechnet etwa sechs Euro.

Die Zimmer sind in Ordnung. Eine Dusche, ein nacktes Metallrohr, das aus der Wand ragt, existiert zwar, doch kommt kein Wasser daraus. Wasser gibt es nur im großen, roten Eimer neben dem Loch im Boden, das die Toilette darstellt. Es macht mir wenig aus, doch meine neuen burundischen Bekannten finden sich offensichtlich nicht damit ab. Janvier beschwert sich lautstark und findet es unmöglich. Schließlich beruhigt er sich bei einem kühlen Kilimanjaro, einem der unzähligen einheimischen Biere, in einer der gegenüberliegenden Bars an der Hauptstraße.

Janvier und Désiré fragen mich, was ich in Tansania vorhätte und wohin ich noch reisen würde. Ich nenne ihnen die Stadt Mwanza am Victoriasee, mein nächstes Ziel. Daraufhin fragt Janvier spontan den jungen Mann am Tisch neben uns, wann und wo in Kigoma Busse nach Mwanza abfahren. Der entgegnete, er sei von einem Promotion Team, das für einen Mobilfunkbetreiber werbe und am nächsten Morgen ebenfalls nach Mwanza fahre. Er würde mich mitnehmen, auf der Ladefläche seines kleinen Trucks. Plötzlich kreischt am Nebentisch ein Mädchen und springt von ihrem Stuhl auf. Ich drehe mich in meinem Plastikstuhl hektisch um und traue meinen Augen nicht: Drei junge Männer haben eine Sporttasche auf ihrem Tisch platziert, aus der nun ein mehrere Meter langer Python kriecht. Die Männer sind offensichtlich angetrunken und in bester Stimmung und fangen an, mit dem Tier zu spielen und um die Schlange zu tanzen. Die Kellnerin bleibt auf Sicherheitsabstand. Janvier erzählt mir etwas von traditioneller Religion, was ich jedoch aufgrund des Grölens der Männer und hysterischen Geschreis des Mädchens nicht verstehe.

Nach einem gewöhnungsbedürftigen Rührei mit eingebackenen Pommes, eine tansanischen Spezialität und, wie ich mir denke, absurde Hinterlassenschaft englischer Kolonialtage, und einem weiteren Kilimanjaro verabschiede ich mich von den burundischen und neuen tansanischen Bekanntschaften und gehe zurück zur Lodge. Um sechs Uhr morgens sei Abfahrt, deswegen möchte ich früh ins Bett. Die Gruppe der Werbeleute übernachtet zufälligerweise auch in der „Zanzibar Lodge". An die Trauminsel im indischen Ozean erinnert jedoch nur der alte Muslim, der die Unterkunft leitet.

Wenig später klopft es an meine Zimmertür. Der Typ, der mich am nächsten Tag mit nach Mwanza mitnehmen möchte, steht davor und entschuldigt sich. Zu betrunken sei er, die Abfahrt würde auf acht Uhr verschoben. Ob das in Ordnung sei? „Kein Problem", entgegne ich und wünsche ihm eine erholsame Nacht. Doch sehen sollte ich von diesem Mobilfunkbetreiber höchstens noch Plakate am Kiosk gegenüber. Er hat es sich anscheinend anders überlegt. Zumindest sagt mir die schlecht gelaunte Frau an der Rezeption am nächsten Morgen, dass der junge Mann bereits um sechs Uhr ausgecheckt habe. Ich bleibe also vorerst doch noch in Kigoma und informiere mich über Reisemöglichkeiten in Richtung Norden.

Ich packe meinen großen Reiserucksack, verabschiede mich vom alten Moslem und mache mich auf die Suche nach Frühstück. Im „Sun City", weiter die Straße runter, in der Nähe des Bahnhofs werde ich fündig. Das Bistro ist ein Geheimtipp, denn die üppigen und frischen Portionen stehen in keinerlei Verhältnis zu den günstigen Preisen. Das Häuschen ist in Regenbogenfarben gestrichen, man kann von der kleinen Terrasse aus das Treiben auf der Hauptstraße Kigomas beobachten, wo schon viele Menschen unterwegs sind. Mein erstes tansanisches Frühstück besteht aus frischem Saft aus Passionsfrucht, zu meinem völligen Unverständnis in Tansania Instantkaffee, einem Chapati (ähnlich einem Pfannkuchen) und einem „egg chop", einem gekochten Ei, umhüllt von gebratenem Hackfleisch. Die Sonne wärmt mich und die Rechnung erhellt meine Laune zusätzlich. Ich zahle nur viertausend Schilling, noch nicht einmal zwei Euro!

Kaum habe ich den letzten Schluck meines Safts getrunken, grüßt mich ein junger Mann freundlich und stellt sich als Olivier vor. Nach wenigen Sätzen stellt sich heraus, dass auch er aus Burundi ist und er freut sich, einen „Landsmann" in Kigoma zu treffen. Er sei beruflich unterwegs, sagt er, er importiere Zement nach Burundi. Am Tisch neben uns sitzt eine Gruppe Frauen, ebenfalls aus Burundi, die mir zuerst nicht glauben wollen, dass ich in Bujumbura wohne. „You lie!" lachen sie, ich würde lügen. Erst recht in Gelächter brechen sie aus, als ich ihnen beim Aufbrechen nach Daressalam „urugendo rwiza" wünsche. Gute Reise.

Olivier will mir helfen, einen Bus nach Norden zu finden. Ich gehe mit ihm zum ersten Busunternehmen. Ich wollte zuerst nach Bukoba, an der westlichen Küste des Viktoriasees, um von dort weiterzufahren. Doch der Bus sei bereits am frühen Morgen abgefahren und der nächste starte erst wieder am Donnerstag. Da ich keine weiteren Tage im verschlafenen Kigoma verbringen möchte, suchen wir weitere Busunternehmen. In der dritten Agentur, in der wir anfragen, bekomme ich glücklicherweise einen Platz in einem Bus direkt nach Mwanza. Ich kaufe das Ticket für zwanzigtausend Schilling. Abfahrt sei um fünf Uhr morgens. Die Fahrt wird zwölf Stunden dauern.

Ich gehe zurück zur „Zanzibar Lodge", wo mich die Rezeptionistin freudig empfängt. Das Wasser sei nun allerdings ganz abhandengekommen, beteuert sie. Schließlich sei „dry season", Trockenzeit. Ich nehme dasselbe Zimmer, das ich vor wenigen Stunden verlassen hatte. Olivier geht ebenfalls weiter seines Wegs, das „business" rufe, sagt er geschäftig, und fuchtelt mit der kleinen Mappe, die er unter dem Arm mit sich trägt. Ich habe also den Rest des Tages, um Kigoma zu erkunden und zu genießen.

Kigoma. Ein kleines, altes Städtchen. Die Menschen scheinen vergnügt, jeder grüßt freundlich. „Salama" oder „Jambo". Mein Kiswahili beschränkt sich leider auf wenige Worte zum Gruß. In Uganda hatte ich mir ein Wörterbuch gekauft, Englisch-Kiswahili, aber ich kam bislang nicht dazu, neben Kirundi noch eine weitere Sprache zu lernen. Am Straßenrand sind Sportschuhe aufgestapelt, ich sehe Stände mit Zeitungen, was ich in Burundi übrigens sehr vermisse, Weißbrot und allem möglichen Kleinkram aus China.

Viele Muslime leben in Kigoma, was mir bereits um fünf Uhr morgens nicht entgangen ist, als ich durch das scheppernde Lautsprechergebrüll des Muezzins aufgewacht bin. Straßenkinder sehe ich so gut wie keine. Wenige, vereinzelt. Aber nicht in Scharen, wie sie einem in Burundis Hauptstadt und eigentlich überall im Land begegnen. Eine alte Frau fällt mir auf, die am Straßenrand sitzt und mit einem kleinen Plastikteller um Geld bettelt. Um auf sich aufmerksam zu machen, schleudert sie zwei Münzen immerzu in die Luft und fängt sich mit dem Teller wieder auf. UNHCR, die Flüchtlingsagentur der Vereinten Nationen, fährt in mehreren Geländewagen an mir vorbei. Sie haben hier zu tun mit

Flüchtlingen aus Burundi und Kongo. Als ich mit Janvier sonntags an der Grenze stand, erklärte er mir, dass das Gebiet, auf dem wir stünden, früher noch zu Burundi gehört habe. Vor der Kolonisation. Deshalb sprächen die Menschen hier in Kigoma, das Volk der Ha, einen Mix aus Kiswahili und Kirundi.

Nach einem weiteren frischen Saft im „Sun City" schlendere ich durch die Stadt. Vorbei am alten Bahnhof, der noch von den Deutschen Kolonialisten gebaut wurde, ein Stück den Hügel hinauf, wo ich eine Ruine entdecke. Ein altes Haus, das offenbar einmal sehr groß und schick gewesen zu sein scheint, zerfallen und überwuchert, aus deutschen Kolonialtagen. Ich gehe auf das offene Grundstück und mache Fotos, nicht ohne die Sorge, dass gleich ein Wächter angerannt kommt und Geld dafür verlangt. Aber Fehlanzeige, niemand interessiert sich für den fotowütigen Touristen. Nur ein kleiner Junge schielt hinter der Mauer hervor und beobachtet mich. Als ich mitten in der Ruine zwischen Büschen stehe, versuche ich mir die Zeit vorzustellen, in der hier deutsche Besatzer residierten. Ähnlich fühle ich mich, als ich im Bahnhof von Kigoma stehe, der 1912 von deutschen Ingenieuren gebaut worden war. Als „Vollendung der Kolonisation Deutsch-Ostafrikas". Ich trinke eine Cola an einem kleinen Kiosk am Straßenrand und treffe zwei Männer wieder, die im Dalla Dalla aus Burundi mit mir über die Grenze gefahren waren.

Im Bahnhofsgebäude sitzen Mütter mit ihren Babys und, so sieht es zumindest aus, ihrem gesamten Hausrat auf dem Boden und warten auf den nächsten Zug. Bahnangestellte sehe ich keine. Der Schalter „Tickets: first and second class" ist geschlossen und verriegelt. Davor warten zwei schick gekleidete Männer. Ich beschließe, zu „Jacobsen Beach" zu fahren, von dem im Reiseführer geschwärmt wird. Am Taxistand gegenüber des Bahnhofs lerne ich Ray kennen, ein Taxifahrer und gebürtiger Einwohner Kigomas. „Ya, ya", er kenne den Strand, no problem. Nach wenigen Minuten Fahrt weiß er es dann jedoch nicht mehr. Ich zeige ihm die kleine Karte im Reiseführer, „ya, ya", dann gibt er wieder Gas. Die Teerstraße wird zur Sandpiste und immer holpriger. Wir verlassen Kigoma und fahren durch ein kleines Dorf, das lediglich aus rotbraunen Lehmhütten besteht. Ich beginne zu zweifeln, ob wir hier richtig sind. „Ya, ya", bestätigt Ray. Es geht zwischen Feldern hindurch, einen Hügel hinauf und wieder hinunter, dann einen steinigen Pfad entlang und schließlich wieder Sandpiste. Die Schlaglöcher werden größer und größer und das Taxi quietscht ununterbrochen.

„Salama!" grüßt uns ein Mann, der das Taxi anhält. Ich bin erstaunt, dass es in dieser abgelegenen Ecke tatsächlich noch Menschen gibt. Der Strand sei privat, sagt er bestimmt, ich solle bezahlen, jetzt und an Ort und Stelle. Viertausend Schilling und schwimmen koste extra. Ich weigere mich, mitten auf der Straße eine Gebühr für irgendetwas zu bezahlen und sage ihm, ich würde bezahlen, wenn ich am Strand angekommen sei. Er ist einverstanden und geht weiter seines Wegs. Auch Ray gibt wieder Gas und wir fahren noch ein Stück weiter, bis wir endlich am Ziel ankommen. Es ist ein Paradies! Verlassen, so scheint es, keine Menschenseele weit und breit. Das einzige Problem wird sein: wie komme ich wieder zurück?

Taxifahrer Ray ist einverstanden, eine Stunde auf mich zu warten, natürlich gegen ein Extra. „No problem", versichert er mir. Nach einem kurzen Abstieg zwischen Felsen und dornigen Büschen komme ich an den feinsandigen Strand. Als erstes rauche ich eine tansanische Zigarette am Ufer des Tanganyikasees. Ray möchte auch eine. Traumhafte Stille. Ein unberührter Fleck unter Palmen. Meine Kleidung ist rotbraun vom Staub, der durch Kigoma geweht wird. Ich hoffe auf Wasser in der Lodge am Abend. In der Ferne kann ich den Kongo nur erahnen. Es ist zu diesig, um die Berge sehen zu können. Ich denke an die Kinder in Bujumbura. Nach nur einem Tag vermisse ich sie schon.

Nach einer Stunde mache ich mich auf den Rückweg. Ray war im Sand eingeschlafen. Beim Auto angekommen, müssen wir schieben. Leichter gesagt als getan im Sand. Der Motor springe bei der Hitze oft nicht an, lacht Ray. Aber wir haben Glück. Auch Ray sieht wesentlich erleichterter aus, als die Zündung endlich klappt. Um halb vier nachmittags bin ich zurück in der „Zanzibar Lodge". Und ich habe Glück: aus dem Metallrohr in der Wand kommt Wasser!

Ich fühle mich wie neu geboren als ich sauber und in frischen Kleidern auf die kleine Terrasse zur „Straße nach Ujiji" hin trete. Der Abfluss war verstopft, also musste ich nach dem Duschen das Wasser mit dem kleinen grünen Eimer in die Toilette schaufeln. Aber immerhin hatte ich Wasser! Ich sitze auf der Terrasse und denke an einen Satz, den mir Olivier am Morgen gesagt hatte: „Ja, so ist das. Wir müssen uns eben anpassen, wenn wir aus unseren schönen Häusern in Bujumbura in diese Gegend hier kommen." Zuerst dachte ich, er spiele auf meine weiße Hautfarbe an. Mit der Aussage schloss er sich jedoch mit ein. Weiße Taxis fahren vorbei. Direkt vor mir müssen sie abbremsen wegen der Bremshügel. Manche tun es dennoch nicht.

Viele Menschen laufen geschäftig an mir vorbei. Andere wiederum scheinen alle Zeit der Welt zu haben. Ein alter Muslim neben mir in weißem, langem Gewand hat es sich neben mir im Stuhl gemütlich gemacht. Er scheint alles um ihn herum genau zu beobachten. Dann fallen seine Augen zu. Als er einige Minuten später wieder aufwacht, lächelt er mich an. Im „Yilika-Shop" gegenüber, einem kleinen Kiosk, herrscht Totenstille. Der Betreiber sitzt mit seinen Kumpels im Hof nebenan und tratscht. Es scheint hier gemütlich zuzugehen in Kigoma. Die „Saigon Video Library" nebenan hat ganz geschlossen. Ich muss leise lachen, als ich an den Weißen am Morgen denke, der an der Straße in seinem filmreifen Safari-Outfit Brot kaufte. Zuerst dachte ich an den Film „Crocodile Dundee".

Ein älterer Herr spricht mich an, der sich als Hessel vorstellt. Am Mittwoch würde er weiter nach Sambia fahren, wo er fünfunddreißig Jahre als Entwicklungshelfer gearbeitet habe. Nun wolle er schauen, was daraus geworden sei, sagt er mit einem sympathischen Lächeln und schaut mich über seinen Brillenrand an. Hessel erzählt mir, er reise jedes Jahr für drei Monate nach Afrika. Es sei sein inneres Bedürfnis, wenn es in Neuseeland kalt würde, lacht er. Dort wohne er, geboren sei er aber in den Niederlanden.

Nach der Unterhaltung mit Hessel verabschiede ich mich und mache mich auf zu einem Spaziergang. Ich möchte noch Brot für die Fahrt am nächsten Tag kaufen. Als ich am „Sun City" vorbeikomme, beschließe ich, dort zu Abend zu essen. Ich bestelle Rindfleisch, Reis und Kokosnusssauce. Als ich die Gabel in den Mund stecke, verschlucke ich mich und muss husten. Ich traue meinen Augen nicht: an der Straße hüpft ein junges Paar vorbei. Es ist ein Hüpfen, das ich schon einmal gesehen habe! Es ist dasselbe Hippie-Paar, das ich bei meinem Ausflug zu den „Sipi Falls" in Uganda gesehen hatte! Ich ducke mich, um nicht entdeckt zu werden. Ich will um jeden Preis vermeiden, ihre Gesellschaft ertragen zu müssen. Zum Nachtisch gibt es einen Obstsalat, gratis.

Es ist Dienstag, vier Uhr morgens. Ich bin hellwach. Ich packe und mache mich auf den Weg zum Abfahrtpunkt des Busses. Es ist noch stockdunkel und keine Menschenseele ist unterwegs. Nach nur dreihundert Metern bin ich da und der Bus steht ebenfalls bereit.

Ich bin bereits im Bus, als ich sicherheitshalber nochmals nachfrage, wohin der Bus denn fahre. Es muss Eingebung sein, denn es ist mein Glück: der Bus fährt in die entgegengesetzte Richtung. Ich steige wieder aus und warte auf den richtigen. Nur wenige Minuten später kommt dann der Bus nach Mwanza. Es ist ein riesiger Reisebus. Auf der rechten Seite sind drei Plätze, links zwei. In der Mitte sind Eisenstangen angebracht für die Stabilität des Busses. Am Fenster sitzt ein Mann mit seinem kleinen Sohn auf dem Schoß. Die Sitze sind definitiv zu schmal für eine Person.

Während der Fahrt nach Mwanza soll ich die Eisenstange neben meinem Sitz noch schätzen lernen. Sie hält die Menschenmassen von mir ab, die sich in den Bus drängen. Auf der ersten Strecke bis zum ersten Halt ist genügend Platz, pro Person ein Sitz. Die Sitze sind gut gepolstert, sodass mir die Piste, auf der wir durch Tansanias Busch und Savanne brettern, nicht allzu holprig vorkommt, wie sie aussieht. Der Slogan auf dem Bus „Kigoma - Mwanza. Adventure Connection", entspricht der Realität, die Fahrt ist ein Abenteuer. Der Sonnenaufgang, der sich mir am Horizont bietet, ist reif für eine Postkarte. Doch dann kommt der erste Stopp und alle Romantik ist wie weggeblasen. Wir halten in einer kleinen, staubigen Stadt aus Bretterbuden mitten im Nirgendwo. Ich kann es zwar nicht herausfinden, aber sie gibt den Eindruck einer der zahlreichen burundischen Flüchtlingssiedlungen im Westen Tansanias. Zur burundischen Grenze ist es nicht weit, wie man mir sagt. Zwei junge Halbstarke in Sportkleidung und mit Kalaschnikow beobachten das Geschehen in einigen Metern Entfernung. Kleinkinder werden durch die Fenster in den Bus gehievt, dazu Brot, Fleischspieße und Getränke verkauft. An der Bustür drängeln sich Frauen, Männer und Kinder. Es wird gedrückt, gedrängelt, geschubst. Man bekommt das Gefühl, die ansonsten so konsequent gelassenen Afrikaner würden ihre innere Ruhe für einen Moment ablegen und zwar immer dann, wenn sie in einen Bus oder Zug steigen müssen. Danach geht wieder alles gewohnt normal und langsam vonstatten. Ich beobachte das Gedränge von draußen und rauche eine Zigarette.

Als ich wieder in den Bus einsteige, sitzt ganz vorne ein Mann mit Handschellen. Die „Adventure Connection" ist zugleich ein Gefangenentransport. Ich steige über Gepäckstücke und Füße, nehme kurzfristig ein Kind auf den Arm, um im Gang voran zu kommen. Was ich in Afrika lernen musste, aber nur sehr schwer dulden kann: man geht nicht zur Seite, man wird zur Seite gedrückt oder eben nicht. Es ist mir selbst ein Rätsel, wie ich zurück auf meinen Platz gekommen bin, denn wenn ich nach vorne schaue, sehe ich nichts als dicht gedrängte Körper. Ich kann nicht schätzen, wie viele Menschen in diesem Bus sind. Aber es sind definitiv zu viele. Die Luft wird immer dicker und heißer. Ich bete, dass wir weiterfahren, um wenigstens den Fahrtwind frische Luft durch den Bus wehen zu lassen. Der Busfahrer hat offensichtlich meine Gebete erhört. Neben mir steht eine Frau, ihr Baby um die Brust gebunden. Sie steht zur Hälfte auf mir. Meine Füße versuche ich, um die Gepäckstücke am Boden herum zu platzieren.

Die Piste, auf der wir fahren, hat es in sich. Einmal kommt der Bus in eine derartige Schieflage, dass einige Passagiere tatsächlich die Hände zum Gebet falten oder das katholische Kreuz schlagen. An einer anderen Stelle hat der ausgetrocknete Boden vom Regen solch tiefe Rillen bekommen, dass der Bus wie über Wellblech fährt. Der Mann, der die Tickets kontrolliert, hat das schwere Los, sich bis nach ganz hinten im Bus durchdrücken zu müssen. Wenn es einmal nicht weitergeht, steigt er kurzerhand über das Hindernis. Warum die Tickets nicht schon draußen vor dem Einsteigen kontrolliert werden, wird mir nicht klar. Ich genieße die Landschaft, die an meinem Fenster vorbei zieht. Ein Bild, an das ich mich immer erinnern werde. Ein kleines Mädchen einige Reihen vor mir beobachtet mich. Ich spiele verstecken mit ihr, indem ich mich ducke und dann vorsichtig wieder zu ihr spähe. Sie tut es mir nach. Einige Zeit später, nachdem einige Passagiere ausgestiegen sind und der Gang wieder frei ist, setzt ihre Mutter sie dorthin, zieht ihr die Unterhose herunter und lässt sie im Bus pinkeln. Der Mann hinter ihr findet es ungeheuerlich und schnauzt die Mutter an. Die scheint es jedoch wenig zu interessieren und ignoriert ihn, als existiere er gar nicht. Der Sonnenuntergang ist so schön wie der Aufgang am Morgen. Es riecht nach Schweiß und Keksen.

Als wir anhalten, ist die Nacht bereits hereingebrochen. Hier gibt es nichts, lediglich eine kleine Hütte, einen Kiosk und einen Arm des Victoriasees, den wir überqueren müssen. Wir sind an der Anlegestelle einer Fähre angekommen, auf die wir einige Minuten warten müssen. Ich werde müde, aber der frische Wind lässt mich wach bleiben. Die Überfahrt kostet zweihundert tansanische Schilling. Mit dem kleinen Jungen, der im Bus neben mir auf dem Schoß seines Vaters ausgeharrt hat, habe ich zwischenzeitlich Freundschaft geschlossen. Während der Überfahrt mit der Fähre lehnt er seinen Kopf an mich und schläft ein. Später helfe ich ihm, die steilen Metalltreppen nach unten zu steigen. Um zweiundzwanzig Uhr bin ich am Ziel: Mwanza am Victoriasee, oder auch „Nyanza", wie die Einheimischen Afrikas größten See nennen.

Um den Bus scharen sich bei unserer Ankunft die Taxifahrer. Mohamed soll mein Fahrer werden. Er schnappt sich meinen Rucksack und fährt mich, nachdem seine erste Adresse, die „Geita Lodge", bereits ausgebucht ist, in ein Hotel der katholischen Kirche, das „Nyakahoja Hotel", das er mir wärmstens empfiehlt. Wie sich herausstellen soll ist es ein absoluter Glücksgriff! Für nur dreizehntausend tansanische Schilling, etwa sechs Euro, pro Nacht wohnt man in einer der sichersten Unterkünfte, die man in Mwanza bekommen kann. Das einfache, aber gute Frühstück ist inklusive, es gibt Wasser, sogar warmes, und Strom. Und das alles sogar ohne Ausfälle. Die Zimmer sind sehr sauber, das Bett lang genug, dass sogar ich mich mit ein Meter neunzig darin ausstrecken kann. Im hoteleigenen Garten lässt es sich herrlich entspannen. Ich schlafe bestens in der ersten Nacht. Die Strapazen der Busfahrt stecken mir in den Gliedern.

Zum Frühstück gibt es gekochte Eier, Weißbrot, der unvermeidliche Instantkaffee, an den ich mich immer noch nicht gewöhnt habe, und Obst. Am Tisch neben mir sitzen schick gekleidete Männer. Wie ich später erfahre, finden in dieser Woche zwei Seminare im Hotel statt. Die Seminarteilnehmer lassen sich Zeit beim Frühstück. Ich gönne mir einen zweiten Kaffee, der in heißer Milch angerührt wird. Ich nehme meine Tasse und gehe in den Garten, wo ich eine Zigarette dazu rauche. Große schwarze Ameisen verteidigen ihr Revier und vertreiben mich unter einen der Sonnenschirme auf betoniertem Boden. Es ist sehr heiß am frühen Morgen. Ich werfe einen Blick in den Reiseführer, den ich mitgenommen habe, und breche wenig später doch recht planlos auf. Mein erstes Ziel in Mwanza: der See.

In der kleinen Straße die vom Hotel zum Victoriasee führt sitzen Händler, die mich freundlich grüßen. Junge Männer schieben Karren vor sich her, große Gitter auf Rädern, voll beladen mit verschiedenem Obst. Am Ufer des Sees steht mannshohes, grünes Gras. Der Ausblick, der sich mir bietet, ist sehenswert, am Ufer gegenüber schwimmen einige Dhau, die kleinen, für ostafrikanische Küstenstaaten typischen Segelboote aus Holz. Schwarze Felsen ragen in die Höhe, dazwischen die Häuser der Einwohner von Mwanza. Die großen, hässlichen Vögel, die ich aus Uganda kenne, belagern das Ufer. Die Luft riecht nach Fisch. Zwei Frauen mit großen Säcken auf dem Kopf laufen an mir vorbei und lächeln. Sie sprechen mich auf Kiswahili an, ich kann sie aber leider nicht verstehen. Ich komme mir plötzlich fremd vor. In Burundi verstehe ich wenigstens die Landessprache. Hier gar nichts. Die Menschen, die an mir vorbeilaufen, grüßen, auf der Straße fahren viele Autos. Die Dalla Dallas gibt es hier in allen Farben und Variationen. Auch die Feuerwehr rast vorbei und die Feuerwehrleute sind schick in weißen Hemden und dunkelblauen Uniformen gekleidet. Mwanza, eine typische ostafrikanische Kleinstadt. Zu Fuß ist alles bestens zu erreichen. Die Entfernungen auf der Karte scheinen größer als sie in Wirklichkeit sind.

Ich spaziere weiter zum Bahnhof von Mwanza. Die Spuren der Kolonialzeit sind auch hier noch deutlich. Der ältere Herr am Schalter ist sehr freundlich, als ich mein Ticket für die Weiterfahrt nach Tabora am kommenden Samstag kaufe. Das Ticket kostet für die erste Klasse einundzwanzigtausend tansanische Schilling. Knapp über zehn Euro. Dann schlendere ich weiter am Ufer entlang. Ich komme zu dem kleinen Büro einer Agentur, bei der man Fahrten zur Insel Saa Nane buchen kann. Ich werde bereits von einem gut genährten Mann entdeckt, der übers ganze Gesicht strahlend auf mich zukommt, als erkenne er einen alten Bekannten in mir. „Karibu!", sagt er mit heiserer Stimme, willkommen! Eine Fahrt nach Saa Nane sei jeden Tag möglich, sagt er mir ohne dass ich ihn danach gefragt hätte. Für nur zehntausend Schilling könnte ich das Boot alleine mieten. Er empfiehlt mir jedoch, am Wochenende wieder zu kommen, denn dann koste es nämlich nur achthundert Schilling pro Kopf, wenn genügend Leute zusammenkämen. Fotografieren koste eintausend Schilling extra.

Ich gehe weiter und schaue mir die Gegend an. Mehrere gut besuchte Bars reihen sich am Seeufer aneinander, schwarze Felsen ragen überall in die Höhe. Auf den Steinen huschen Echsen in allen möglichen Farben hin und her. Die meisten sind grau, einige wenige sind lila rot und sehen aus wie Plastikspielzeug. Am Ende der sandigen Piste komme ich auf einen Friedhof, wo sich laut Reiseführer auch noch alte Gräber der deutschen Kolonialherren befinden sollen. Am Eingang stehen riesige Kakteen. Auf dem

Friedhof ist eine Beerdigung in Gange, von den alten Gräbern ist nirgends etwas zu sehen. Ich will die Zeremonie nicht zu stören und mache kehrt. Ich biege links ab und laufe durch ein ruhiges, beinahe schon idyllisches Viertel mit schönen, großen Häusern. Sie sind stabil gebaut inmitten von schwarzen Felsen. Es gibt viele Grünflächen in diesem Viertel, einige Kinder spielen in den Gärten. Den Menschen scheint es gut zu gehen und an nichts zu fehlen. Nicht einmal an der Auswahl ausreichender Fernsehkanäle, wie mir die großen Parabolantennen auf den Dächern verraten.

Ich mache Halt im „Mwanza Institute", einem kleinen Bistro nahe des Ufers. Es ist eine Plastikgartengarnitur im grünen Idyll zwischen Bananenstauden. Ein tansanischer Biergarten. Die kalte Cola tut gut im staubigen Rachen. Dazu esse ich fettige Pommes mit Ketchup und Chili Sauce, die beide in Tansania automatisch immer dazu serviert werden und eine künstliche Farbe haben.

Die Menschen in der Stadt sind fast alle schick gekleidet. Männer in Anzügen und Krawatte, Frauen in traditionellen Gewändern und kunstvollen Frisuren. Die einzigen, die Lumpen tragen, sind die Arbeiter an der Straße und im Hafen. Armut scheint hier kein großes Thema zu sein, zumindest zeigt sie sich den Touristen nicht. Dennoch, ich sehe einige Bettler, die an mancher Straßenecke sitzen und die leider zum Bild einer fast jeden Stadt, weltweit, gehören. Ansonsten dominieren in Mwanza schicke Mobiltelefone, Uhren, Sonnenbrillen und Ledertaschen. Laut den Berichten und Büchern, die ich gelesen habe, geht es den Tansaniern allgemein gut im Vergleich zu seinen ostafrikanischen Nachbarn, von Kenia einmal abgesehen. Tansania hat nie einen Krieg erleben müssen wie er seinen kleinen Nachbarn Burundi zugrunde richtete. Bis auf den kurzen Einmarsch des ugandischen Diktators Idi Amin, der vor einigen Jahrzehnten meinte, den Victoriasee ganz für Uganda beanspruchen zu müssen und der jedoch nach kurzer Zeit zurückgeschlagen werden konnte. Die über einhundert Ethnien in Tansania leben friedlich nebeneinander. Ein Bürgerkrieg wie er in Burundi zustande kam, ist hier in dieser Form gar nicht möglich, weil keine der Ethnien eine nennenswerte Mehrheit der Bevölkerung stellt. Mir wird in diesen Tagen meiner Reise erst so richtig deutlich, was ein Krieg seinem Land und seinen Menschen antun kann und wie langwierig seine Folgen sind. Burundi, so wurde mir erzählt, soll vor dem großen Krieg von 1993 ein Einkaufsparadies für Tansanier und Ugander gewesen sein. In der heutigen Situation ist das nur schwer zu glauben.

Ich gehe weiter zum Hafen von Mwanza, wo ich mich nach Tickets für die Fähre nach Ukerewe Island erkundigen möchte, eine große Insel im Victoriasee. Das lange Gebäude ist vollkommen leer, keine Menschenseele befindet sich darin. In einem Hinterzimmer entdecke ich dann doch noch drei Männer, die Fußball im Fernsehen schauen. Nur dank ihres lauten Jubels und Diskutierens habe ich sie wahrgenommen. Einer von ihnen sagt mir mit einer wischenden Handbewegung, die mir zeigt, dass ich es kurz machen solle, man könne die Tickets nicht reservieren. Morgen früh solle ich einfach kommen, dann das Ticket kaufen und direkt auf die Fähre gehen. Preis: fünftausend Schilling. Dann schaut er mich lächelnd an, um sicherzugehen, dass ich ihn verstanden habe, und wendet sich wieder dem Fußballspiel zu. Das Gelände der „Mwanza Port Authority" ist wie ausgestorben. Nur eine Alkoholleiche liegt in einer Ecke im Staub und hat Schluckauf.

Ich schlendere weiter durch die Stadt, vorbei an „Husseins Gift Center". Abgelegen von der Hauptverkehrsader in einer ruhigeren Ecke entdecke ich einige kleine, nette Straßencafés mit südländischem Flair. Ich nehme in einem davon Platz. „U R at the right place on the right time" steht am Eingang. Zur richtigen Zeit am richtigen Ort. Den „muzungu", wie man auch in Tansania Weiße nennt, hörte ich bei meinem Spaziergang schon öfter. Dazu mischt sich noch „rafiki", Freund. Man scheint schnell viele Freunde zu haben, wenn man zu Fuß durch Mwanza unterwegs ist.

Besonderen Gefallen finde ich an den vielen Zeitungsständen überall in der Stadt. Eine weit entwickelte Presse scheinen sie in Tansania zu haben, in Burundi ein absolutes Manko. Mir fallen die vielen Frauen in den Cafés auf. In Burundi, einer sehr männlich dominierten Gesellschaft, ist das undenkbar. Frauen scheinen hier eine andere Stellung zu haben als im kleinen Nachbarstaat. Sie scheinen den nötigen Respekt zu genießen, zumindest in einer Stadt wie Mwanza. Die Straßenhändler versuchen mir Mobiltelefone und ihr Zubehör anzudrehen. Sie sind jedoch weniger aufdringlich als ihre burundischen Kollegen. Ein einmaliges und höfliches „asante", danke, mit ablehnender Handbewegung reicht aus und sie ziehen weiter.

Es ist ein Potpourri der Kulturen. Gerade als ich an einem Hindutempel vorbeilaufe höre ich eine Straße weiter den Muezzin durch die scheppernde Lautsprecher seiner Moschee zum Gebet rufen. Auf der Straße herrscht reges Treiben. Sikhs, Hindus, Moslems, Christen, traditionelle Religiöse. Angehörige über einhundert unterschiedlicher Ethnien und alle laufen hier durcheinander, miteinander, und das offensichtlich problemlos.

Durch eine kleine Seitengasse sehe ich den Markt. Ich traue mich jedoch nicht hinzugehen, weil ich meine Kamera um die Schulter trage. Ich beschließe, an einem anderen Tag hierher zurückzukommen. Vor mir reihen sich zahlreiche Verkaufsstände mit Büchern aneinander. Hauptsächlich preisen die Händler kleine Hefte an, Englisch-Kiswahili, für jeden Fortschrittslevel. Ich kaufe einige Exemplare für die Kinder in Bujumbura. Danach komme ich zu den Ständen, an denen allerlei Fetisch für traditionelle Medizin und Rituale angepriesen wird. Pulver in allen Farben, Knochen, Ketten und Wurzeln. Dahinter stehen die Verkäufer, alte Frauen oder Männer in bunten Gewändern. Traditionelle Religionen und die mit ihr verbundene Medizin sind in Tansania noch sehr ausgeprägt, was einhergeht mit dem Glauben an Geister und Dämonen. Allerdings sind auch in Tansania nicht alle Menschen so tolerant, wie es den Anschein hat: es ist nicht lange her, da machte der Mord an mehreren alten Frauen, die der Hexerei beschuldigt wurden, Schlagzeilen in ganz Ostafrika.

Donnerstag, 28. Juni 2007.

Der Wecker klingelt schon um kurz nach sechs Uhr morgens. Eigentlich hatte ich vor, die Insel Ukerewe zu besuchen, doch ich komme nicht aus dem Bett. Die Anstrengung der Reise steckt mir noch in den Knochen. Ich beschließe kurzfristig, noch einen Tag zu warten und auszuspannen. Das ist der Vorteil, wenn man quasi planlos durch ein Land reist, ohne ein Hotel im Voraus gebucht zu haben. Freiheit. Das einzige, was ich nicht verpassen darf, ist der Zug nach Tabora.

Ich tausche Geld bei einer Bank und ziehe anschließend von Café zu Café. Der Dollar steht bei eintausend zweihundert Schilling. Nach einem kurzen Besuch im Internetcafé, erkunde ich die Stadt. Ich sehe schon mehr Weiße als in Bujumbura und Kigoma, dennoch nicht viele. Viele nutzen Mwanza nur als Sprungbrett für den Serengeti Park, der in einer Tagestour zu erreichen ist. Die Unterkünfte in Mwanza sind deutlich günstiger als die Lodges im Park. Ich spaziere am Ufer des Victoriasees entlang in Richtung „Yun Long", einem großen chinesischen Restaurant direkt am See, wo ich Platz nehme. Hier zu sitzen ist herrlich mit Blick auf den See, die Boote, die kleinen Inseln. Am Tisch neben mir sitzen einige Nonnen. Ich lese die „Daily News", die ich mir für vierhundert Schilling an der Straße gekauft habe, und entdecke einen Artikel über burundische Flüchtlinge, die sich noch auf tansanischem Boden befinden. Einige seien ins Asyl in die Niederlande gebracht worden, schreibt der Journalist. In Tansania befänden sich laut Bericht der Vereinten Nationen noch 273.678 Flüchtlinge aus Burundi und dem Kongo. Die tansanische Regierung behauptet jedoch, es seien zweihunderttausend mehr. Es sind Flüchtlinge von 1972 und von 1993.

Ich werde müde, spüre die Strapazen der Reise. Den Trip nach Ukerewe Island will ich morgen aber dennoch in Angriff nehmen. Vorbei an der „Mahatma Gandhi Memorial Hall" und dem „Hindu Union Hospital" gehe ich zurück ins Hotel. Jetzt sehe ich auch ein Heim für Straßenkinder: „Kuleana - Center for children's rights" steht am Eingang. Die Jungen auf dem Gelände winken mir zu. Aus einem Radio dröhnt Hip Hop. Die Polizei fährt an mir vorbei, in einem blauweißen Minibus von Volkswagen.

Nach einer erholsamen Dusche mit warmem Wasser, es ist schon recht kühl geworden, gehe ich zurück in die Stadt, um etwas zu essen. Neben dem alten, weißen, von Efeu überwachsenen Gebäude mit der Aufschrift „Indian Public Library Mwanza 1935" nehme ich Platz in einem kleinen Bistro, das ebenfalls „Kuleana" heißt. An der Fassade sind Zeichnungen von Kindern und die Rechte der Kinder aufgeschrieben, was mich auf eine Verbindung zum Straßenkinderheim schließen lässt. Als ich nur einen kurzen Moment vor der Mauer stehen bleibe, um mir die Zeichnungen anzusehen, schießen sofort fünf schwarze Hände aus den weißen Autos, die davor parkten: „Taxi?!"

Nach den Sorten „Serengeti" und „Kilimanjaro" probiere ich heute das tansanische Bier „Balimi". Allesamt kommen sie aus Daressalam, der Metropole am indischen Ozean. Geschmacklich sind sie alle ähnlich gut. „Not for sale to persons under 18" steht auf dem Etikett, ab achtzehn. Anscheinend darf Tansanias Jugend erst mit der Volljährigkeit Bier trinken. Der Muezzin ruft zum Gebet. Die Moskitos scheinen heute mein Autan zu mögen und schwirren um mich.

Ich bestelle, worauf man mir kurze Zeit später sagt, genau das sei leider gerade ausgegangen. Eine Erfahrung, die ich öfter mache, dies- wie jenseits der burundisch-tansanischen Grenze. Genauso wie es typisch ist, etwa eintausend exotische Gerichte auf die Speisekarte zu schreiben, aber maximal nur die Hälfte davon tatsächlich auch in der Küche zu haben. Einfach liebenswert. Die Bedienung lächelt verlegen und will ihr Gesicht hinter der Plastikkarte verstecken. Das in Burundi übliche „sssss", das Schlangenzischen, zum Herbeirufen der Bedienung, ist in Tansania nur unter Bekannten üblich. Für Fremde gilt es als unhöflich. Ich erfahre es glücklicherweise, bevor ich die praktische Erfahrung machen muss.

Neben dem Bistro befindet sich das Casino von Mwanza. Feine Damen und Herren in Abendrobe passieren muskulöse Aufpasser mit Maschinengewehren. Vorbei an vier kleinen Straßenjungen. „Mister, mister..." Ich muss an das Buch „Ach, Afrika" von Bartholomäus Grill denken. Ein sehr eindrucksvolles Buch voller Wahrheiten über diesen Kontinent. Wenn man Grill liest, fühlt man sich verstanden und erkennt sich und so viele Situationen selbst wieder.

Auf dem Nachhauseweg kehre ich noch kurz im „Sizzler" ein, einem kleinen Restaurant. Ich sitze direkt an der Straße und trinke die letzte Cola des Tages. Am Tisch nebenan sitzen vier Chinesen und schmatzen lautstark Pommes mit Fleisch. Auf der anderen Straßenseite sitzen Straßenjungen. In dieser Situation komme ich mir ziemlich bescheuert vor mit der Zigarette in der Hand und meiner kalten Cola. Hier bin ich nicht, um zu helfen. Hier bin ich Tourist. Ein Unterschied.

Ein „Dalla Dalla" rauscht vorbei, die Bassboxen überdröhnen alles. Mir scheint, als sei Hip Hop die nicht deklarierte offizielle Musik der Nation Tansania. An allen Ecken ist diese Musik zu hören. Immer und überall. Zurück im Hotel sehe ich einen Eintrag im Gästebuch.

Ein deutscher Journalist übernachtet im Hotel. Einige Tage später lese ich ein Interview mit ihm in der Zeitung. Er dreht anscheinend eine Dokumentation über den Vorfall des Mordes an den alten Frauen und die traditionelle Religion in Tansania.

Freitag, 29. Juni 2007.

Als ich aufstehe, ist es noch dunkel. Ich frühstücke und mache mich auf den Weg zum Hafen. Eine Menschenmenge wartet schon auf die Ankunft der Fähre. Bei einer brummigen Angestellten der Hafenbehörde kaufe ich mein Ticket für das obere Deck. Auch hier schwirren viele Händler um die Fahrgäste und preisen vor allem Ramsch aus Asien an. Ich kaufe mir eine Zeitung für die Fahrt. Ein Mann zieht einen Karren voll beladen mit Matratzen an mir vorbei. Es sieht aus, als würde die Ladung bei der kleinsten Erschütterung umkippen, doch natürlich passiert es nicht. Die Menschen in der Warteschlange sind fast alle schick gekleidet. Zurecht gemachte Frisuren, Handtäschchen, lackierte Fuß- und Fingernägel, Lederschuhe oder Sportliches von großen Marken. Ich bin deutlich „under-dressed".

Auch bei der Fähre „Butiama" bekomme ich das Gefühl, dass der Transport von Menschen nur ein netter Nebenverdienst ist, so wie bei fast allen Transportmitteln in Afrika. Ob Bus, Zug oder Schiff, alles wird so voll geladen wie nur möglich. An diesem Morgen sogar mit Kran. Das eigentliche Geschäft wird mit Gütern aller Art gemacht. Menschen sind nur zweite Ware. Ich sitze oben auf Deck und habe eine wundervolle Aussicht, die für den Dieselgestank entschädigt. Nach einer beeindruckenden, schwarzen Felsenlandschaft fahren wir hinaus auf den See, der weit wie ein Ozean scheint. Die Dhaus blitzen in der Ferne mit ihren weißen, dreieckigen Segeln. Der Mann hinter mir verrenkt sich fast den Hals, um zu schauen, was ich tue. Als ich ihm direkt in die Augen sehe, verzieht er keine Miene und wartet, was nun als nächstes passiert. Als würde er darauf warten, mich beobachten zu können. Diskretion Fehlanzeige.

Fischer holen auf ihren kleinen Nussschalen ihre Netze ein. Ich lese im „The African" einen Artikel über die Probleme im Norden Tansanias: gewaltbereite Somali, die Einheimische und Touristen belästigen. Offensichtlich hält man in Tansania nicht viel von Somalia. Das wird zumindest im Artikel so deutlich.

Kurz nach Mittag trifft die Fähre in Nansio ein, der größten Stadt auf Ukerewe. Von der Größe her ist es eher ein Dorf. Frauen waschen am Ufer Wäsche und allen möglichen Hausrat neben der Anlegestelle. Eine Gruppe Fischer steht weiter entfernt im flachen Wasser und breitet ein Netz aus. Als die Fähre hupt, startet ein ganzer Schwarm Vögel gen Himmel. Am Hafen warten bereits viele Menschen, die aufs Festland wollen oder die mitgebrachte Ware in Empfang nehmen. Links und rechts von der engen Straße, die vom

Hafen ins Dorf führt, sitzen Frauen und Mädchen hinter flachen Holztischen, auf denen Orangen und Mandarinen ausgebreitet sind. Ich marschiere einfach drauflos, bis ich ein Hinweisschild auf ein Hotel sehe, dem ich folge.

Eine Stunde später sitze ich am Strand des „Monarch Beach Resorts" und genieße den Blick hinüber zum Hafen, wo immer noch die Fähre vor Anker liegt und sich Menschen wie Ameisen um die Ware scharen. Daneben steht ein altes Gebäude aus der englischen Kolonialzeit, halb zerfallen. Das Zimmer des Hotels ist sauber, kostet aber vergleichsweise stolze zwanzigtausend Schilling inklusive Frühstück, obwohl es nicht einmal fließendes Wasser gibt. Es regnet auch nicht, demnach sind die Auffangbehälter des Hotels staubig trocken. Die Putzfrauen schleppen von irgendwoher Wasser zum Waschen an, das aussieht wie naturtrüber Apfelsaft. Ich ziehe es vor, meine Zähne mit Mineralwasser aus der Flasche zu putzen. Die Angestellten sind sehr freundlich. Ich kann mir vorstellen, dass sich nicht besonders viele Touristen nach Ukerewe verlaufen. Im Hotel bin ich jedenfalls der einzige Gast. Kinder spielen auf der Straße und winken, Mädchen tragen Körbe mit Gemüse auf dem Kopf. Ich sitze im Gras, lese mein Buch „Ach Afrika", Kapitel Apartheid in Südafrika, und vergesse die Zeit. Als die Sonne langsam untergeht, kommen die Mücken und ich gehe ins Haus. Nachrichten, BBC. Terroranschläge in London. Danach beginnt eine kitschige Daily Soap und ich greife wieder zu meinem Buch. Kurz nach neun Uhr mache ich das Licht aus und krieche unter mein Moskitonetz. Von draußen schallt Orgelmusik und Gesang ins Zimmer, was sich auch bis in die Morgenstunden fortsetzen soll. Ich kann aber dennoch schlafen.

Wegen der Musik wache ich schon vor dem Wecker auf. Die Frau an der Rezeption hat mir gesagt, man müsse die Tickets für die Fähre um neun Uhr am Hafen kaufen. Nach zwei Scheiben Brot mit Marmelade, einer Banane und zwei Tassen Kaffee, mache ich mich auf den Weg. Raus aus dem Hotel, vorbei am alten Nachtwächter, den ich freundlich mit „Salama" grüße. Vorbei an dem kleinen, umzäunten Brunnen, auf dem zwei Mädchen stehen und mühsam pumpen und dennoch freudig winken, Frauen, die vor den Lehmhütten alle möglichen Arbeiten verrichten, vorbei an den Schreinereien, Shops, durch die belebte Straße hin zum Hafen von Nansio. Ich sehe mich nicht als Tourist, sondern als Journalist. Das redet mir zumindest mein Gewissen schön.

Fahrräder sind auf Ukerewe offensichtlich das meist genutzte Fortbewegungsmittel. Autos scheint es nicht viele zu geben. Ein Sammeltaxi brettert an mir vorbei und wirbelt eine Staubwolke auf, durch die ich gehen muss. Ein Sammeltaxi auf Ukerewe, das ist ein alter Lastwagen, dessen Ladefläche mit Menschen vollgeladen wird. Die Menschen hier auf der Insel sind wenig beeindruckt von meiner Anwesenheit, beachten mich kaum und gehen ihrem Tagesgeschäft nach. Ich genieße die, in Bujumbura übrigens unmögliche, Anonymität und fühle mich wohl dabei. Manche grüßen freundlich. Offensichtlich bin ich der einzige Weiße weit und breit. Mir fällt auf, dass, wie auch in Burundi, die älteren Menschen am freundlichsten sind. Ein flapsiges „muzungu" oder „mzungu" in Tansania, würde ich aus ihren Mündern niemals hören. Ein Mann grinst und winkt aus seinem kleinen Laden heraus. Ich beschließe, auf dem Rückweg bei ihm Wasser zu kaufen.

Am Hafen ist alles noch geschlossen, als ich dort ankomme. Keine Menschenseele weit und breit. Nur die Mandarinen- und Orangenverkäuferinnen. Zwei Mal werde ich nach Geld gefragt. Ich lehne ab, wie immer in solchen Situationen. „Hapana", nein. Das reicht auch aus und ich werde in Ruhe gelassen. Ich stehe vor dem Hafen-Office vor verschlossenen Türen. Plötzlich ruft jemand hinter mir aus einem kleinen Haus heraus. „Tumaini Tours [tt]" steht mit schwarzer Farbe an die weiße Hausfassade handgeschrieben. Darunter eine kleine, selbst gemalte Karte der Insel. „Hi, I'm John!" streckt mir ein kleiner, junger Mann mit freundlicher Miene seine Hand entgegen. Ob ich die Fähre brauche. Ich bejahe. Es sei leider noch geschlossen, teilt er mir die Neuigkeiten mit. Er bietet mir an, in seinem Büro auf der gegenüberliegenden Straßenseite zu warten, anstatt auf der Straße stehen zu bleiben. Ich willige ein.

Dort sitzen noch zwei weitere junge Männer, beide offensichtlich jünger als John. Auch sie grüßen freundlich mit Handschlag. John drückt mir eine Broschüre von „Tumaini Tours" in die Hand, seinem Touristenbüro auf Ukerewe. Ich lese seine Mailadresse und frage, wer Yohana sei. Das sei er, sagt John. Die meisten Ausländer würden ihm aber immer sagen, in Europa sei das ein Mädchenname, deshalb würden sie ihn lieber John nennen. Fortan nenne ich ihn Yohana, bei seinem echten, einheimischen Namen. Yohana freut sich sichtlich über mein Interesse. Er ist mir sympathisch. Wir unterhalten uns einige Minuten über seine Agentur, meine Reise und seine Pläne, dann zeigt er mir sein Gästebuch. Dort sind bereits einige Seiten beschrieben. Ich habe bislang nicht gedacht, dass es so viele Touristen nach Ukerewe verschlägt. Auf dem kleinen, unaufgeräumten Schreibtisch liegen einige Prospekte von Hotels auf der Insel. Es scheint doch einige zu geben.

Yohana ist auf Ukerewe geboren. Wir schlendern in Richtung Ufer und er erzählt mir ein wenig von der Geschichte der Insel. Wir kommen zu dem alten Kolonialgebäude, das ich gestern vom Strand von der anderen Seite aus gesehen habe. Es gehörte einst einem Engländer, der später an Hindus verkaufte, erklärt mir Yohana. Nun sei es in einheimischem Besitz. Kikerewe sei die Sprache der Menschen auf Ukerewe. Wir stehen zwischen den alten Gemäuern, draußen waschen sich Jugendliche im See und auch ihre Kleider. Eigentlich sei das von der Regierung verboten, sagt Yohana. Die Leute sollen ihr Wasser in die Häuser holen und sich dort waschen. Nicht im See. Wirklich zu kümmern scheint das jedoch niemanden. Das staatliche Verbot steht sogar in roten, ausgebleichten Lettern an die alte Fassade geschrieben. Absurd, dieses Bild: Auf den alten Mauern aus kolonialen Tagen steht ein neues Verbot für die einheimische Bevölkerung. Die pfeift aber darauf und macht auch keinen Hehl daraus. Als wollten sie sagen: „Schon wieder Vorschriften?" Das Verhalten der Menschen wirkt sympathisch. Sie haben die Kolonialherren überstanden, also überstehen sie auch die neuen Verbote, die ihnen den Alltag erschweren.

Als ich Yohana sage, dass ich aus Deutschland komme, klopft er mir auf die Schulter, freut sich und wiederholt seine anfänglichen Begrüßungsworte: „Ahh!!! Welcome, rafiki!" Weshalb Deutsche überall in Ostafrika als Freunde empfunden und anderen Europäern bevorzugt werden, ist mir schleierhaft. Anscheinend sind die Deutschen als brutale Kolonialherren nicht im kollektiven Gedächtnis der ostafrikanischen Völker geblieben. Zumindest nicht negativ. Alles, woran man sich gerne erinnert sind der Anbau von gewinnbringenden Landwirtschaftsprodukten wie Baumwolle und Kaffee, die Eisenbahn, die Ausbildungen und, natürlich, sogar bis heute im Wortschatz des Kiswahili und Kirundi erhalten: „shule".

„Die Deutschen waren früher auch mal hier", sagt Yohana freudig. Ich halte seinen Lobesreden entgegen, dass nicht alles so ruhmreich war, was die Deutschen in ihren Kolonien zu verantworten hatten. Dabei spreche ich noch nicht einmal von den schrecklichen Massakern in Namibia. Doch Yohana verteidigt seine These. Die Deutschen seien damals friedlich gekommen. Sie hätten mit den Menschen hier leben wollen, mit ihnen Handel treiben. Und sie brachten Gottes Botschaft: Frieden! Er versucht, mir das an einer alten Geschichte zu verdeutlichen. Es gebe in der Nähe von Ukerewe noch eine andere Insel mit dem fürchterlichen Namen „Island of Killings", die Insel des Mordens. Ein Ort, wohin man früher Albinos, Behinderte und alle „Unnormalen" gebracht habe, sie aussetzte und verhungern ließ. Dann seien die Deutschen gekommen und hätten die Nachricht verbreitet, dass jedes Lebewesen auf Erden Gottes Wille sei und somit dieses Wesen folglich das Recht auf eine friedliche und freie Existenz habe. Yohana stemmt die Hände in die Hüften und schaut mich triumphierend an, in der Hoffnung, mich überzeugt zu haben.

Die Deutschen als Wohltäter? Allerdings habe ich leider keine Zeit für tiefgehende Diskussionen mit Yohana, wofür ich auch viel zu wenig über die Geschichte der Deutschen auf Ukerewe weiß. Ich muss die Tickets für die Fähre kaufen und verabrede mich mit Yohana für später. Dann esse ich in einem Bistro eine Portion: „fried eggs" mit Brot und gehe zurück ins Hotel, meine Sachen zusammenpacken.

Nach einer Stunde ist es an der Zeit, aufzubrechen. Ich schaue in Yohanas Büro vorbei und warte bis der Zugang zur Fähre frei für Passagiere ist. Noch werden die Waren in den Bauch des Schiffs verladen. Ich frage Yohana nach seinem Unternehmen, „Tumaini

Tours", das er weiter ausbauen möchte. Er bietet Touren zu Vögeln, Nilpferden, Affen, Wandern, Geschichtsstunden, Boots- und Angeltrips an. Aber es sei alles noch am Anfang, sagt Yohana. Tumaini, sein Familienname, bedeutet Hoffnung. Das sei auch sein Motto, lächelt er, wenn es auch nicht immer ganz einfach sei. Mit einem anderen Deutschen habe er schon einmal Kontakt gehabt und mehrere Mails an ihn geschrieben, jedoch nie eine Antwort erhalten. Der wollte ihm damals helfen, sagte er, einen Internetauftritt zu kreieren, woraus aber bis heute nichts geworden ist. Der Besuch ist zwei Jahre her. Und Yohana lächelt trotz der Enttäuschung.

„Karibu! Anytime!" lacht er. Ich sei bei ihm jederzeit willkommen. Die Fähre hupt, das Signal zum Einstieg und Ablegen. Yohana bringt mich an der Warteschlange vorbei, durch das Tor hinauf auf das Schiff. Mir ist das unangenehm, als Weißer prioritär behandelt zu werden, aber er lässt keinen Protest zu. Die junge Mutter mit dem Baby auf dem Rücken und dem schweren Koffer muss warten. Ich erwische mich dabei, wie ich falsche Zweifel in mir hege und darauf warte, dass mich Yohana letztendlich doch um Geld für seine Dienste bittet. Wir kommen an meinem Platz an, er lässt meinen Rucksack auf den Sitz sinken und drückt mir die Hand. Mit einem letzten „karibu" macht er sich davon. Bis bald. Er fragt nicht nach Geld. Ich schäme mich für meine Haltung, die ich leider aufgrund der bisherigen Erfahrungen angenommen habe. Hätte ich ihm ohne zu Fragen einen Schein zugesteckt, hätte ich ihn womöglich zutiefst beleidigt. Karibu. Ich habe mir angewöhnt, immer misstrauisch und zurückhaltend zu sein, hege Zweifel und habe manchmal leider auch Vorurteile. Ich schrecke davor zurück, Gefallen anzunehmen, pure Höflichkeit und Gastfreundschaft, aus Angst, enttäuscht zu werden, wenn sich die Freundlichkeit wieder einmal als bloße Dienstleistung gegen Entgelt erweist. Gründe dafür gibt es genug, wie ich schon oft erfahren musste. Es ist nicht leicht einzuschätzen, wen man vor sich hat. Aber sich dabei zu erwischen, Unrecht getan zu haben, ist ärgerlich und beschämend.

Auf dem Deck der Fähre fühle ich mich unendlich frei und ungebunden. Der See erstreckt sich weit wie ein Meer vor mir, ein endloser Horizont. Wir rauschen an vielen kleinen Fischerbooten vorbei, zurück nach Mwanza und zum „Nyakahoja Hotel". Am Geländer der Fähre baumelt ein Bündel Fische. Der Bauch der Fähre ist voll mit Orangen und Mandarinen.

Als es dunkel wird, sitze ich im Garten des „Nyakahoja", trinke eine Cola und esse „Nice"-Kekse, das butterkeksähnliche Gebäck aus Kenia. Irgendwo in der Nähe singt ein Gospelchor. Ich gehe auf die Straße, um mir drei Orangen von einem der Händler zu kaufen, die mit ihren Karren voller Obst durch die Gassen ziehen. Eine gab er mir kostenlos dazu. „Asante, my friend!" sagt er, danke mein Freund, und drückt mir die schwarze Plastiktüte in die Hand, wie man sie wohl in ganz Afrika antrifft. In der „Nkrumah

Road", benannt nach Ghanas erstem Präsidenten und Führer in die Unabhängigkeit, kaufe ich bei einer alten Frau eine Tageszeitung und am Kiosk „Stop and Shop" eine Packung „Sportsman" Zigaretten. Auf dem Rückweg zum Hotel sehe ich eine alte Frau in einem Müllberg stöbern. Sie nimmt mich nicht wahr. Die Vögel in den Baumkronen gegenüber beobachten sie. Der Anblick ist unheimlich.

Sonntag, 1. Juli. 2007.

Unabhängigkeitstag in Burundi. In Bujumbura laufen Polizei, Militär und viele andere zur Parade vor dem Präsidenten auf. Nach meinem fettigen Mittagessen, Pommes und Sambusa, Hackfleisch in Teig gebacken, setze ich mich in den Garten des Hotels, lese, schreibe und denke über mein Leben nach. Ich denke an Burundi, Bujumbura und die Kinder. Sie müssten jetzt Ferien haben und alle Zeit der Welt, denn die Klausuren sind vorbei. Als ich an die Parade denke, erinnere ich mich wieder an die radikale Äußerung, die ich mir vor meiner Abreise habe anhören müssen. Ich vergesse die Zeit und bald wird es schon wieder dunkel. Obwohl ich mich heute kaum bewegt habe, spüre ich meinen Hunger. Zum Abendessen bei den katholischen Schwestern gibt es Reis, Kartoffeln, gekochtes Kraut, panierten Fisch und eine Sauce. Manche Hotelgäste laden sich die Teller voll als hätten sie tagelang nichts gegessen. Einem Mann rollt beinahe die Kartoffel wieder vom Berg Reis herunter. Den Fisch balanciert er trotzdem noch obenauf. Auch der Nachtisch, ein Stück Papaya, hat noch auf demselben Teller Platz. Der Preis für das Abendessen liegt bei zweitausend Schilling, etwa ein Euro, egal, wie voll der Teller ist. Der Speisesaal mit den langen Tischen ist gut gefüllt und erinnert an eine Großkantine. Zwei Schwestern setzen sich neben mich, grüßen und schlagen ihr Kreuz vor dem Essen. Ein Mann im Anzug einige Plätze weiter schikaniert den jungen Angestellten. Später soll der ihm noch zwei Stück Papaya bringen, obwohl er selbst gerade einmal zwei Meter davon entfernt sitzt.

Montag, 2. Juli 2007.

Es ist sehr windig und heiß. In der Innenstadt trinke ich eine Cola in einem Café, das abends offensichtlich als Diskothek öffnet. Ich steige einen dunklen Treppenaufgang hinauf, der nach kaltem Rauch und Alkohol riecht, fast wie eine ungelüftete Bahnhofskneipe. Im Café ist reger Betrieb, fast alle Tische sind besetzt, bis auf einen auf dem schmalen Balkon, wo ich Platz nehme. Am Tisch nebenan diskutieren vier gut gekleidete Männer mittleren Alters angeregt bei einigen Flaschen „Serengeti". Auf dem großen Kühlschrank in der Ecke steht ein kleiner Farbfernseher, im Programm läuft unbeachtet Wrestling aus den USA. Die Straße unter mir ist belebt. Dieselgestank und Motorenlärm, Geschrei der Händler und Gelächter junger Mädchen am Kiosk gegenüber. Weiter die Straße hinauf sehe ich ein Fußballstadion, ein Sandplatz umringt von einer halb zerfallenen Mauer. „Shilingi mia nane" reißt mich die Bedienung aus meinen Gedanken und grinst. Mein Getränk kostet achthundert Schilling.

Am Abend lerne ich Brandon kennen, einen dunkelhaarigen und blassen jungen Amerikaner. Er sucht einen Zahnstocher, die zufälligerweise an meinem Platz in der Kantine stehen. Wir kommen kurz ins Gespräch. Auf Forschungsreise sei er in Tansania, sagt er, für eine „Medical research", Medizinforschung, gemeinsam mit seiner Kollegin Lilly. Lilly winkt mir, als sie ihren Namen hört. Die beiden kommen aus Boston und sind noch im Studium. Wie es der Zufall will, kennt Brandon jemanden in Burundi. Er schreibt mir die Adresse auf einen kleinen Zettel. Genaueres wusste er dann aber doch nicht. Dieses Mal gibt es Ugali, Maniokbrei, mit Kraut, Spinat, Rindfleisch und Sauce. Ich trinke dazu ein „Tusker", ein kenianisches Bier und das erste Ostafrikas, wie mir das Etikett verrät.

Ich denke viel über meine Zukunft nach und kann deswegen nicht einschlafen. Mit eintausend Gedanken ist es unmöglich, zu entspannen. Ich mache mir ständig Notizen zu allen möglichen Themen, durchstöbere Tageszeitungen und entwickle Pläne für die Projekte in Burundi. In den vergangenen Tagen verschlang ich einen zweihundert Seiten langen Kriminalroman, um endlich abzuschalten. Mit der letzten Seite ist auch meine Flucht in die imaginäre Welt zu Ende. Kurz frage ich mich, ob ich krank sei, ein Workaholic. Ich komme zum Schluss, es sei lediglich Enthusiasmus und Tatendrang.

Dienstag, 3. Juli 2007.

Ich mache mich auf einen Erkundungsspaziergang durch Mwanza. Die Stadt ist überschaubar, hat aber einiges zu bieten. Im Gegensatz zu Bujumbura, das einen recht sauberen Eindruck macht, liegt hier Müll in allen Ecken trotz der Putzkolonnen in grellen orangenen Overalls. Dieses Mal ging ich auch über den Markt, aber ohne Kamera. Es riecht dort weniger streng als auf dem Zentralmarkt in Bujumbura, die Auswahl ist jedoch vergleichsweise klein. Ich finde Stoffe, Bohnen, Reis, Honig, Schuhe, allen möglichen Ramsch aus Asien und Käfige voller Hühner. Von den Lastenträgern werden Marktbesucher über den Haufen gerannt wie in Burundi, wenn sie nicht schnell genug auf deren Pfeifen und Schreien reagieren und zur Seite springen. „Mzungu" höre ich in etwa genauso oft wie „zu Hause" in Bujumbura. Den Honig gibt es in Glasflaschen, inklusive der Bienen.

Ein kleiner Junge hängt sich an meine Fersen und folgt mir durch die Gassen auf Schritt und Tritt. Selbst vor dem Internetcafé wartet er, bis ich nach einer halben Stunde wieder herauskomme. Ich kaufe ihm ein Stück Schokolade, das er freudestrahlend entgegennimmt. Er bettelt jedoch kein einziges Mal, auch macht er nicht den Eindruck eines Straßenkindes. Offensichtlich hat er schlichtweg Lust, mich zu begleiten. Ein paar junge Kerle mit Rasta Zöpfen, die auf der Straße Musikkassetten verkaufen, schieben Bassboxen auf einem Karren an mir vorbei, aus denen Bob Marley dröhnt.

Die Kühle vom Morgen ist der Mittagshitze gewichen. Die Sonne knallt mit voller Kraft auf meinen Kopf. Eine Gruppe Schulmädchen hüpft kichernd in blauweißen Uniformen an mir vorbei. Ich sehe viele schicke Frauen unterwegs. Sie scheinen niemals aus dem Haus zu gehen, ohne schick gekleidet zu sein. Make-Up, lackierte Nägel, kunstvolle Frisuren und glitzernde Handtaschen. Arme Frauen sehe ich kaum, nur ab und zu an der Straße, die Erdnüsse verkaufen. Ich habe mir den „East African" gekauft, eine Wochenzeitung, in der Hoffnung, auch etwas über Burundi lesen zu können.

Am Nachmittag bummele ich zum Dhau-Hafen. Ich merke jedoch schnell, dass ich mich in einem der Viertel befinde, in dem man sich als Weißer nicht lange aufhalten sollte. Schon gar nicht bei einbrechender Dunkelheit. Kaum bin ich von der Hauptverkehrsstraße in das Viertel um den Hafen eingebogen, riecht es stark nach Fisch. Müll in allen Varianten schmückt den Wegrand bis zum Ufer. Dazu hängt der Rauch von unzähligen kleinen Feuern in der Luft, in denen der Müll verbrannt wird. Ich werde beäugt wie die Tiere in der Serengeti. Offensichtlich verirren sich nicht allzu oft Weiße in diese Gegend.

Einige der jungen muskulösen Männer starren wortlos, andere murren etwas in meine Richtung, gefolgt vom Gelächter der anderen, wieder andere sind überschwänglich freundlich, strecken den Daumen in die Höhe und grinsen. „Mambo, brother, poa!" ist die mit einer coolen Geste verbundene Begrüßung. Ein paar Halbstarke sitzen auf einer Mauer und lassen die Füße baumeln. Freundlich schauen sie nicht drein. „Poa!" rufen sie trotzdem, aber gelangweilt. Auf der anderen Straßenseite schlürft eine Gruppe Massai vorbei in ihren typischen lila-roten Gewändern, Dolchen am Gürtel und einem Stock in der Hand. Sie machen einen ärmlichen Eindruck.

Plötzlich spricht mich ein Mann in khakifarbener Uniform an. Ich nehme an, er ist Polizist. Er gehört bereits zum älteren Eisen und hat eine Bierfahne. „Going?!" lallt er und erwartet offensichtlich eine Antwort von mir. Ich gehe davon aus, dass er wissen möchte, wohin ich unterwegs bin und versuche ihm auf Englisch zu erklären, dass ich ziellos spazieren gehe. „Ah, ok! ... Going?!" ... „Home!!!" antworte ich beim zweiten Mal, zwar bestimmt, aber immer noch freundlich. „Ah, ok. Goodbye." Er wankt seinen Weg weiter in Richtung des Viertels zwischen den massiven Felsformationen. Ich drehe um und laufe zurück in Richtung Hotel. Ein weiterer Massai grinst mich mit großer Zahnlücke an. „Habari?" fragt er, wie es mir gehe. Seine großen Löcher in den Ohrläppchen faszinieren mich und ich muss mich zwingen weg zu sehen, um mich nicht zum Idioten zu machen. Ich lächle zurück.

Ich gehe vorbei an dem großen Haus, auf dem die hässlichen Marabus sitzen und auf Fischreste warten. Ein augenscheinlich verwirrter Mann läuft hinter mir, seine roten Augen, sein Verhalten seine inkohärenten Worte lassen mich darauf schließen, dass er auf Drogen sein muss. Er will sich mit mir unterhalten und spricht ein unverständliches Englisch, während ich einen Schritt schneller gehe. Die Händler am Straßenrand, die hinter ihren Erdnüssen und Orangen sitzen, finden das Szenario lustig. Dann macht der Mann kehrt. „Poa!" ist das letzte, was ich von ihm höre.

Zurück im Hotel lerne ich Herman kennen, einen tansanischen Journalisten. In Mwanza sei er für ein Seminar, sagt er, das hier im Hotel stattfinde. Ursprünglich komme er aus dem Distrikt Shinyanga südlich des Victoriasees. Er wohnt im Zimmer direkt neben mir, Nummer neununddreißig. Nach einem kurzen Smalltalk tauschen wir unsere Mailadressen aus und verabreden uns auf morgen. Zuerst habe ich seinen Namen nicht richtig verstanden und gedacht, ich hätte mich verhört. „Helman?" Zum einen verwechseln Tansanier, wie Burunder auch, gerne die Laute von „l" und „r", zum anderen konnte ich mir, warum in Himmels Namen auch immer, nicht vorstellen, dass sich mir mitten in Tansania jemand in gebrochenem Englisch als Herman vorstellt. Er grinst. Und ich bin wohl zu lange in der Sonne gewesen.

Als es dunkel wird, lande ich wieder im „Kuleana". Ich esse ein „Mixed Sandwich" und trinke dazu eine Cola. Seit ich in Tansania bin, ist mein Cola-Konsum ins Unermessliche gestiegen, was ich tunlichst wieder ändern sollte. Plötzlich knallt es auf der Straße, und es wird ganz hell. Die Menschen im Bistro zucken zusammen, manche ducken sich und die Bedienung gibt einen grellen Schrei von sich. Es herrscht Ratlosigkeit in den Gesichtern, keiner traut sich auf die Straße zu gehen, um nachzusehen. Ein Anschlag? Dann folgt die entwarnende Nachricht von einem der Taxifahrer: es ist nur eine alte Stromleitung. Und sofort geht der rauschende Betrieb im Bistro wieder weiter. Nach den Meldungen aus London und Glasgow sind die Menschen nervöser als sonst und sensibel für Ungewöhnliches. Ich stelle mir die Frage, wieso in Tansania Muslime, Christen und andere Religionen friedlich nebeneinander, ja sogar miteinander leben können und in anderen Teilen der Erde nicht.

„Ist dort Frieden?" fragt mich Herman als ich ihm sage, wo ich wohne. Ich bin etwas irritiert, denn sollte man als Journalist nicht darüber informiert sein, ob im Nachbarland Krieg herrscht oder nicht? Hermann macht ansonsten einen gebildeten und aufgeschlossenen Eindruck. Er schreibt als Korrespondent für den tansanischen „Guardian" aus seinem Distrikt Shinyanga. Vergangenes Jahr habe er sogar ein Buch geschrieben über den Mord an den „Hexen" im Jahr 2006 im fortschrittlichen Tansania. Unsere Gesprächsthemen sind der Einmarsch Idi Amins in Tansania, Hermans Universitäts- und Militärzeit, in der er als Friedensstifter ins bürgerkriegserschütterte Mosambik musste. Eine Goldmine gebe es in seiner Heimat auch, erzählt er mir stolz. Wenn ich möchte, könne ich die mal besuchen. Er lädt mich zu sich nach Hause ein, ich solle seine Frau und seine dreijährige Tochter, von der er mir ein Bild zeigt, kennenlernen.

Ich lerne einen von Hermans Seminarkollegen kennen, der sich mir als „Mister Maganga" vorstellt. Ein großer, beleibter Mann. Und unsympathisch. Niemals würde er einen Fuß dort hinsetzen, prustet er, als ich ihm erzähle, woher ich gekommen bin. „Dort ist doch noch Krieg!" Richtig, Herr Maganga, und am besten bleiben Sie hier, denke ich und beiße mir auf die Zunge. Es scheint, als seien viele Afrikaner, denen es gut geht und die in Ländern leben, denen es vergleichsweise ebenfalls gut geht, ausschließlich auf sich selbst sich fixiert. Andererseits ist es natürlich nirgendwo auf der Welt anders. Aber wenn man schon nicht über alles Bescheid wissen muss, dann wenigstens, ob im Nachbarland Krieg oder Frieden herrscht. Zumal ja Tansania aufgrund des Flüchtlingsproblems und seiner Vermittlerrolle, ja sogar als Gastgeber für Gespräche zwischen Präsident und burundischen Rebellen, mehr oder weniger direkt betroffen ist. Vielleicht ist es auch Verdruss. „Dort drüben ist es doch eh immer dasselbe." Dann verabschieden sich Herman und „Mister Maganga", als sie zwei Kollegen rufen. Eine letzte Besprechung im Seminar. Sie reichen mir die Hand mit der mir bekannten Geste: sie umfassen ihren rechten Unterarm mit der linken Hand, bevor sie sie mir zum Gruß reichen.

Mittwoch, 4. Juli 2007.

Nach dem Frühstück setze ich mich kurz in die Sonne im Garten des Hotels. Zugegeben, der Instantkaffee beginnt meine Geschmacksnerven zu strapazieren. Heute will ich auf die Insel Saa Nane fahren, ein Paradies im See vor Mwanza. Mit einem kleinen Motorboot werden die Touristen innerhalb fünfzehn Minuten hinüber zur Insel gebracht. Der See ist heute unruhig, die Wellen peitschen ans Boot und meine Kleider werden nass. Die Aussicht entschädigt jedoch für alles. Der Motor des Bootes hat zu kämpfen, um gegen die Wellen anzukommen. Linker Hand liegt die Stadt Mwanza mit ihrem großen Hafen und den graubraunen Häusern am Hügel zwischen den schwarzen Felsen. Rechts liegen die unendlichen Weiten des Sees und kleine Felsinseln, bevölkert mit den unterschiedlichsten Vogelarten. Raubvögel kreisen über den riesigen Felsbrocken. Eine Möwe lässt sich auf einem Stück Holz übers Wasser treiben. Ein blitzschneller, winziger Vogel flattert auf der Stelle, um sich dann plötzlich mit dem Schnabel voraus ins Wasser zu stürzen. Allerdings bleibt er erfolglos und taucht ohne Fisch wieder auf.

Die Touristengruppe inklusive mir steuert auf Saa Nane zu und legt an in einer kleinen Bucht mit einer einsamen, schlanken Palme, umzingelt von Felsmassiv. Unzählige Vögel aller Arten betrachten die neuen Besucher auf ihrer Insel. Sie putzen ihr Gefieder, sonnen sich, streiten oder tauchen nach Fisch. Der Anblick erinnert mich an ein überfülltes Freibad in Deutschland im Hochsommer. Außer uns ist kein Mensch in Sicht. Die grellen orangenen Schwimmwesten oder zumindest das, was davon übrig ist, liegen unbenutzt im Boot. Wir vereinbaren mit dem Bootsfahrer die Rückfahrt für siebzehn Uhr, dann rauscht er wieder davon in Richtung Festland und wir Touristen gehen jeder seinen eigenen Erkundungsweg auf der Insel. Im Nachhinein ärgere ich mich über die frühe Rückfahrt, denn ich könnte auf dieser Insel den ganzen Tag verbringen. Ich entdecke nicht weit vor mir eine große Schildkröte, die sich durch das hohe Gras kämpft und stürze mich sofort mit der Kamera darauf. Die Frau im Büro der Agentur in Mwanza, die die Touren nach Saa Nane organisiert, hat mir irgendetwas von „Rangers", Führern in diesem „Game Reserve", erzählt, nach denen ich jetzt Ausschau halte. Da ich weit und breit niemanden sehe, beschließe ich die Insel auf eigene Faust zu erkunden und setze mich ab.

Die Schilder am Wegrand weisen darauf hin, auf dem Pfad zu bleiben und die Umwelt sauber zu halten. Echsen huschen auf den Felsen und auf dem Weg vor meinen Füßen in Deckung. Es sind dieselben Plastikspielzeugechsen, die ich schon auf dem Friedhof gesehen habe. Ich steige den schmalen Pfad zwischen den Felswänden hinauf. Ich mache keinen Schritt ohne dass es im Busch neben mir raschelt. Die Echsen beobachten mich, manchmal in Gruppen zu drei oder mehr Tieren. Es wird mir ein wenig mulmig, denn ich sehe und höre nach wie vor keine Menschenseele. Außerdem bin ich mir im Unklaren, welche Tiere sich auf dieser Insel finden. „Wenn es gefährlich wäre, würden die mich schon nicht alleine hier aussetzen", rede ich mir in meiner deutschen Logik ein.

Vorsichtig, aber mindestens genauso neugierig gehe ich weiter. „Zu den Hyänen" steht auf einem Schild mit Pfeil. Die Echsen sind also doch nicht alles. Ich krieche unter einem Busch hindurch, der mit langen Stacheln über den Weg ragt. Rechter Hand liegt nun ein Gehege, offensichtlich verlassen und von Pflanzen überwuchert. Ich steige auf einen Felsen, der das Gehege überragt, um alles überblicken zu können und sehe immer noch nichts außer hohem Gras. Und zwei leeren Bierdosen.

Nach einigen Metern auf dem Pfad stehe ich plötzlich vor einem flachen, langen Verschlag aus Brettern und Wellblechen, umzäunt von einfachem Maschendraht mit einem großen Loch. Im Innern des Verschlags ist es stockdunkel, nur die Sonnenstrahlen bringen etwas Licht durch die Ritzen der Bretter. Er scheint leer zu sein, murmle ich vor mich hin und versuche dennoch zweifelnd, in der Dunkelheit des Geheges etwas zu erkennen. Plötzlich raschelt es und zwei Augen blitzen mich an. Nur wenige Meter vor mir erhebt sich der massive Schädel einer Hyäne aus dem Staub. Sie schaut mich durch das Loch im Zaun an, durch das sie aber nicht passen dürfte. Zumindest hoffe ich das. Wirklich interessiert scheint sie nicht, sie wirkt eher unterernährt und malträtiert. Dann wendet sie sich wieder ab und legt sich irgendwo im Dunkel ab, wo ich sie nicht mehr sehen kann. Der Pfad führt hinter den Bretterverschlag. Wenn dort offen sein sollte, will ich es erst gar nicht wissen.

Ich gehe weiter und denke mitleidig an die Hyäne. Sie vegetiert auf dieser Insel eingesperrt zwischen Holzbrettern vor sich hin, bis ab und zu ein Tourist zum angaffen kommt. Wahrscheinlich sind Hyänen noch nicht einmal auf Saa Nane heimisch, sondern nur für Touristen ausgesetzt. Für Besucher wie mich. Aus einer Felsritze heraus schaut mich regungslos eine mindestens dreißig Zentimeter lange Echse an. Auf dem Pfad liegen keine Kotknöllchen. Ich denke sofort an Ziegen, aber ich sollte mich irren.

Unzählige Echsen huschen vor mir weg und hinterlassen kleine Staubwolken. Eine andere springt von einem Felsen zum andern. Dann kommt eine weitere schöne Überraschung, auf einer Lichtung mit hohem, goldgelbem Gras: Gazellen. Freilaufend und anscheinend wohlgenährt. Unter einem Baum grasen sie im Schatten. Wenn ich mich ihnen nähere, gehen sie wieder auf mehr Abstand. Ich lasse sie in Ruhe und nehme die Weggabelung nach rechts, ohne zu wissen, wohin diese führt.

Eine Wäscheleine zwischen zwei Bäumen gibt mir endlich Gewissheit: Es gibt doch Menschen auf dieser Insel. Etwas versteckt im Dickicht entdecke ich auch eine Wellblechhütte, doch leider immer noch keine Menschen. „Mzungu" ruft plötzlich jemand hinter mir. Es geht also doch und ich war lange nicht mehr so froh, so gerufen zu werden. „Jambo, mzungu!" Ich schaue mich um, kann aber niemanden sehen. Ich rechne damit, dass gleich ein Kind hinter dem Baum vorspringt und mich auslacht, weil ich mich so blöd anstelle. Aber von wegen. Aus einem Käfig unter einem Holzdach glotzen mich drei kleine, grau-gelb-rote Papageien an, als würden sie sich über mich amüsieren. „Jambo" krächzt einer noch einmal, doch als ich mich ihm nähere, ist er still. Er hat den Schnabel halb offen stehen und es sieht aus, als würde er mich auslachen. Der Anblick bringt mich zum Lachen. Dann entdecke ich noch einen Käfig, an dem ein Schild „Schimpanse" hängt. Im Innern baumelt jedoch nur ein alter Autoreifen an einem Seil im Wind. Der Affe ist wohl längst an Einsamkeit gestorben.

Ich gehe weiter in Richtung Ufer. Unter einem Baum grast eine weitere Gazellenfamilie. Dann komme ich zu einem Gehege, auf dem steht: „Lion". Die Tür des Käfigs steht offen, also gehe ich schwer davon aus, dass auch der Löwe nicht mehr auf der Insel ist. Zumindest hoffe ich, dass dem so ist. Der Anblick, das Schild und die offene Tür daneben, ist etwas gewöhnungsbedürftig. Die Insel ist ohne Frage ein Paradies. Aber definitiv nicht für Löwen und Schimpansen. Die leeren Gehege geben dem Inselbesuch einen bitteren Beigeschmack. Ich spaziere einen rotbraunen Sandweg entlang, hindurch durch hohes, goldgelbes Gras und schwarzen Felsen. Vögel hängen an den Grasspitzen und lassen sich vom Wind hin und her schaukeln. Eine faszinierende Landschaft.

Am Ufer überragt mich das hohe Schilf, ein Raubvogel kreist hoch oben im blauen Himmel. Ich setze mich auf einen Felsen im Schatten eines hohen Baumes. Plötzlich raschelt es in den Büschen hinter mir. Ein Tier huscht auf allen Vieren von einem Felsen über einen umgestürzten Baumstamm und verschwindet wieder im Gebüsch. Es geht viel zu schnell als dass ich erkennen könnte, was für ein Tier es ist. Ich sitze wie versteinert auf meinem Felsen und warte, was als nächstes passiert. Es passiert aber nichts.

Eine schneeweiße Gans kommt angeflogen und setzt sich in einem Sicherheitsabstand zu mir auf den Felsen. Ihre Augenpartie ist schwarz-rot gemustert. Mir knurrt der Magen und ich erinnere mich, dass es schon wieder Zeit ist, zur Anlegestelle zurück zu kehren. Vor mir schlängelt sich ein zentimeterdicker Tausendfüßler seines Wegs, so lange wie mein Schuh, er ist schwarz mit gelben Beinen.

Ich gehe zurück durch das goldgelbe Feld mit den Gazellen. Am Ufer fotografiere ich eine Schildkröte, die versucht, einen dicken Grashalm zu fressen und sich dabei ziemlich dämlich anstellt. Einen kurzen Moment hoffe ich, dass das Boot auch wirklich kommt.

Kaum habe ich den Gedanken zu Ende gedacht, kommt ein junger Tansanier um die Felsen gepaddelt. Ich stoße ein Gebet aus, dass das nicht mein Boot ist. Der Mann steigt aus, grüßt mich kurz und joggt davon. Kaum ist er verschwunden, brummt mein Boot und erscheint hinter der Felsgruppe. Ein kleiner Junge in Schuluniform und mit Büchern in der Hand steigt aus, ich ein. Der junge Mann, der eben erst mit seinem Paddelboot angekommen ist, kommt zurück und hüpft ebenfalls ins Boot. Er hat sich umgezogen, offensichtlich fürs Ausgehen.

Die Rückfahrt ist sehr entspannt. Der See ist ruhig, die untergehende Sonne spiegelt sich an der Wasseroberfläche, in der Ferne schaukeln Segelboote, wir gleiten langsam über den See in Richtung Mwanza. Die Felsen werden dunkler. Woher ich komme, fragt der Bootsfahrer. Als ich ihm Bujumbura nenne, lacht er und sagt: „Der da auch" und zeigt auf den Mann vorne im Boot, der mit ihm gekommen ist. Dem scheint es jedoch unangenehm und er sagt kein Wort. Ich fahre zu einer winzigen Insel mitten im Victoriasee in Tansania und wen treffe ich? Einen Burunder. An einem Gespräch hat er jedoch deutlich kein Interesse.

Zurück im Hotel kaufe ich mir ein Bier und gehe in den Hotelgarten. Unter einem der drei Pavillons sitzt ein Mann, die anderen sind frei. Ich setze mich zu ihm. Er stellt sich mir als Julius vor, ein katholischer Priester in Mwanza. Unsere Unterhaltung ist sehr interessant, wir vertiefen uns schnell in tagesaktuelle Themen. Er ist sehr an Burundi interessiert und stellt viele Fragen. Dann erzählt er mir, dass Malaria in Tansania wohl das größte Problem sei. „Daran sterben die meisten Menschen", sagt er. Gefolgt von HIV und Aids. Ich frage Ihn, weshalb In Tansanla das friedliche Nebeneinander der Religionen so wunderbar klappe. „Das ist problemlos", gibt er mir zu verstehen. „Und weißt du, warum? Weil wir es bislang geschafft haben, die Religion von der Politik zu trennen und wichtige Ämter nicht mit Fanatikern aller Lager zu besetzen." Dann fügt er hinzu: „Was sich natürlich jederzeit sehr schnell ändern kann."

Samstag, 7. Juli 2007.

Es ist sieben Uhr und ich stehe mit meinem Rucksack auf dem Rücken am Bahnhof von Mwanza. Es herrscht reger Betrieb in dem alten Gebäude. Reisende, Händler, Taxifahrer, Angestellte der Railway Gesellschaft rennen alle durcheinander. Der Zug steht bereit zum Einstieg. Ich habe mir dieses Mal die erste Klasse gegönnt. Das bedeutet in diesem Zug in erster Linie eines: Platz. Ich habe ein eigenes Abteil für mich, sogar mit Waschbecken, und kann mich die gesamte Fahrt über frei bewegen. Die drei dünnen Elektrodrähte, die aus der Wand ragen, verraten mir, dass der Ventilator außer Betrieb ist. Im Moment ist das nicht tragisch, es weht ein frischer Wind. Zu meinem Erstaunen fahren wir pünktlich ab. Die Strecke von Mwanza nach Tabora ist übrigens eine Ergänzung der britischen Kolonialmacht zur Hinterlassenschaft des „deutsch-ostafrikanischen" Schienennetzes.

Nachdem wir die schwarze Steinlandschaft Mwanzas hinter uns gelassen haben, erstreckt sich vor mir das endlos weite Flachland Tansanias. Ab und an rauscht der Zug durch kleine Siedlungen, ansonsten scheint das weite Land unbewohnt. Kinder rennen mit dem Zug und winken. Frauen arbeiten auf den Maniok-, Baumwoll- oder Reisfeldern. Der Zug schaukelt gemächlich durch Tansanias Landesmitte nach Tabora. Wir halten an mehreren Stellen und für den Stopp ist nicht unbedingt einer der kleinen Bahnhöfe notwendig. Der Zug hält auch vor einer kleinen Siedlung von Strohhütten ohne Bahnhof, mitten auf der Strecke, an der Passagiere aussteigen. An jedem der kleinen Bahnhöfe gibt es Lebensmittel in großen Mengen zu kaufen: Ananas, Gurken, Mais, Eier, Zuckerrohr und Reis, den die Mädchen und Frauen in Eimern auf den Köpfen tragen, während sie hektisch den Zug entlang vor und zurück laufen auf der Suche nach Kunden. Auf die Schnelle werden Pommes frittiert und in einer Tüte aus altem Zeitungspapier mit Cola serviert. Sogar Hosen und Hemden werden angepriesen. Die Bahnhöfe verwandeln sich für wenige Minuten in Ameisennester. Bezahlt wird durchs Zugfenster. Dann ertönt das Signal des Zugs und die Menge verstreut sich, woher sie gekommen war, geldzählend und zufrieden. Die Händler tragen ihre Holztische fort. Die Bahnhöfe sterben wieder aus. Eine Rinderherde zieht vorbei zwischen riesigen Mangobäumen. Auf der Fahrt fliegen links und rechts aus den Zugfenstern regelmäßig leere Plastikflaschen, Verpackungen oder andere Dinge, die die Passagiere nicht mehr benötigen. Sie entledigen sich ihres Mülls an Ort und Stelle, in der schönen Natur Tansanias. Umweltschutz findet woanders statt.

Im Abteil neben mir spielen zwei kleine Jungen und Mädchen. Interessiert spicken sie in mein Abteil und stellen sich vor mich als wären wir alte Freunde. Ein älterer Herr kommt den Gang entlang und schaut mich grinsend an: „Your new friends?" Ich klopfe einem der Kleinen auf die Schulter und nicke. Der Junge lacht und platzt vor Stolz. Draußen zieht die trockene Landschaft an uns vorbei. Bis auf wenige Wasserlöcher nur trockene Erde und roter Staub. Die Siedlungen werden weniger. Die bewirtschafteten Felder sind ausgetrocknet. Nur die Baumwolle wächst.

Der Sonnenuntergang ist der schönste, den ich bislang gesehen habe. Die Sonne wird zu einem großen, orangenen Feuerball und taucht die gesamte Savanne in ein rotes Licht. Es ist so kitschig schön wie auf einer Postkarte. Als es dunkel wird, packe ich zusammen und bereite mich auf den Ausstieg vor. Bald müssten wir nach dreihundert achtzig Kilometern auf Schienen Tabora erreichen. Ich denke an die Kinder in Bujumbura.

Als ich Tabora erreiche, ist es stockfinster, der Bahnhof dennoch in regem Betrieb. Einige Reisende sitzen zusammengekauert auf einer Bank und schlafen. Arbeiter tragen schwere Säcke auf den Schultern und beladen den Zug. Kinder entdecken mich und geben ein lautstarkes Konzert: „Mzungu, mzungu!" Weiße! Sie sind nicht mehr zu stoppen. Sie tanzen um mich herum und singen. Ich bahne mir einen Weg durch die Menschenmassen und gehe die dunkle Straße entlang, die vom Bahnhof in die Stadt führt. An der Straße sitzen Händler in ihren Bretterverschlägen und wollen bei Kerzenlicht ihre letzte Ware loswerden. Ich halte am „Orion Tabora Hotel", doch die Preise hauen mich fast aus den Schuhen: achtundvierzigtausend Schilling für ein Zimmer. Natürlich ist das für internationale Standards nicht viel, doch für mein Reisebudget schon. Das Gebäude steht seit der deutschen Kolonialzeit. Es wurde errichtet für einen Besuch Kaiser Wilhelms, zu dem es aber aufgrund des Ausbruchs des Ersten Weltkriegs nicht mehr kommen sollte. Es wurde von einem Investor gekauft, renoviert und erstrahlt in neuem Glanz. Ein Springbrunnen ziert den Eingang. Die Preise dürften keinesfalls übertrieben sein, das Hotel macht einen noblen Eindruck. Im Reiseführer erfahre ich, dass die alten Möbel aus deutscher Zeit immer noch zum Inventar gehören. Der Nachtwächter des Hotels ruft mir für eine Zigarette ein Taxi, das mich ins „Hotel Wilca" bringt. Die Straße dorthin erinnert mich an Bujumbura. Der Fahrer muss permanent Schlaglöchern ausweichen. Ich habe Heimatgefühle.

Das „Wilca" ist ein überschaubares Hotel, offensichtlich ein Familienbetrieb, das Personal etwas unbeholfen, aber sehr freundlich. Ich bin froh um mein Kiswahili-Wörterbuch, denn kein Mensch spricht hier Englisch. Um den Billardtisch an der Bar herrscht reger Betrieb unter Einheimischen. Beim Abendessen schlürft neben mir ein Chinese sein Gemüse, das Gesicht hat er dabei fast ganz im Teller. Plötzlich ist großes Geschrei beim Billard. Einer der beiden Männer hat offensichtlich phänomenal gewonnen, zumindest jubelt er, als sei er der Sieger der Champions-League. Er kreischt und rennt um den Tisch, dann springt er seinem Freund auf den Rücken. Selbst am nächsten Morgen, als ich ihn an der Rezeption wieder treffe, sagt er noch in Siegerlaune: „I am the professor of professors!" Die Angestellten lachen.

Um zehn Uhr frühstücke ich. Es gibt gebratenes Spiegelei mit Toast und Kaffee, dazu Papaya und von dem köstlichen Honig aus Tabora, von dem mir Herman in Mwanza schon vorgeschwärmt hat. Heute werde ich Tabora erkunden. Einhundertfünfzigtausend Einwohner sollen hier leben. Doch die Stadt wirkt wie eingeschlafen. Alles ist weitläufig, die langen Mangobaum-Alleen ziehen sich hin und vermitteln den Eindruck, hier würden nur wenige Menschen wohnen. Ich gehe kurz zurück zum Bahnhof, der ebenfalls seit der Kolonialzeit steht, um mir ein Ticket für die weitere Fahrt zu kaufen. Doch der alte Mann am Schalter sagt, er verkaufe keine Tickets im Voraus, ich solle morgen wieder kommen und um ein Ticket kämpfen. „Fight". Was er damit meint, sollte ich noch früh genug erfahren.

Einige Sandpisten weiter komme ich an einem alten deutschen Fort vorbei, das heute vom tansanischen Militär genutzt wird. Es ist eine beeindruckende Festung, aber augenscheinlich vom Zerfall bedroht. Ich muss mich zurückhalten, kein Foto zu machen, denn das ist strengstens verboten, wie mir die Schilder sagen. Ich möchte keinen Ärger mit afrikanischen Behörden riskieren, da man hierbei grundsätzlich den Kürzeren zieht, vor allem wenn man nicht die lokale Situation kennt. Ich krame meinen Reiseführer aus der Tasche und suche die alten deutschen Gräber, die sich noch in Tabora befinden sollen. Ich stehe kaum eine Minute in der Nähe des Forts, da kommt schon ein Soldat auf mich zu.

Einer seiner Kameraden putzt sein Fahrrad vor der Festung, ein anderer übt mit Maschinengewehr vor dem Eingangstor Parade. Besonders aufregend scheint das Soldatenleben in Tabora nicht zu sein. Was ich hier wolle, fragt der Soldat freundlich, aber bestimmt. Es sei „not allowed" sich hier aufzuhalten, sagt er. Falls doch, würde man inhaftiert, fügt er hinzu, als hätte ich es nicht schon selbst geahnt. Ich spiele den ahnungslosen Touristen, strecke ihm den Reiseführer entgegen und deute mit dem Finger auf der Karte, wonach ich suche. Er legt die Stirn in Falten und konzentriert sich auf das Buch. Dann bemüht er sich in schlechtem Englisch, mir den Weg zu erklären, den ich schon kenne. Aber um den Schein zu wahren, höre ich mir seine Erklärung an, die ich ohne Reiseführer wiederum nicht verstanden hätte. Dann bedanke ich mich und gehe weiter.

Auf der Straße ist nicht viel los. Aus einer Kapelle schallt Blasmusik. An dieser Stelle müssten laut Reiseführer die Gräber sein. Ich gehe durch dichten Busch, wo ich schließlich die alten Grabsteine entdecke, von denen jedoch nicht mehr viel übrig ist. Die Eisentafeln mit den Inschriften sind aus dem Stein herausgebrochen und gestohlen. Eine einzige ist noch vorhanden. Sie ist in der Mitte durchgebrochen, aber immer noch gut lesbar: „Ernst Herrmann, gestorben April 1905".

Am nächsten Morgen, es ist noch nicht einmal sieben Uhr und draußen noch dunkel, folge ich dem Rat des Bahnhofsangestellten und mache mich auf den Weg, die Tickets zu erkämpfen. Ich wünsche mir eine dicke Jacke, denn es ist unvorstellbar kalt. „Warten lassen ist in Afrika eine Demonstration von Macht", habe ich gelesen. Die Macht der Bahnhofsangestellten bekomme ich zu spüren. Zusammen mit unzähligen anderen, die sich vor dem Office anreihen und ein Zugticket wollen. Andere Reisende wachen in ihren dicken Decken auf und schauen sich fragend um. Männer, Greise, Frauen, Kinder. Je heller es wird, desto unruhiger werden die Menschen. Die sonst übliche Gelassenheit wird auch am Ticketschalter vorübergehend abgelegt. Ein Mann putzt sich die Zähne, ein Kind wäscht sich zitternd vor Kälte das Gesicht, ein anderes streckt seine vier Glieder von sich. Es kommt Leben in den Bahnhof.

Gerade als ich mich dabei erwische, wieder einmal hinüber auf die große Bahnhofsuhr zu sehen und mich über meine westliche und lästige Angewohnheit ärgern will, schiebt ein Tansanier neben mir seinen Hemdärmel hoch und wirft einen Blick auf seine goldene Armbanduhr, bereit, sich zu beschweren Die Leute reihen sich in die Schlange vor dem Schalter ein. Plötzlich setzt ein Sturm nach vorne ein, es ist ein unglaubliches Gedränge, fast wie bei einem Rockkonzert. Ich denke zuerst, das ist das Startsignal für den Verkauf der Tickets. Doch falsch gedacht. Es passiert nämlich nichts. Die Menge drückt. Ich mache einen Schritt aus der Schlange und schaue mir das Geschehen an. Einige andere tun es mir nach und schütteln den Kopf, zwei Männer beschließen sogar erst noch in das Bistro gegenüber frühstücken zu gehen. Wenn es die Tansanier nicht eilig haben, muss ich mich ebenfalls nicht beeilen und lasse die drängelnde Menge alleine und setze mich auf einen Stein. Es wird schon irgendwie klappen, wie alles in Afrika.

Ein Mann kommt zu mir und deutet auf einen anderen Schalter, der rechts von dem kleinen Gebäude ein Fenster offenstehen hat. Links davon ist die Schlange zur dritten Klasse im Zug. Ich gehe an das Fenster, über dem „1st and 2nd class" steht. Die Frau in Uniform sagt mir, ich solle zum „Station Master" gehen und deutet auf eine grüne Holztür gegenüber. Dort wartet schon eine Frau, zu der ich mich geselle. Nach fünf Minuten stehe ich jedoch wieder bei der Frau am Fenster. Nach Kigoma ist nur die dritte Klasse möglich, hat der „Station Master" gesagt. Ich kaufe also mein Ticket, denn irgendwie muss ich zurück nach Kigoma kommen. Noch ahne ich nicht, welches Abenteuer mir bevorsteht. Schlimmer als die Busfahrt von Kigoma nach Mwanza kann es nicht werden, denke ich. Doch ich soll mich täuschen.

Abfahrt nach Kigoma. Ich bin pünktlich um sieben Uhr am Bahnhof. Es ist laut und wie immer ist viel los. Aus dem Lautsprecher des Bahnhofs dröhnt das Radio, an und an auch eine Durchsage auf Kiswahili. Ich erkenne einige der Männer und Frauen, die am Vortag mit mir in der Schlange vor dem Ticketschalter gestanden haben. Eine Unterhaltung in normaler Lautstärke ist jedoch nicht möglich. Die Kälte der Nacht weicht der warmen Morgensonne.

Die Zugfahrt in der dritten Klasse von Tabora nach Kigoma erweist sich als eines der Abenteuer, um das ich froh bin, es einmal erlebt zu haben, es jedoch keinesfalls ein zweites Mal erleben möchte. Für Reisende, die in Tabora zusteigen, ist nur die dritte Klasse möglich, da die Plätze der zweiten und ersten Klasse komplett ausgebucht sind, weil der Zug aus Daressalam kommt. Nachdem ich zwei Männer und eine Frau gefragt und drei unterschiedliche Auskünfte erhalten habe, lande ich schließlich doch noch im richtigen Waggon und setze mich auf meinen Platz. Die Bänke aus einfachem Holz sind mit löchrigem Schaumstoff überzogen und das rote Leder, das sie einmal zusammenhalten sollte, ist nur noch in Fetzen vorhanden. Ich beschwere mich nicht, denn die Bank neben mir ist aus blankem Holz.

In der ersten Stunde vor Abfahrt sitzt jeder Reisende auf seinem Platz. Und vor allem: ein Passagier pro Sitzplatz. „Das ist doch besser als im Bus", denke ich und bleibe jedoch misstrauisch. Ich soll Recht behalten. Denn nach einer Stunde und kurz vor Abfahrt steigen mehr und mehr Menschen in den Zug. Es kommen immer mehr Menschen nach und allmählich weiß keiner mehr, wohin sie ihre riesigen Taschen, Kartons, Plastiktüten, und Proviant stellen sollen. Sitzplätze gibt es schon lange keine mehr und auch die Stehplätze werden langsam eng. Die Taschen und Tüten werden schließlich unterhalb des Gitters der Gepäckablage über den Köpfen der Passagiere festgeknotet. Ich beobachte das Geschehen und bin mir nicht sicher, ob es mich amüsiert oder schockiert.

Als sich der Zug in Bewegung setzt, kann kein Mensch mehr umfallen, denn sie stehen dicht gedrängt. Einmal unternehme ich den optimistischen Versuch, mich zur Toilette durchzudrücken, gebe aber auf halber Strecke schweißgebadet auf. Es gibt kein Durchkommen. Die unglaublich große und bewundernswerte, manchmal fast unerträgliche Toleranz der Afrikaner garantiert aber keinesfalls, dass immer alles friedlich vonstattengeht. Am Eingang des Zugs, vorne und hinten, kommt es einige Male beinahe zu Schlägereien, Frauen fauchen sich an und Kinder heulen. Willkommen bei der „Tanzanian Railway Company". Für siebentausendachthundert Schilling. Vier Euro.

Mein persönliches Höhepunkterlebnis dieser Zugfahrt soll mir aber noch bevorstehen. Während eines der vielen Stopps an einem Provinzbahnhof kaufen die Zuginsassen erstaunlicherweise und bis auf wenige Ausnahmen alle Essen. Mittagszeit. In diesem Moment erkenne ich den Nachteil meines Fensterplatzes, denn der gesamte Zug, zumindest kommt es mir so vor, hängt während der halben Stunde des Aufenthalts auf einer Seite, nämlich dort, wo die Händler stehen. Ein Mann stellt sich auf meinen Sitz, um sich besser aus dem Fenster lehnen zu können und plötzlich sogar auf meine Knie, aber wahrscheinlich ohne es zu merken, denn so viel Dreistigkeit traue ich niemandem zu. Ich ziehe zurück und gebe ihm zu verstehen, er solle vorsichtig sein. Ein anderer reicht ihm einen vor Fett triefenden Fleischspieß durchs Fenster und ich ziehe gerade noch rechtzeitig mein Bein zur Seite, damit die Sauce auf den Boden tropfen kann. Dazu gibt es Maniokbrei und frittierten Fisch. Fische aller Größen, am ganzen Stück gebraten. Zum Nachtisch gibt es frische Ananas. Der Mann, der neben mir im Gang steht, kauft eine große Portion des frittierten Fischs, den er in einem kleinen Karton legt und in der Gepäckablage über mir verstaut. Ich habe Hunger, esse aber nichts. Es ist mir zu anstrengend.

Als sich der Zug wieder in Bewegung setzt, schmatzen alle außer mir. Die magere Frau gegenüber bietet mir ein Stück Fisch an, aber ich lehne dankend ab. Auf Kirundi, ein Reflex. Sie lächelt und sagt, sie fahre auch nach Burundi. Der Fischgeruch verzieht sich langsam wieder aus dem Zug und ich bekomm wieder Luft. Plötzlich spüre ich einen dumpfen Schlag gegen meinen Kopf. Ich realisiere nicht, was passiert. Es raschelt und rauscht als würde jemand Salz auf dem Boden verstreuen. Als ich an mir hinuntersehe, schauen mich aus meinem Schoß zwei gebratene Fischaugen an. Um mich herum: Fisch. Und Salz. Die anderen Reisenden, einschließlich des Mannes, dem der Fisch gehört, schauen ebenso erschrocken wie ich. Niemand sagt einen Ton. Dann sammelt der Mann wortlos seine Fische ein, stopft sie zurück in den Karton und drückt ihn in die Gepäckablage. Er entschuldigt sich nicht. Das kann ja mal passieren. Ich lache dennoch.

Die runde Frau neben mir amüsiert sich prächtig, sie isst mit viel Appetit und beobachtet die Szene. Sie isst laut schmatzend Fisch, Maniok und Mais. In regelmäßigen Abständen rülpst sie und kaut mit offenem Mund. Sie trinkt aus der Flasche, sodass ihr das Wasser die Mundwinkel und das Kinn hinunterläuft. Das mit dem Fisch und Salz auf meiner Hose ist nicht weiter schlimm. Sie lacht laut und zeigt ihr Gekautes.

Die Vielfalt der Landschaft, die wir durchqueren ist atemberaubend. Savanne, wüstenähnliche Sandgebiete, dann saftig grüner Urwald. In der Ferne sehe ich eine wilde Herde Büffel. Dazu natürlich der Sonnenuntergang von der Postkarte, gefolgt von einem wunderschönen Sternenhimmel. Im Innern des Zugs riecht es nach Essen, Schweiß und Kinderpipi. Ich stehe von meinem Platz auf, strecke mich und hänge den Kopf aus dem Fenster. Frischluft.

In Kigoma kommen wir erst an, als es schon dunkel ist. Die gelassenen Afrikaner haben sich bereits vor einer halben Stunde in ihre Startlöcher positioniert und in Richtung Ausgang gedrängt, verbunden natürlich mit den üblichen Diskussionen, als müssten sie einen Anschlusszug erwischen. Ich ziehe es vor, noch eine Weile auf meinem Platz zu warten, denn wie erwartet gestaltet sich das Aussteigen haargenau wie das Einsteigen: ein Drücken und Drängeln, jeder will zuerst, Koffer und Kleinkinder werden sogar zum Fenster herausgehievt. Als ich schließlich aus dem Bahnhof herauskomme, biege ich nach links ab und gehe in die katholische Herberge. Ausgebucht. Ich muss ein Taxi nehmen.

Wie schon bei meinem ersten Aufenthalt in Kigoma startet am nächsten Morgen ein Zug nach Daressalam. Ein freies Zimmer zu finden ist demnach reine Glückssache. Mit dem

Taxi klappere ich vier Herbergen ab und alle sind belegt. Ich fahre immer weiter aus Kigoma hinaus, sodass ich bereits zu zweifeln beginne und mich auf eine lange Nacht in einer Bar einstelle. Dann findet der Taxifahrer schließlich doch noch ein freies Zimmer. Vor dem großen Haus, das bald zusammen zu fallen scheint, sitzt eine alte Frau und flechtet Körbe. Sie grüßt mich freundlich und einem zahnlosen Lächeln. „Karibu!" Mein Zimmer hat kahle, schmutzige Wände ohne Putz oder Farbe und ein Bett in der Mitte, immerhin mit Moskitonetz. Mehr benötige ich im Moment auch nicht. Wasser gibt es im Eimer und in einer Farbe, die mir sagt, es nur noch als Toilettenspülung zu verwenden. Wie überall sind die Angestellten, die offensichtlich zu ein und derselben Familie gehören, sehr freundlich. Obwohl es bereits dreiundzwanzig Uhr ist, werfen sie den Grill für mich an. Ohne gefragt zu werden, bekomme ich ein halbes Hähnchen mit gegrillten Bananen und dazu ein warmes Bier.

Mittwoch, 11. Juli 2007.

Nach der anstrengenden Reise und vor der Abfahrt nach Bujumbura will ich mir noch ein wenig Erholung gönnen. Ich beschließe, nochmals zum „Jacobsen Beach" zu fahren. Zuvor gehe ich ins „Sun City" frühstücken, wo ich Edison kennenlerne, Inspekteur der Schifffahrt aus Daressalam und einige Tage in Kigoma, um Schiffe zu inspizieren. Er habe einige Jahre in Berlin studiert, sagt er. Als ich ihm erzähle, dass ich in der dritten Klasse aus Tabora gekommen sei, schlägt er die Hände über dem Kopf zusammen. „Na, dann musst du jetzt ein Buch schreiben!"

Ein Tag im Paradies, mit Sonne, glasklarem Wasser und feinem Sandstrand. Eine Affenfamilie kommt an den Strand und sieht boshaft aus. Sie trinken nebeneinander aus dem See. Einige Meter von mir entfernt hat eine Tauchergruppe ihr Lager aufgeschlagen. Zwei der Affen inspizieren neugierig das Gepäck und klauen kurzerhand Bananen. Dann flüchten sie auf die Felsen der Bucht und beobachten das Geschehen. Eine Taucherin hat den Diebstahl gesehen, kommt lachend aus dem Wasser und schüttelt ungläubig den Kopf. Sie ist Amerikanerin und habe früher in Bujumbura eine Tauchschule gehabt. Was für ein Zufall.

Nach dem Aufenthalt am Strand gehe ich auf Zimmersuche. Da ich abends wieder im „Sun City" essen möchte, frage ich in der näheren Umgebung nach freien Zimmern. Direkt neben dem Restaurant habe ich Glück: die Herberge hat noch nicht einmal einen Namen, es ist eine Baustelle, doch ein Zimmer ist frei. Ein schlichter, großer Raum mit einem Bett und Moskitonetz. Sauberes Wasser zum Duschen bekomme ich aus einer alten Badewanne, die im Hof steht. Bei Kerzenlicht.

Nach dem Abendessen will ich noch ein wenig durch die Stadt schlendern und nehme ein „Dalla Dalla". Die Innenbeleuchtung des Busses ist rot, außerdem ist er mit rotem Teppich ausgekleidet. Die Bassboxen dröhnen. Als ich aussteige, ruft mir freundlich winkend und lachend ein Tansanier von der anderen Straßenseite aus zu. Dann kommt er auf mich zu gerannt und ein weißer Mann hinterher. Wenige Meter vor mir bremst der Tansanier abrupt ab und sein Lächeln verschwindet. Der Weiße durchschaut die Situation und entschuldigt sich bei mir für seinen Freund. „Er dachte, er kennt dich", sagt er. Dann müssen wir alle drei lachen. Wir Weiße sehen für Schwarzafrikaner auf den ersten Blick alle gleich aus.

Donnerstag, 12. Juli 2007.

Um zehn Uhr sitze ich in einem „Dalla Dalla" in Richtung Heimat, Burundi, eingequetscht zwischen Menschen und Gepäck. Meine Knie schmerzen. Doch meine Vorfreude auf die Rückkehr ins Heim lässt mich grinsen. Schon am Nachmittag soll ich sie wieder in den Arm nehmen können. An der Grenze zu Burundi finde ich kein Taxi. Das einzige verfügbare Transportmittel für das letzte Stück zwischen tansanischem Grenzposten und burundischem Schlagbaum ist ein Fahrradtaxi. Der junge Mann schaut mich erwartungsvoll an und ich zögere einen Moment. Dann setze ich mich ohne andere Wahl auf den Gepäckträger und wir brettern über die Sandpiste, nicht ohne mehrmals fast nach hinten umzukippen aufgrund des Gewichts meines Reiserucksacks. Dann kann ich endlich in ein bequemeres Taxi umsteigen. Die Geldwechsler in Mabanda, wo ich meinen Einreisestempel holen muss, stutzen, als ich in ihrer Landessprache ablehne und ihnen sage, dass ich bereits Burundifrancs hätte. Der Grenzpolizist ist bester Laune und hält mich nicht lange auf. Als ich in Richtung Dorfmitte auf die Suche nach einem Bus nach Bujumbura gehe, stoppt ein quietschgelber Bus der Post neben mir. Dass die Rückfahrt gegen Ende noch fast luxuriös werden würde, damit hätte ich nicht gerechnet. Der Bus ist neu, schnell und sauber. Die Sitze sind in einem tadellosen Zustand und, besonders angenehm: auf jedem Platz sitzt nur eine Person!

Die Strecke durch Burundis Süden ist traumhaft. Sagenhafte Strände, Palmwälder, Fischerdörfer mit den Nussschalen im Wasser des Tanganyikasees. In Bujumbura angekommen schnappe ich mir das nächste Taxi. „Nach Kiriri, bitte". Als ich vorsichtig durch das rote Tor des Heims luge, werde ich schon entdeckt. Elias, der ansonsten ruhige Junge, strahlt über sein ganzes Gesicht und streckt mir die Hand hin. Dann kommt die kleine Eva, die mich ungebremst über den Haufen rennt.

Am Abend esse ich mit den Mädchen, die mich mehrmals darum gebeten haben. Es gibt Maisbrei mit Bohnen. Ich bin froh um die gemeinsame Zeit, denn lange bleibt mir in Burundi nicht mehr. Ich bilde mir ein, es langsam aber sicher zu beherrschen, richtig mit den Händen zu essen. Zumindest bin ich nach dem Essen satt, was bedeutet, dass ich es schaffe, Essen in meinen Mund zu bekommen.

Kapitel V

Das provisorische Ende eines Abenteuers

Samstag, 21. Juli 2007.

Ich habe nicht besonders viel geschlafen, bin aber dennoch fit. Genauso wie die Kinder, die draußen schon wieder aktiv sind, wie es nur Kinder sein können. Heute bin ich auf der Hochzeit einer Nichte Benoits eingeladen, zur kirchlichen Trauung mit anschließendem Empfang. Am Donnerstag war bereits die erste „Phase" der Hochzeit, die Feier der „dot", die Mitgift. Ein amüsantes Theater. Die Familien der künftigen Braut und des künftigen Bräutigams saßen sich in festlichen Roben stundenlang gegenüber, während die Väter des Paares den Brautpreis ausdiskutierten. Der Bräutigam sitzt während der gesamten Veranstaltung mit seinem Trauzeugen zwischen den Familien, die Braut bleibt versteckt und zeigt sich erst, wenn sich die Väter schließlich auf einen Preis „geeinigt" haben, der ohnehin schon im Voraus feststeht. Kühe oder Geld. Nach der feierlichen Übergabe der Mitgift an die Brautfamilie, fordert der künftige Bräutigam seinen neuen Besitz und die Frau betritt unter Gesang die Szene. In der Regel wird sie von Brüdern begleitet, die sich wie Personenschützer vor sie stellen. Nachdem der künftige Bräutigam auch diese mit einem Geldkuvert ruhig gestellt hat, hat er schließlich Zugang zu seiner Verlobten.

Sonntag, 22. Juli 2007.

Die Pfingstkirche

Um sieben Uhr stehe ich bereits auf dem Gelände der Pfingstkirche. Victoire hat mich gefragt, ob ich sie zu ihrer Taufe begleiten möchte, was ich mir trotz meiner Vorbehalte unbedingt ansehen will, denn es ist das erste Mal, dass ich bei einer solchen Art Taufe dabei bin. Außerdem will ich Victoire eine Freude machen, auch wenn ich mich ansonsten von derartigen Kirchen gerne fernhalte.

Ich respektiere jeden Gauben und denjenigen, der ihn praktiziert. Denselben Respekt erwarte ich ebenfalls für mich. Missionierung und Fanatismus zählen zu den Dingen, die mich schnell rasend machen können, vor allem in der aufdringlichen und teilweise schamlosen Form, wie sie mir in Burundi mehrmals begegnet ist.

Ich stehe am Taufbecken, das einem kleinen Swimmingpool gleicht. Hunderte von Jugendlichen lassen sich heute taufen, eine davon ist Victoire. Sie stehen in langen, weißen Kutten in einer Schlange vor dem Becken. Immer zu dritt steigen sie in das

Wasser, in dem die drei Pastoren warten. Sie strecken die Arme beschwörend in den Himmel, sagen ihre Taufsprüche und tauchen ab. Hunderte, nacheinander.

Danach folge ich der Menschenmenge ins Innere der großen Kirche. Von außen sieht das Gebäude aus wie die Kirchen, die ich kenne. Doch was sich darin abspielen wird, habe ich bislang noch nicht erlebt. Die vier Prediger, allesamt in feinen, schwarzen Anzügen und weißen Hemden, predigen in einer Lautstärke, dass ich es sogar von der Straße aus verstehen würde. Ich sitze in der Mitte des Kirchenschiffs und es kommt mir vor, als würde ich ganz vorne, direkt vor den Lautsprecherboxen sitzen. Weshalb die Pastoren in ihre Mikrofone brüllen, obwohl der Regler auf Maximum steht, ist mir ein Rätsel.

Vergangene Woche schaute ich mir einen Film über Idi Amin an, den ugandischen Diktator. Als ich den Prediger sehe und höre, wie er mit geballter Faust den Menschen in der Kirche Gottesfurcht einflößt, muss ich an Amins mitreißende und nicht weniger emotional vorgetragene Rede vor einer Menschenmenge kurz nach dem Militärputsch und seiner Machtergreifung denken. Wie einfach es doch ist, Massen zu mobilisieren und sie für seine Sache zu gewinnen. Sie muss nur überzeugend genug klingen. Und laut.

Plötzlich senken alle in der Kirche die Köpfe. Manche knien auch nieder, andere wiederum stehen aufrecht. Jeder einzelne murmelt ein Gebet vor sich hin, jeder für sich, durcheinander, ein Stimmengewirr. Einer der Pastoren versucht derweil, alle zu übertönen. Ich verhalte mich ruhig, bete aber nicht. Ein Mann am Eingang, dessen Rolle mir nicht ganz klar ist, der aber offensichtlich zur Kirche gehört, schaut mich böse an. Ich schaue ihm regungslos in die Augen. Er wendet den Blick ab.

Die Menschen scheinen aus tiefstem Herzen zu glauben, was sie gerade hören, sehen oder von den Pastoren vorgebetet bekommen. Manche beten regelrecht aggressiv. Ein Mann schräg hinter mir steht aufrecht, hält die Augen geschlossen, spricht vor sich hin und schlägt unregelmäßig mit der rechten Faust in seine linke Hand. Spirituelle Hingabe oder Schau? Der Mann rechts neben mir betet still, wie ich es gewohnt bin. Der Geräuschpegel in der Kirche wird allmählich unerträglich.

„Kaze", sagt schließlich einer der Prediger. Willkommen. Spätestens dann sind wir alle willkommen, wenn am Ende die Klingelbeutel herumgereicht werden. Und zwar ganze fünf Mal. Interessant ist, dass das Vertrauen der Kirche in die Gemeinde nicht so weit reicht, dass der Klingelbeutel durch die Reihen gegeben wird. Er ist an einem langen Holzstiel befestigt, damit die Mitarbeiter den Beutel bis auf den letzten Platz in einer Reihe selbst reichen und halten können. Einer der Männer mit den Klingelbeuteln bleibt bei der fünften und letzten Runde auffällig lange neben mir stehen, nachdem er bemerkt hat, dass ich bei den ersten vier Durchgängen nichts hineinzuwerfen wagte. Ich werfe wieder nichts hinein. Meine Toleranz ist am Ende.

Während die Menschen noch mit geschlossenen Augen und viele mit geballten Fäusten beten, macht sich einer der Prediger daran, die soeben eingesammelten Geldscheine zu zählen. Die Männer mit den Klingelbeuteln kommen unregelmäßig zu ihm und füllen den großen Topf weiter auf. Die Kollekte scheint kein Ende zu nehmen und zum Ritual zu werden. Die Schäfchen, die zwischenzeitlich wieder still auf ihren Plätzen sitzen, sind gemolken und schauen erwartungsvoll zu den Pastoren, um Gottes Wort zu hören.

Vielleicht ist nicht alles so schlecht, wie es den Anschein hat. Neben der Kirche steht eine Schule, die ebenfalls von der Pfingstkirche betrieben wird. Einige der Kinder aus dem Heim lernen hier. Die soziale Arbeit der Kirchen ist demnach nicht zu unterschätzen. Aber zu welchem Preis? Werden muslimische Kinder, die die Schule besuchen, tolerant behandelt oder zu missionieren versucht? Der Anblick einer Massentaufe erschrickt mich und ist mir zuwider, weil er einer Massenkonvertierung gleichkommt. Neue Schäfchen, neue Spender, neues Geld von einer Armee von Abstinenten. Die radikalen evangelikalen Kirchen in Burundi lehnen im Übrigen alles ab, was nach ihren Vorstellungen auch nur im Entferntesten anrüchig sein könnte: Röcke, die nicht über die Knie reichen, Frauen in Hosen, jede Form von Alkohol und Zigaretten, manche sogar Tanz und jede Art von Vergnügen. Einmal wollte sogar ein Bekannter, der den „abakizwa", den „Erlösten", angehört, als wir in gemütlicher Runde beisammen saßen nicht mit mir anstoßen, weil ich ein Bier trank.

In der Kirche wird es heiß. Abgesehen von Victoires strahlendem Gesicht, als sie sich bei mir bedankt, sie begleitet zu haben, sind die Chöre das einzige, das mir an diesem Vormittag Freude bereitet. Die Rhythmen reißen mit. Um zwölf Uhr, nach fast fünf Stunden Gottesdienst, beenden die Prediger das Spektakel. Beachtlich, dass viele der Hirten große, schicke Geländewagen fahren, die mehrere Zehntausend Dollar kosten.

Zurück im Heim bin ich wieder entspannt. Wir richten ein kleines Fest für Victoire aus, um ihre Taufe zu feiern. Sie bedankt sich bei allen in einer herzlichen Rede. Die Kinder des Heims nehmen auf der Terrasse Platz und essen gemeinsam zu Mittag: Reis mit Bohnen und Lenga Lenga. Zum Nachtisch gibt es Saft, Erdnüsse und süßes Gebäck, dazu dezente Musik. Es ist offensichtlich ein wichtiger Tag im Leben Victoires. Das sehen andere anscheinend ähnlich, denn plötzlich erscheint eine Gruppe Frauen und Männer derselben Pfingstkirche. Sie kennen Victoire. Dann nehmen sie Platz.

Sie sind gekommen, um gemeinsam zu beten. Nach den fünf Stunden Gottesdienst habe ich genug und schleiche von der Terrasse in den dunklen Gang, der nach draußen führt.

Als ich an Heimleiterin Mathilde vorbeigehe, lächelt sie schelmisch als wüsste sie genau, vor was ich fliehe. „Irgendwann ist es doch mal gut", rutscht es mir heraus und sie nickt verständnisvoll. Dann fügt sie hinzu: „Ich glaube, wenn man einmal am Tag betet, dann versteht einen Gott auch ganz gut."

Dienstag, 24. Juli 2007.

Die burundischen Nachrichtenseiten im Internet schreiben, alle Chefs, Generäle und sonstigen Offiziere der Rebellengruppe FNL seien „plötzlich verschwunden". Viele seien aus den Demobilisierungslagern abgehauen, die führende Riege ihrerseits aus dem Hotel in Bujumbura, in dem sie während der Verhandlungen mit der Regierung untergebracht und von südafrikanischen Soldaten bewacht worden war. Niemand habe etwas bemerkt. Wie schaffen es jedoch ungefähr zwanzig Männer, ungesehen aus einem Hotel zu verschwinden? Sie hielten sich irgendwo in den Bergen versteckt, in den Wäldern nördlich der Hauptstadt, in den Regionen Bujumbura Rural und Bubanza. Dass es zu einem erneuten Krieg kommen könnte, halten die meisten für unwahrscheinlich. Tansania, das die meisten burundischen Flüchtlinge der vergangenen Kriege aufgenommen hatte und als Vermittler zwischen der Regierung und den FNL Rebellen fungiert, würde das nicht zulassen. Die FNL würden lediglich Druck machen wollen, um bei den Verhandlungen bessere Karten zu haben, so die öffentliche Meinung. Ich hoffe, sie behält Recht. Zwar hätten sie mitgeteilt, dass sie keinen neuen Krieg anzetteln wollten, doch stellten sie durchaus ernsthafte Forderungen an die Regierung Nkurunziza und seien auch zur Wiederaufnahme von Gesprächen bereit. Die wiederum gibt den Anschein darum bemüht zu sein, die Verhandlungen einschlafen zu lassen. Sogar Ban Ki Moon, Generalsekretär der Vereinten Nationen, hat kürzlich Besorgnis über diese Entwicklung in Burundi geäußert.

Freitag, 3. August 2007.

Von Hängematten und Weltbildern

Ich sitze im kleinen Garten des Kinderheims, wo der Kürbis wuchert. Mir wurde gesagt, er würde gut wachsen, auch in der Trockenzeit. Meine Mitfreiwilligen und ich warten also auf eine üppige Ernte, die in den Kochtopf der Kinder kommen soll, um ihre Mahlzeiten anzureichern.

Claudia, neun Jahre, beschert uns derweil einen der entzückenden Momente, die nur Kinder ermöglichen können. Auf dem Gelände des Kinderheims steht ein Gerüst aus Eisenstangen, an dem eine Schaukel hängt: ein Autoreifen als Sitz, der mit dicken Kordeln an dem Gerüst befestigt ist. Die Schaukel ist seit ihrer Existenz binnen weniger

Wochen teilweise von mehreren Kindern gleichzeitig dermaßen beansprucht worden, dass die Kordeln schon durchgescheuert sind. Claudia fragt uns pflichtbewusst wie immer nach Klebeband. Zuerst wissen wir nicht, wofür sie das braucht. Als sie dann aber zur Schaukel marschiert und die gerissenen Kordeln kleben möchte, müssen wir allesamt lachen und erklären Claudia, dass das so nicht funktionieren könne. Auf dieselbe Art hat die Neunjährige zwischenzeitlich schon die Hängematte repariert.

Unser Abschied rückt näher. Die Kinder werden unruhig bei dem Gedanken und wir versuchen, es so gut es geht zu verbergen. Wir wollen es ihnen nicht schwerer machen als es ohnehin schon ist. In ruhigen Momenten, wenn ich nachdenklich werde, ziehe ich mich zurück, damit niemand etwas merkt. Ein Abschied ist immer der Beginn von etwas Neuem, versuche ich die Kinder umzustimmen, wenn das Thema doch einmal aufkommt. Doch damit umzugehen, ist nicht leicht.

Wie wird es sein, wenn ich zurück in Deutschland bin? Wohin verschlägt mich das Schicksal als nächstes? Was werde ich arbeiten? Was wird in meinem Kopf vor sich gehen, wenn ich im mehrere hundert Quadratmeter großen Supermarkt vor dem prall gefüllten Regal stehe? Oder wenn mir der wütende Mitbürger begegnet und von seinem ach so dreisten Erlebnis erzählt: der Einkäufer vom Laden nebenan habe frecher Weise wieder mal zu nah an seinem Hoftor geparkt? Werde ich Verständnis für ihn haben?

Wenn ich von pubertierenden Jugendlichen nach einer Zigarette gefragt werde, die dabei ihr Leid klagen, wie scheiße doch alles in der Schule sei und sowieso alles andere auch, während sie gerade ihr Marken-Shirt zurechtzupfen? Werde ich mich beherrschen können? Ich bin derjenige, der den Schritt aus der kleinen, heilen Mikrowelt hinaus in die weite Makrowelt gegangen ist. Ich habe meine Erfahrungen machen können und darf sie nun nicht umsetzen in Vorwürfe gegenüber denen, die nicht dieselben Erfahrungen haben machen können. Oder doch?

Es wird sicherlich nicht leicht werden, wieder in die andere, die alte Welt, in der ich geboren und aufgewachsen bin, zurückzugehen und mich dort wieder zurechtzufinden. Dabei habe ich nicht Angst, dass ich mich etwa nicht mehr zurechtfinden würde. Vielmehr habe ich Angst davor, dass ich wieder genauso werde wie zuvor, zu viele Dinge, die ich zwischenzeitlich gesehen und erlebt habe, vergesse aufgrund der Distanz, mich vom Strom des alltäglichen Allerlei und der Routine mitreißen lasse. Ich werde nicht mehr kleine, in zerrissenen Fetzen gekleidete Straßenkinder sehen, die um Essen betteln, keine Behinderten, Opfer des Kriegs, die sich ohne Beine auf Handballen voran hangeln, keine abgemagerten Mütter mit ihren Babys auf dem Arm, die ihren Kopf nicht aus eigener Kraft halten können. Ich werde in Karlsruhes Innenstadt stehen, inmitten des großen Europaplatzes. Neben mir werden Jugendliche Bier und Wodka trinken, brechen und sich mit Fast Food die Bäuche voll schlagen. Die Tasse Kaffee wird wieder mindestens drei Euro kosten, die Menschen gehen „Frustshoppen" oder kaufen irrsinnigen Ramsch, was in der Vorweihnachtszeit unvorstellbare Dimensionen annimmt. Werde ich das alles verkraften? Werde ich an den kleinen Jimmy denken, der im Februar an einem Herzfehler starb, weil im Krankenhaus schlichtweg alles fehlte, wenn ich in Karlsruhe mit der Straßenbahn an der Herzklinik vorbei in Richtung Heimat fahre? Werde ich mit dem Verkäufer im Geschäft handeln, weil mir sein Preis maßlos übertrieben scheint? Wenn ich am Computer sitze und mit dem Internet verbunden bin, werde ich dann aufstehen um eine Zigarette zu rauchen, bis sich die Seite aufgebaut hat?

„Dort bei euch gibt es keine Armen, nicht wahr?" fragt mich ein Mann, mit dem ich mich kurz unterhalte, weil wir zufällig denselben Weg nehmen. Ich antworte ihm, dass es auch in Deutschland arme Menschen gebe. Jedoch keineswegs in diesem Ausmaß und schon gar nicht auf diesem Niveau. Er schaut mich verwundert an und lächelt mit einem unglaubwürdigen Blick. Ich kann es ihm nicht übel nehmen. Fast niemand in Burundi sagt, dass weiße Haut mit viel Geld assoziiert wird. Aber fast jeder denkt es. Diesen Irrglauben werde ich nicht ändern können. Denn dafür leben die Europäer, Amerikaner und Asiaten in Staaten wir Burundi den Einwohnern ein viel zu dekadentes Beispiel vor, mit Villen mit Swimmingpools und großen Autos. Ich hüte mich davor, egal wem Vorwürfe zu machen. Weder in Burundi, noch auf der anderen Seite der Welt. Denn die meisten Menschen wissen es einfach nicht besser. Aber ich erlaube mir, sie bei passender

Gelegenheit darauf hinzuweisen, dass ihre Annahme vielleicht falsch sein könnte. „Afrika: ein Land, bevölkert von den Afrikanern" einerseits und „Europa und Amerika: das reiche Paradies, weiße Haut und Geld" andererseits. Zwei eintönige, völlig verzerrte, aber leider weit verbreitete Weltbilder, die richtig zu stellen gar nicht so schwer wäre. Man müsste nur mehr zuhören und nachfragen. Wollen.

Ich freue mich auf zu Hause.

Freitag, 3. August 2007.

Heute Morgen strahlte das burundische Radio eine Ansprache von Thomas Mangartz, dem Deutschen Botschafter, aus. Als Vertreter aller europäischen Vertreter in Burundi drückt er seine Sorge über die derzeitige Lage im Land aus. Die Politiker aller Gruppen sollten sich an einen Tisch setzen und eine Lösung finden und dabei vor allem an das burundische Volk denken. Alleine, dass er sich öffentlich dazu äußert und seine Sorge zum Ausdruck bringt, ist ein schlechtes Zeichen. Die belgische Botschaft hat diese Woche ihre Sicherheitsbeamten in Bujumbura losgeschickt, alle Häuser der registrierten Ausländer abzuklappern, um Kontaktdaten zu aktualisieren und Lagepläne zu erstellen.

In der Nacht wird um Bujumbura heftig geschossen. In den Bergen des Südkivu, auf der anderen Seite des Tanganyikasees im Kongo, ebenfalls.

Sonntag, 5. August 2007.

Der Strom bleibt heute aus, auch das Wasser fließt nur schwach, und draußen regnet es stark. Dabei ist noch Trockenzeit.

Die zehnjährige Gloria muss ins Krankenhaus. Sie ist gestern mit ihren beiden älteren Schwestern aus den Ferien zurück ins Heim gekommen und hat sich offensichtlich etwas eingefangen. Im Provinzkrankenhaus von Bururi wurde der Verdacht auf Tuberkulose geäußert, den sie dort jedoch nicht behandeln könnten. Also wurde sie nach Bujumbura verwiesen. In der Hauptstadt suchen wir heute mehrere Stunden einen Platz in einem Krankenhaus, von nachmittags bis spät am Abend. Keiner will Gloria aufnehmen, angeblich sei nirgendwo mehr Platz.

Seit ich in Burundi angekommen bin, ist Gloria kein einziges Mal krank geworden. Sie ist ein kräftiges Mädchen und hat keinerlei Anzeichen von Schwäche. Offensichtlich macht sich nun jedoch ihre Krankheit bemerkbar: Gloria wurde mit dem HI-Virus geboren. Die Tuberkulose, die sie sich eingefangen hat, ist eine logische Folge ihres geschwächten Immunsystems. Wir landen im Militärkrankenhaus in Bujumbura. An der Rezeption lehnt man uns ab. Es sei kein Platz. Dieselbe Situation im Universitätskrankenhaus „Roi Khaled". Mit fünftausend Franc ändert Heimleiterin Mathilde die Meinung des zuständigen Arztes und ihm fällt ein, dass doch noch ein Zimmer frei sei, sogar mit drei leeren Betten. Normalerweise verdienen die Kliniken an der kleinen Gloria nicht viel, denn Patienten mit HIV müssen in Burundi kostenlos behandelt werden. So schreibt es die nationale Politik vor.

Donnerstag, 9. August 2007.

Weiße Männer, schwarze Mädchen und Sandalen

Die Kinder im Heim brauchen neue Sandalen. Heimleiterin Mathilde erstellt eine Liste mit allen Schuhgrößen und der benötigten Anzahl. Ich erkläre mich bereit, gemeinsam mit Samira auf den Markt zu gehen und die Sandalen zu besorgen. Ich hatte hierfür im Voraus ein paar Spenden sammeln können. Die Leute auf der Straße und noch mehr auf dem Zentralmarkt starren uns permanent an, als kämen wir von einem anderen Stern. Was sie dabei denken, liegt auf der Hand. Ein weißer Mann mit einem burundischen Mädchen kann ja nur eines bedeuten. Es ist in der burundischen Öffentlichkeit unmöglich, sich gemeinsam blicken zu lassen, ohne dass sofort an gekauften Sex und Ausbeutung einerseits und Geld- und Profitgier andererseits gedacht wird. Zumindest, wenn der Weiße der Mann ist. Ist hingegen ein burundischer Mann mit einer weißen Frau liiert, hat er es gut gemacht. Dabei kann ich es den Burundern nicht übelnehmen. Dieses Bild hat niemand anderes gemalt als die Weißen selbst, allen voran die südafrikanischen Soldaten, die in Burundi für die Afrikanische Union den Frieden wahren. Seit meinem ersten und letzten Besuch in der Diskothek kann ich die Meinung der Burunder verstehen, was gemischte Paare für eine Nacht betrifft. Ärgerlich ist nur, dass es quasi unmöglich geworden ist, sich mit weiblichen burundischen Freunden in der Öffentlichkeit zu zeigen, ohne dass man sich störenden Blicken oder gar Beleidigungen aussetzt. Alle werden über einen Kamm geschert. Freunde des anderen Geschlechts gibt es deswegen auch selten.

Ich frage Samira, ob es für sie Probleme geben könnte, sich mit mir zu zeigen. Sie lacht und winkt ab. Nein, nein, keine Probleme. Ich glaube ihr. Sie hat eine starke Persönlichkeit, ist nicht auf den Mund gefallen und kann sich, wenn notwendig, wehren. Ich überlasse Samira das Verhandeln und sie schafft es tatsächlich, den Preis von eintausend Franc auf achthundertfünfzig Franc zu drücken, etwa fünfzig Cent. Ohne mich, den Weißen, hätte sie wahrscheinlich noch weniger bezahlt. Nach der gewonnenen Preisschlacht auf dem Markt schleppe ich die Tüte mit dreißig neuen Paar Badelatschen durch das Gedränge und spendiere Samira eine Cola für ihr Verhandlungsgeschick, bevor wir zurück den Hügel hoch gehen.

Später besuche ich Gloria im Krankenhaus. Die Zustände dort erschrecken mich. Es ist mir ein Rätsel, wie hier ein Mensch gesund werden soll. Gloria will nichts essen, es gehe ihr aber schon besser. Auf mein Drängen hin würgt sie eine Mandarine und ein Glas Wasser hinunter. Dann schläft sie ein, mit dem Plüschhund im Arm, den ich ihr geschenkt habe.

Ich hasse dieses Krankenhaus. Ich hasse die unmenschlichen Zustände, das elendige würdenlose Verrecken hinter rissigen Gemäuern. Nicht nur, weil Jimmy hier gestorben ist. Sondern weil er nur einer von tausenden ist, denen hier nicht geholfen werden kann, und weil keine Besserung in Sicht ist. Den größten Teil der Welt interessiert es schlichtweg nicht. Schon wieder eines der Kinder unseres Heims in diesem Krankenhaus besuchen zu müssen, kratzt an meinen Nerven. Ich bewundere die jungen, noch motivierten Ärzte, die hier täglich ihren lobenswerten Job verrichten. Sind sie Idealisten, Patrioten, dass sie nicht ihr Land verlassen? Seit ich in Burundi bin, habe ich ein Verständnis für jeden entwickelt, der das Ticket nach Europa oder Amerika und seine Chance sucht.

Freitag, 10. August 2007.

Hetze

„Intumwa" ist eine Zeitung in Bujumbura mit offensichtlich relativ geringem journalistischem Anspruch. Außerdem hat sie den Ruf, der Regierung sehr nahe zu stehen. In der aktuellen Ausgabe hat „Intumwa" Fotos aller Abgeordneten mit den zugehörigen Namen und Adressen abgedruckt, die mit der derzeitigen Regierung nicht einverstanden seien und demnach alle ihre Vorhaben blockierten. Dazu wird ein Text veröffentlicht, der beschreibt, dass diese Abgeordneten morgens nur für den Erhalt ihres Schecks im Parlament erscheinen und gleich wieder nach Hause gehen würden. Solche und ähnliche Behauptungen dürften von der hungernden und leichtgläubigen Bevölkerung nicht besonders wohlwollend aufgenommen werden. Die Zeitungen würden nun von Nkurunziza-Getreuen im ganzen Land verteilt. Die US-Botschaft gibt derweil eine Warnung heraus, dass keine US-Bürger nach Burundi reisen sollten. Im gesamten Land sei es unruhig. An einen ethnisch motivierten Krieg glaubt niemand. Die Weltöffentlichkeit schaut zwischenzeitlich zu sehr nach Burundi als dass sich die Internationale Gemeinschaft so etwas noch mal leisten könnte. Aber der einfache Bauer, der mitten im Land von falschen Mächten aufgehetzt wird, weiß das nicht, wenn er zur Machete greift.

Mit der Polizei zum Geburtstag am See

Am Abend bin ich auf einer Geburtstagsfeier eingeladen. Matthias Kunze, ein Deutscher, geboren in Burundi, wohnt außerhalb der Stadt direkt am Strand auf einem traumhaften Anwesen mit tadellosem Rasen, Palmen und Pool. Ihm gehört mitunter die örtliche Seifenfabrik „Savonor" in Bujumbura und der Trinkwasserhersteller „Aquavie". Im Süden, in Rumonge, stellen er und seine Geschäftspartner Palmöl her. Die Firma hat ein Monopol, nicht zuletzt dank der hohen Qualität ihrer Produkte.

Die Fahrt zur Party ist ein Abenteuer. Zuerst gehe ich ein Stück die Straße hinunter, wo mich, wie immer, Nachtwächter Martin grüßt und ein Stück begleitet. Dann steige ich in ein Taxi in Richtung See. Der junge Fahrer fährt wie ein Rowdy, die Bremsen seines Autos scheint er nicht zu kennen. Wir rauschen in viel zu hoher Geschwindigkeit am Markt vorbei, in der Einbahnstraße in die falsche Richtung. Zuerst muss ich lachen, doch dann kann ich es mir nicht verkneifen, dem Taxifahrer mitzuteilen, dass ich es nicht besonders eilig habe. Kurz nach der Stadtgrenze und dem großen Kreisel, an dem das Lager der Vereinten Nationen beginnt, winkt uns ein Polizist an einer Straßensperre zur Seite. Zwei weitere Polizisten halten ihre Kalaschnikow schussbereit fest und schauen ernst ins Auto. Nervös bin ich nicht. Was sollen sie mir schon tun?

Der Polizist mit dickem Bauch und Schnauzbart beugt sich ins Fenster zum Fahrer und verlangt unfreundlich dessen Papiere. Der drückt ihm eine Mappe aus Plastik in die Hand. Nach einem kurzen Blick in die Dokumente schlägt der Polizist dem jungen Taxifahrer die Mappe ins Gesicht und schimpft auf Kirundi, damit ich es nicht verstehen kann. Der ohnehin schon ernste Blick des Beamten verdüstert sich. Dann richtet er sich an mich. Ausweis! Ich habe meinen Pass nie dabei, wenn ich abends unterwegs bin, erkläre ich ihm, woraufhin er nur genervt schnaubt. Wohin ich wolle, will er noch wissen, dann winkt er ab. Aber nur, weil ich ein Ausländer bin. Ein weißer Ausländer. Das Taxi darf aber nicht weiterfahren. Der Beamte ruft seinem Kollegen in zivil zu, er solle mich mit dem Polizeiauto zu dem Fest fahren, wohin ich wolle. Ich drücke dem Taxifahrer einen Geldschein in die Hand, damit er nicht leer ausgeht, worüber er sich freut wie ein kleines Kind. Die Polizisten scheinen ihn weniger zu beunruhigen. Dann steige ich in den weißen Pick-Up mit den grünen und roten Streifen an der Seite. Das nächste Mal wolle er aber eine Kopie vom Ausweis sehen, sagt der dicke Beamte und verabschiedet sich salutierend.

Vor der Villa von Matthias angekommen fragt mich der Polizist, ob ich dem Taxifahrer ein wenig Geld geben möchte, er würde es ihm auf dem Rückweg bringen. Er streckt die Hand aus. Hätte ich ihn als Geldboten akzeptiert, wäre der Taxifahrer mit Sicherheit leer ausgegangen. Ich spreche mit Matthias über mein Erlebnis an der Straßensperre auf dem

Weg zu seiner Party. Er ist verwundert und sagt, dass diese Sperre neu sei. Die Polizei werde derzeit wieder nervös, weil es im Land allgemein unruhiger werden würde.

Matthias' Kollege erzählt mir von den täglichen Schwierigkeiten mit den Behörden. Doch das Geschäft läuft, trotz der harten Konkurrenz billiger Produkte aus Asien. Matthias ist ein netter und ruhiger Zeitgenosse. Ich habe viel von ihm gehört, jedoch noch nie die Gelegenheit gehabt, ihn persönlich kennenzulernen. Er gibt sich als fürsorglicher Gastgeber und sorgt sich ohne Pause um seine Gäste, die meisten von ihnen offensichtlich aus der sozial sehr gut gestellten Schicht. Ich bin „under-dressed". Mit dieser Art Partys habe ich außerdem so meine Probleme. Nicht, dass es etwa nicht schön wäre mal wieder ein Bier zu trinken mit sehr interessanten Leuten mit unterschiedlichen Nationalitäten und aus unterschiedlichen Arbeitswelten. Aber ich habe jedes Mal das Gefühl, von einer Welt in die andere, von der armen in die reiche und zurück, zu springen und diese Sprünge sind auf Dauer mental nur schwer zu verkraften. Ich sitze auf einem schönen Sessel aus Rattan mit großem Polster unter einer Palme und auf tadellos akkurat gemähtem Rasen. Der Pool vor mir ist beleuchtet und glasklar, an Getränken und Snacks ist alles da, was das Herz begehrt. Hinter den hohen Mauern liegt das wirkliche Burundi, die Lehmhütten, vor denen Mütter mühsam den Maisbrei auf dem Holzfeuer rühren.

Samstag, 11. August 2007.

Von Ohrfeigen und Partystars

Am Mittag kaufe ich auf dem Markt in der Stadtmitte ein. Ein kleiner Junge bettelt mich um Geld an, woraufhin ich ihm den offensichtlich reichen Burunder neben mir in schwarzem Anzug, mit Siegelring, Goldketten um Handgelenk und Hals, Sonnenbrille und Mobiltelefon am Ohr zeige. „Wieso fragst du nicht ihn?" will ich von dem Kleinen wissen. Er schüttelt heftig den Kopf. „Warum fragst du mich und nicht ihn?" frage ich ihn und gebe mir gleich selbst die Antwort: „Kubera ndi umuzungu?" Weil ich ein Weißer bin. Er nickt. Immerhin ist er ehrlich. Die Händler neben uns, die die Szene beobachten, lachen. Bei dem Burunder würde er eine Ohrfeige riskieren, sagt der Junge. Ich weiß.

An mehreren Ständen in der großen Markthalle werde ich mit Namen gegrüßt. „Philippo!" Teilweise erkenne ich die Gesichter der Händler, bei denen ich schon gekauft habe, andere wiederum nicht. Niemand schaut mich böse an. Ich fühle mich akzeptiert, als regelmäßiger Kunde. Natürlich bin ich immer noch der „muzungu". Aber immerhin sind die Menschen offen und freundlich und versuchen mich bei den Preisen nicht mehr zu täuschen, allerhöchstens noch aus Spaß. Die Händler zu kennen hat noch einen weiteren

Vorteil: es ist der beste Schutz vor Taschendieben. Spricht man dann noch ein wenig Kirundi, ist man sowieso adoptiert. Zumindest respektiert.

Abends bin ich eingeladen auf einer Party bei meinem Freund Marco, der als Jurist für die Vereinten Nationen arbeitet. Als Überraschung für eine Kollegin bei der UNO und zugleich Mitbewohnerin hat Marco die Trommler aus dem Straßenkinderheim der Fondation Stamm engagiert, die beim Publikum sehr gut ankommen. Als die Jungen mit den beeindruckenden Trommeln auf den Köpfen auf den Rasen des Grundstücks treten, will ich mit feuchten Augen vor Stolz und Freude fast platzen, als wären es meine eigenen Kinder. Da stehen Mitarbeiter von UNO und Botschaften, der Nuntius und Lenker internationaler Organisationen und bestaunen eine Gruppe von Straßenkindern, die mit voller Leidenschaft und professionell die dröhnenden Trommeln schlagen. Tobender Applaus. Die Jungen haben etwas aus sich gemacht, in diesem Moment wird ihnen Respekt gezollt. In diesem Augenblick gibt es für mich nichts Schöneres als der Stolz dieser Kinder. Der Star des Abends ist Kevin, der achtjährige und damit jüngste Trommler. Als er mich sieht, rennt er auf mich zu und umarmt mich.

Donnerstag, 23. August 2007.

Ich habe von Spendengeldern Bücher zur burundischen Geschichte für das Heim gekauft. Zu jeder Epoche ein Buch: die Zeit bis zur Unabhängigkeit, die unterschiedlichen Republiken, die Massaker, der Krieg von 1993, die Zeit nach 2000 und Arusha. Ich bin der Meinung, dass die junge Generation in Burundi nur dann etwas ändern kann, wenn sie die Ereignisse der Vergangenheit ihres Landes kennt, unverfälscht, objektiv und unzensiert. Dafür müssen die Kinder und Jugendlichen die Chance bekommen, an diese grundlegenden Informationen ihrer Geschichte zu gelangen. Im Schulunterricht endet der Kurs in Geschichte mit der Unabhängigkeit Burundis von Belgien. Die Bücher sind sehr teuer und demnach nur für wenige zugänglich. Aber kann der Preis für dieses Wissen zu hoch sein?

Ein Spiel für alle, auch ohne „itikiti"

Bujumbura ist diese Woche Gastgeber eines internationalen Jugendfußballturniers für Spieler unter siebzehn Jahren. Mit von der Partie sind neben Gastgeber Burundi noch Ruanda, Tansania, Sansibar, Somalia, Uganda und Kenia. Der Ansturm auf das Stadion ist enorm. Die Fußballbegeisterung in Burundi ist groß, noch dazu ist es ein internationales Ereignis. Ich lade die Jungen meines Englischkurses aus dem Straßenkinderheim, deren Heimleiter und einige der älteren Jungen aus dem Waisenheim zu einem der Spiele ein. Gemeinsam mit Heimleiter Ben fahre ich zum

Gebäude hinter dem Stadion, in dem die Verwaltung der burundischen Fußballföderation ihre Büros hat, um die Eintrittskarten zu besorgen.

Der Kauf der Karten gestaltet sich gar nicht so einfach. Ein Mitglied des Föderationsbüros, zumindest gab sich der Mann im Sportdress dafür aus, bittet mich, in sein Auto auf dem Parkplatz zu steigen. Wir fahren ein kleines Stück und entfernen uns von der Gruppe Sportler, die vor dem Gebäude des Fußballverbands steht. Dann hält er an. Er greift in seine Tasche und drückt mir die Tickets in die Hand. Dreitausend Franc pro Karte verlangt er. Auf den Karten ist kein Preis abgedruckt, er kann also verlangen, was er möchte. Ich denke an die Vorfreude der Jungen und bezahle ohne weiter nachzufragen. Dann steige ich aus und der Mann fährt davon.

Einer der Jungen aus dem Straßenkinderheim, Patrice, beeindruckt mich besonders. Er spricht nur ungern über seine schwere Vergangenheit als Kindersoldat. Seine Eltern wurden während der Krise von 1993 getötet. Er selbst ging als kleiner Junge mit den Soldaten mit, weil er dann nicht alleine war. Aber er hat aus der Vergangenheit gelernt. Er weiß heute, was richtig und was falsch ist, was gut für ihn ist und was nicht. Er hat klare Ziele, weiß, was er erreichen möchte, und verfolgt diese Ziele mit großem Ehrgeiz. Er stellt intelligente Fragen, möchte viel wissen, und sich dabei aber nicht aufdrängen. Nach einem Schicksal wie dem von Pastrice ist es nicht selbstverständlich, sich selbst in die Hand zu nehmen und etwas aus seinem Leben zu machen.

Um halb drei am Nachmittag stehe ich im Schatten des großen, weißen Bankgebäudes in der Innenstadt, rauche eine Zigarette und warte auf die Jungs. Sie kommen wenige Minuten später zusammen mit Heimleiter Ben zu sechst in ein Taxi gequetscht. Ihre Augen leuchten, der Stadionbesuch ist für sie eine Sensation. Für einen ist es sogar das erste Mal, dass er sich ein Spiel live im Stadion ansehen kann.

Mit jedem Schritt, dem wir uns dem Stadion nähern, wird die Menschenmasse dichter, die Gesänge und Rufe lauter. Reiche Burunder sitzen in ihren schicken Autos auf der Suche nach einem Parkplatz, Straßenkinder rennen daneben her und versuchen sich als Parkplatzanweiser. Eine andere Gruppe Straßenkinder prügelt sich auf dem Gras vor dem Haupteingang. Mehrere große Trupps von Polizisten mit schwarzen Schlagstöcken gehen ebenfalls in Richtung Stadion, einige haben eine Pistole am Gürtel. Als vorbeugende und abschreckende Maßnahme haben sich Polizisten mit Helm und Schild im Stadion positioniert. Sie müssen jedoch kein einziges Mal eingreifen. Die Stimmung ist gut. Auf den Rängen und auf dem Platz soll es fair zugehen.

Plötzlich kommt uns der Mann, der mir am Morgen die Tickets verkauft hat, auf dem Parkplatz mit dem verdorrten Gras entgegen. Er habe mir aus Versehen alte Karten gegeben, sagt er, die seien von gestern gewesen. Er sammelt die alten Karten wieder ein und verschwindet in einem Büro im Stadion, wo er uns die aktuellen Eintrittskarten holen will. Es dauert nicht lange, da stellen sich immer mehr Straßenkinder im Kreis um mich und starren mich an. „There are some children who want to steal you", flüstert mir Déo zu, einer der Jungen meines Englischkurses. Mir wird sofort klar, wer von den Kindern den Diebstahl im Schilde führt. Ich schaue den beiden diebischen Elstern in die Augen und mache ihnen wortlos klar, dass sie es nicht wagen sollten. Und es funktioniert. Aber sie starren mich weiter an. Ich frage einen älteren Jungen, was er denn wolle. „Itikiti", eine Eintrittskarte ins Stadion. Ich kann mir mein Grinsen nicht verkneifen. Das sonst übliche Betteln nach „amahera", Geld, hat an diesem Tag keine Bedeutung. Eintrittskarten sind das Objekt der Begierde. Ich gebe ihm zu verstehen, dass ich selbst keine Karte hätte. Was ja auch stimmt, denn wir warten immer noch auf den mysteriösen Ticketverkäufer.

Die Situation beginnt, meine Nerven zu strapazieren. Ich habe längst das Limit meines Wortschatzes in Kirundi dabei erreicht den Kindern zu erklären, dass ich weder Eintrittskarten habe, noch das Geld für Tickets, denn das habe ich bereits am Morgen ausgegeben. Sie schauen mich an und fragen nach einer Eintrittskarte. Dann weiß ich mir nicht mehr anders zu helfen als Ben zu bitten, den Kindern und teilweise schon jungen Männern zu erklären, wie die Lage ist. Der hält eine energische Ansprache, der ich entnehme, dass er über meine Hautfarbe spricht und die dadurch hervorgerufene, aber falsche Denkweise vieler Burunder, die weiße Haut mit Reichtum assoziieren. Manche haben es schließlich akzeptiert und schlürfen davon. Der Großteil bleibt jedoch stehen. Wenn ich sie ansehe, signalisieren sie mir, ich solle ihnen ein Ticket geben.

Plötzlich teilt sich die Menge und verstreut sich in alle Richtungen. Ein Polizist kommt von hinten an uns heran und schlägt mit dem Knüppel auf die Hintern der Kinder, um sie zu verscheuchen. Sie rennen wenige Meter davon und bleiben dann wieder stehen. Der Polizist hebt drohend sein Knüppel in die Luft. Es ist wie Katz und Maus. Die Kinder zucken zwar zusammen, bleiben aber dennoch stehen, ständig auf der Hut. Als der sichtlich genervte Polizist erneut ausholt, um drei der Jungen aus dem Heim zu schlagen, gehe ich einen Schritt auf ihn zu und halte meine Hand vor das Gesicht des Uniformierten. „Nicht diese Jungs!" sage ich energisch. „Sie haben Tickets und sind mit mir hier!" Er bleibt unfreundlich: „Dann seht zu, dass ihr ins Stadion kommt oder verschwindet". Ich erkläre ihm, dass wir auf die Eintrittskarten warten. Murrend schreitet er davon und scheucht die Kinder vor sich her. Von der anderen Seite nähern sich die Jungen erneut an. „Monsieur, itikiti...".

Schließlich kommt der Mann mit den richtigen Tickets. Das Gerangel ist unvorstellbar, die Straßenkinder drängen sich an uns und versuchen, die Tickets aus meiner Hand zu reißen. Ben lässt einen lauten Schrei von sich und holt mit der Hand aus. Die Kinder schrecken für eine Sekunde zurück, um dann wieder nach den Tickets zu haschen. Ich schaffe es dennoch, die Tickets in die richtigen Hände zu geben. Mein eigenes behalte ich fest in der Hand. Auf den verbleibenden zehn Metern bis zum Stadioneingang werde ich ungefähr zwanzig Mal danach gefragt. Burundi spielt gegen seinen Nachbarn Ruanda. Ein Derby. Deswegen sind alle so aufgeregt.

Als wir bereits im Stadion sind, werden meine Begleiter von Polizisten angepöbelt. Ich muss zwei Mal einschreiten und den Ordnungshütern klarmachen, dass die Jungen zu mir gehören und reguläre Eintrittskarten haben. Nur dann lassen sie sie ohne weiteren Kommentar passieren. Ich nehme den kleinen Fabrice an der Hand, um ihn nicht in der Menge zu verlieren.

Dieselbe Situation erwartet uns vor dem Eingang zur Tribüne. Wir haben die richtigen Tickets dafür, es sei jedoch kein Platz mehr. Die Polizisten wollen wieder mit den Knüppeln ausholen, als sie Patrice vor sich sehen. Ich springe dazwischen und erkläre dem Polizisten, dass uns sein Kollege hierher geschickt habe. „Es ist aber voll!" schnauzt er zurück. „Okay! Bleib ruhig!" gifte ich zurück. Wir entdecken in der Kurve gegenüber ausreichend Platz. Patrice will eine Diskussion mit dem Polizisten beginnen, aber ich halte ihn davon ab. Wir sind hergekommen, um Spaß beim Fußball zu haben, nicht um uns mit Ordnungshütern zu prügeln.

Nach einem kurzen Marsch sind wir auf unseren Plätzen in der Kurve auf der gegenüberliegenden Seite. Die Sicht ist gut, wir überblicken das gesamte Spielfeld. Ein Militärorchester spielt die burundische Nationalhymne. Rechts von uns steht eine Gruppe ruandischer Fans, die mit Flaggen, Trillerpfeifen und Geschrei auf sich aufmerksam machen. Endlich kommt der Anpfiff. Fußballfeeling pur und keine schlechtgelaunten Polizisten mehr. Die Jungs freuen sich, die Stimmung ist gut. Betreuer Ben seufzt erleichtert. Die Ruander tanzen fröhlich zum Rhythmus einer Trillerpfeife.

Im gesamten Stadion sind Polizisten verteilt. Einige schauen grimmig, andere sind amüsiert und scherzen. Sie sind beinahe permanent damit beschäftigt, Jugendliche zurechtzuweisen, die über die Mauer ins Stadion klettern wollen. Mir wird nicht ganz klar, wie ihre Anweisungen sind, denn manche schicken die Kinder weg, andere lassen sie hereinklettern und wieder andere schlagen mit ihrem Gürtel nach ihnen. Jedes Mal, wenn die Polizisten bei einer spannenden Situation aufs Spielfeld sehen, klettern hinter ihnen die Kinder über die Mauer und gesellen sich unter die Zuschauer. Einer der Polizisten lächelt mir zu und hebt seinen Daumen, als er die kleine burundische Flagge in meiner Hand sieht.

Ruanda geht in Führung. Die erste Chance gleich verwertet. Im Freudentaumel setzt sich die Gruppe ruandischer Fans in Bewegung. Sie starten eine Runde um das gesamte Spielfeld, schlagen Räder, Purzelbäume, schreien, tanzen, pfeifen, mit ihrer Nationalflagge an der Spitze. Wie ein Blitz flimmern plötzlich vor mir die Szenen der Filme zum Völkermord in Ruanda. Wütende Milizen, die „Interahamwe", die singend und grölend mit Trillerpfeifen und Macheten durch Kıgalıs Straßen zogen auf der Suche nach den nächsten Opfern. So muss das ausgesehen haben. Ich ärgere mich über mich selbst, die Freude der Fußballfans mit den „génocidaires" zu vergleichen. Aber die Bilder drängen sich auf. Geht es nur mir so? Kann ich als Europäer nicht damit umgehen? Die Gruppe, die vor mir ihre Touren zieht, will nur Spaß haben und freut sich über die Führung ihrer Mannschaft. Das ist alles. Ich wedele mit meinem burundischen Fähnchen um meine Unterstützung zu verdeutlichen. Einer der Ruander ruft mir zu: „Du bist bestimmt Franzose, oder?" in Anspielung auf das angespannte Verhältnis der beiden Länder seit der fragwürdigen und wenig glanzvollen Rolle der französischen Armee 1994 in Ruanda. Ich schüttele nur mit dem Kopf. Es hat nichts mit der Geschichte der beiden Länder zu tun, dass ich Burundi bei diesem Spiel unterstütze. Im Stadion ist es nach dem Tor still, nur die Ruander sind zufrieden. Dann ist Halbzeit. Und Zeit für Diskussionen über die erste Spielhälfte. Die Polizisten schlagen mit ihren Gürteln nach Kindern, Handler mit Bauchläden drücken sich durch die Menge. Sie können heute ein gutes Geschäft machen, wenn ihnen der Polizist nicht zu viel Geld abverlangt, der sie ins Stadion gelassen hat.

Anpfiff zur zweiten Hälfte. Die Stimmung unruhig, es wird lauter, das Publikum will den Ausgleich. Mit Klatschen und Stimmchören wird das junge burundische Team angefeuert. Mir wird auf einmal bewusst, dass das alles junge Kerle sind, die sich auf dem Spielfeld abrackern. Es ist ein U-17-Turnier. Und sie sind schon der Stolz des Landes. Ich feuere Burundi an. Aber noch mehr feuere ich die Jugendlichen an, die neue Generation, auf die ich so viel setze. Dann: der Ausgleich! Der Aufschrei im Stadion fühlt sich an, als finde er in meinem Bauch statt. Ich fühle mich plötzlich so leicht. Ein Polizist fällt mir in die Arme und hüpft mit mir vor Freude. Alle liegen sich in den Armen, Fans, Polizisten, Straßenkinder. Ein Lärm, als sei die gesamte Menge eben erst aufgewacht. Die Atmosphäre im Stadion könnte besser nicht sein. Ich kann nicht mehr aufhören zu grinsen und komme mir dabei seltsam vor, weil ich mich nicht mehr im Griff zu haben glaube. Da es aber allen um mich herum gleich ergeht, macht es nicht viel aus. Mit dem Ausgleich Burundis bessert sich auch die Laune der Polizisten deutlich. Sie lassen die Kinder und Jugendlichen nun ausnahmslos über die Mauer ins Stadion klettern und schlagen nicht mehr. Im Stadion ist es nun permanent laut. Am Ende heißt es unentschieden, ein Ergebnis, mit dem beide Teams zufrieden sein können. Meine Jungs sind es. Also bin ich es auch.

Freitag, 24. August 2007.

Poolparty bei Jeroen, meinem Bekannten vom niederländischen Konsulat. Nachdem wir seine Einladung für vergangenen Freitag wegen strömenden Regens verschieben mussten, scheint heute die Sonne mit voller Kraft. Es ist heiß und genau das richtige Wetter für einen Badetag. Die Kinder hüpfen vor Vorfreude umher. Es sind vom Heim nur wenige Minuten Fußmarsch, bis wir zum Haus von Jeroen kommen, das über einen eigenen Swimmingpool verfügt. Kaum angekommen, kann es der achtjährige Yan kaum erwarten und zieht schon während der kurzen Begrüßungsrede Jeroens seine Schuhe und Socken aus. Dann merkt er, dass alle anderen wegen seiner Ungeduld lachen und zögert kurz, um sich dann doch noch restlich auszuziehen. Er blickt Jeroen ungeduldig an. Kaum hat der sein letztes Wort gesprochen, ist Yan der erste, der ins Wasser springt.

Die Kinder planschen im Pool und machen dabei ein Geschrei, dass ich Angst habe, Jeroen würde Probleme mit den Nachbarn bekommen. Die Wasserbälle und die Luftmatratze werden beansprucht wie nie. Dazu lässt Jeroen Süßigkeiten, Kekse und Saft servieren. Später am Nachmittag, als Jeroen zum Essen ruft, bin ich im Wasser und setze die Kinder reihum an den Beckenrand zum Abtrocknen. Sie machen es sich zum Spaß, hinter meinem Rücken wieder zurück ins Wasser zurück zu springen. Schließlich lassen sie sich überreden, jedoch nur mit dem Versprechen, im Anschluss sofort wieder in den Pool zu dürfen. Es ist lange her, dass ich die Kinder so glücklich und herzlich lachen gesehen habe. Zum Essen gibt es Nudeln mit Tomatensauce. Womit ein Koch in westeuropäischen Gefilden bei Kindern auf Nummer sicher gehen kann, ist in Burundi ein grober Fehler. Einigen Kindern schmeckt es dennoch, andere aber bringen mir mit einem Blick voller Schuldgefühle ihren vollen Pappteller zurück.

Bevor es dunkel wird werden die kleinen Kinder von Jeroens Fahrer mit dem Auto zurück ins Heim gebracht. Davor haben sie noch alle eine Tafel Schokolade in die Hand gedrückt bekommen. Die älteren laufen mit mir zurück.

Sonntag, 26. August 2007.

Meine letzte Woche in Burundi.

Gloria musste nach vier Tagen zu Hause wieder zurück ins Krankenhaus, weil es ihr plötzlich wieder schlechter ging. Was sie genau hat, können uns die Ärzte nicht sagen. Am Wochenende arbeitet ohnehin nur die Notbesetzung im Krankenhaus. Alle glauben, dass ihre schlimme Krankheit ausgebrochen ist. Doch keiner spricht es aus. Gloria wird immer magerer. Ich bringe ihr gekochten Reis mit Tomaten und Bananen ins Krankenhaus, wovon sie jedoch nur ein wenig und nur nach mehrmaligem Auffordern isst. Sie lächelt dennoch. Draußen herrscht wie immer Hochbetrieb, Verwandte von Kranken kochen Essen und waschen Wäsche.

Montag, 27. August 2007.

Es herrscht eine merkwürdige Stille im Heim, die mich unwohl sein lässt. Ich habe begonnen, einige Dinge zusammenzusuchen und einzupacken, um mir einen Überblick zu verschaffen, was ich in Burundi zurücklassen kann und was ich mit zurück nach Deutschland nehmen muss. Ich will in den kommenden Tagen die Abschiede in den Heimen genießen können und nicht ans Packen denken müssen. Die Kinder im Heim haben von meiner Packaktion Wind bekommen und sind nicht gerade begeistert davon. Es dauert nicht lange, da überhäufen sie mich einmal mehr mit selbstgemalten Bildern von Blumen, Herzen und ihren Namen. Sie entgegenzunehmen, bricht mir fast das Herz.

Es ist halb neun am Abend und die Kleinen sind allesamt in unserem Bungalow verteilt. Seit unser Abschied näher rückt, suchen sie umso intensiver unsere Nähe. Der größte Teil von ihnen sitzt im Wohnzimmer und malt Bilder, mit denen wir im Minutentakt überhäuft werden. Dodo, die sich am Mittag noch heftig gestritten hat, ist gut gelaunt und fast schon überdreht. Sie spielt mit ihrem heiß geliebten Tennisball zusammen mit Charlène. Vom kleinen John lasse ich mir ein Kartenspiel auf Kirundi erklären, von dem ich aber nach wie vor nur die Hälfte verstehe. Ich schenke ihm die Spielkarten, woraufhin er über das ganze Gesicht strahlt. Dann gibt es Essen: Maisbrei mit Bohnen.

Freitag, 31. August 2007.

Es ist die intensivste Woche seit ich in Burundi angekommen bin. Wie ich die Zuneigung der Kinder mir und meinen Mitfreiwilligen gegenüber zum Ausdruck bringen soll, ist mir schleierhaft. Ich habe von Kindern noch nie eine solche Liebe erfahren. Gemischt mit Angst vor dem Abschied, Trauer um die bevorstehende Trennung und auch Ungewissheit, was kommen wird. Auf allen Seiten. Die Kinder überschütten uns täglich mit selbstgemalten Bildern. Sie malen uns, gemeinsam mit sich selbst, Hand in Hand, unter der Sonne.

Die Abschiedsfeier bei den Jungen im Straßenkinderheim ging mir besonders nahe. Bei den Basketballspielen, im Englischkurs und in der sonstigen Zeit, die ich mit ihnen verbracht habe, sind sie mir besonders ans Herz gewachsen. Ich habe in meinem Leben selten eine solche Hochachtung für jemanden empfunden wie für einige dieser Jungen, die zu stolzen, intelligenten Männern heranwachsen und ihren harten Schicksalen trotzen. Zum letzten Mal während meines Aufenthalts in Burundi bekam ich eine Vorstellung der Trommler. Es lief mir kalt den Rücken herunter wie damals, als ich sie zum ersten Mal hörte und sah. Als die Dunkelheit hereingebrochen ist, haben wir alle gemeinsam gegessen: Reis, Sombé und Rindfleisch, zum Nachtisch Bananen und Ananas.

Zurück im Kinderheim traf ich Eric, der alleine im Gras saß und eine nachdenkliche Miene zog. Ich setzte mich zu ihm und wir sollten in dieser Nacht bis fünf Uhr morgens über ihn, seine Vergangenheit und seine Zukunft sprechen. Als wir uns verabschiedeten, fühlte er sich erleichtert. Und bedauerte mein Gehen. Am nächsten Morgen drückte mich die kleine Dodo und sagte, sie würde mit mir verreisen. In Deutschland gebe es schließlich auch Schulen, sagte sie selbstsicher, und die könnte sie ja dann besuchen.

Die Abschiedsfeier im Kinderheim ist die am meisten emotionsgeladene von allen, weil wir hier die meiste Zeit verbracht haben. Es gibt ein besonderes Essen für alle, Abschiedsreden und Geschenke als Andenken für uns. Ich habe eine Rede auf Kirundi für die Kinder vorbereitet, die ich zittrig von einem Blatt ablese. Als ich die ersten Worte lese, wird es totenstill und die Münder stehen offen. Danach versuchen alle, den Grund der Feier zu verdrängen und tanzen zur Musik aus den Lautsprechern des großen Radios. Als es bereits wieder hell wird, gehen alle ins Bett. Schwermütig, denn uns alle begleitet das Bewusstsein, dass das Ende der Feier der Beginn des tatsächlichen Abschieds ist.

Sonntag, 2. September 2007.

Abschied

Meine Mitfreiwilligen sind bereits am Freitag abgeflogen. Ich habe spontan meinen Flug verschoben, um noch das Wochenende mit den Kindern verbringen zu können. Um jedoch das Feld für die neuen Freiwilligen zu räumen, habe ich bereits meine Sachen gepackt und bin in die Wohnung Verenas und Benoits im „Chez André" gezogen. Die beiden letzten Tage verbringe ich jedoch von morgens bis abends im Kinderheim.

Der Abschied ist das pure Grauen. Die großen Jungen halten sich zurück, sind aber still und machen bedrückte Gesichter. Rose weint schrecklich, sie bricht fast zusammen, sie schluchzt, schnappt nach Luft, die Augen voller Tränen. Sie kauert sich in eine Ecke des Mädchenhauses und lässt sich nicht trösten. Weder von ihren Freundinnen, noch von Heimleiterin Mathilde, noch von mir selbst. Ich muss mich zusammenreißen und die Tränen zurückhalten. Die anderen Mädchen sind auf ihren Zimmern, liegen auf den Betten und sind still. Sie können den Moment nicht begreifen. Abschied? Für immer? Viele von ihnen haben ein hartes Leben hinter sich und mussten viele Schicksalsschläge ertragen. Sicherlich stellen sie sich in Momenten wie diesem die Frage, ob es ihnen verwehrt sei, glücklich zu sein. Viele von ihnen weinen, selbst die fröhlichsten unter ihnen. Im Heim herrscht eine Totenstille. Es tut mir so leid.

Kapitel VI

Zurück in Deutschland Teil I

Mittwoch, 5. September 2007.

Ich fühle mich leer. Die Fahrt vom Kinderheim zum Flughafen war gefühlt die längste Fahrt seit einem Jahr, obwohl es nur wenige Kilometer sind.

Der Flug war zu Beginn ein Abenteuer. Als wollte sich Burundi, nach einem Jahr Spannung und Entdeckung, mit einem letzten aufregenden Ereignis von mir verabschieden. In Bujumbura war ein Mann arabischen Ursprungs zugestiegen. Offensichtlich hatte er bereits einen kritischen Alkoholpegel, denn die Treppe zum Flugzeug schwankte er mehr als dass er vorwärts kam. Die Flugbegleiter kümmerten sich intensiv um ihn, servierten ihm aber weiterhin den Whiskey, den er verlangte. Als eine Stewardess ihm zu verstehen gab, dass es genug sei, beleidigt er sie lautstark, dass alle Passagiere im Flugzeug es mithören können. Während der rund dreißig Minuten Flugzeit bis zum Zwischenstopp in Kigali lässt sich der Mann auch nicht mehr beruhigen, sondern droht eher noch ausfälliger zu werden. Die männlichen Flugbegleiter haben zwischenzeitlich übernommen. Als wir in Ruanda landeten, blieb das Flugzeug verdächtig lange stehen. Plötzlich die Lautsprecherdurchsage des Piloten: „Aufgrund einer technischen Notwendigkeit bitten wir alle Passagiere auszusteigen." Die Tür des Flugzeugs öffnete sich und alle Insassen mussten aus der Maschine, über die Flugbahn in das Flughafengebäude marschieren. Als ich mich umdrehte, sah ich den betrunkenen Mann nicht mehr. Nur kurze Zeit später wurden alle gebeten, wieder zurück ins Flugzeug zu gehen und Platz zu nehmen. Es war eine spontane Evakuierung des Betrunkenen, bevor er hoch oben in der Luft aggressiv werden würde. Nach Addis Abeba, dem nächsten Stopp, standen uns immerhin mehrere Stunden Flug bevor.

Seit Montagmorgen, fünf Uhr fünfzig, habe ich wieder deutschen Boden unter meinen Füßen. Ich sage mit Absicht nicht, dass ich zu Hause bin, weil sich dieses Gefühl noch nicht eingestellt hat. Der Espresso am Frankfurter Flughafen kostete mich zwei Euro fünfzig. Für denselben Preis hätte ich in Burundi ein ganzes Päckchen Kaffeebohnen gekauft. In der Raucherecke werde ich von einer Ruanderin angesprochen und nach einer Zigarette gefragt. Ich freue mich, sie kennenzulernen, ihre Sprache zu hören. Um uns herum stehen nur weiße Gesichter. Ich fühle mich fremd. Ich klammere mich gedanklich an der jungen Frau fest, weil sie für mich ein Stück Nähe zu dem Ort bedeutet, an dem ich noch vor einigen Flugstunden gestanden habe. Drei Tage gehe ich nun durch die Straßen meiner alten Heimat und finde mich nicht wirklich zurecht. Ich bin noch nicht angekommen. Eine menschliche Hülle ist aus Burundi abgereist und in Frankfurt gelandet. Nicht ich.

Meine Gedanken sind in Burundi. Bei den Kindern. Ich lebe tief in mir noch das Leben in Bujumbura. Ich gehe jeden Morgen die Straße hinunter vom Kinderheim zur Arbeit ins „Chez André", grüße die Soldaten, Nachtwächter und Polizisten alle hundert Meter auf dem Weg. Ich trinke abends Primus und esse Fleischspieße. Ich schreite durch das große, rote Tor und begrüße die Kinder, eines nach dem anderen. Ich umarme die Großen, spreche mit ihnen über ihren Tag. Ich fotografiere sie, fange ihr Lächeln für die Ewigkeit ein. Ich höre mir an, was sie zu sagen haben, was sie glücklich macht, was sie bedrückt. Ich bringe ihnen aktuelle Tageszeitungen für ihre Bibliothek. Ich streichle Hündin Simba über das Fell und frage Heimleiterin Mathilde, wie es der kleinen Gloria geht. Vergangenen Freitag hatte ich sie noch im Krankenhaus besucht.

Alles hier ist mir fremd. Die Gespräche, die Straßen, die Autos, der Supermarkt. Die Menschen, der Ausdruck in ihrem Gesicht. Das Essen. Ich will mit den Händen essen, doch das Essen ist nicht geeignet dafür. Ich werde gefragt: „Wie war es in Afrika?" und weiß keine Antwort. Ich bin still und habe Angst, die Menschen zu enttäuschen, die sich auf mich gefreut haben, während so langer Zeit. Ich will sie nicht verletzen, aber ich habe keine Worte für sie. Ich bin gar nicht da. Ich spreche mit ihnen, denke aber an etwas ganz anderes. Ich fühle mich allein. Meine Freunde und Verwandten helfen mir. Sie hören zu und stellen interessiert Fragen. Sie versuchen, sich in meine Gedanken zu versetzen. Aber sie können es nicht. Ich mache ihnen keinen Vorwurf. Afrika zu spüren ist unmöglich, wenn man es nicht selbst erlebt hat. Ich liebe meine Familie und meine Freunde. Und ich will sie nicht enttäuschen.

Ich gehe mit der dicksten Winterjacke, die ich im Schrank finden konnte, durch die eiskalten Straßen des Dorfs, in dem ich aufgewachsen bin. Ich erschrecke manche Menschen, weil ich sie freundlich grüße. Nur wenige, die mich nicht kennen, grüßen zurück. Viele schauen mich nur fragend an. Das wiederum bringt mich zum Lächeln. Doch kurz darauf könnte ich weinen. Manchmal tue ich das auch. Ich versuche, es zu vermeiden, aber es gelingt mir nicht immer. Ich lese die unzähligen Abschiedsbriefe der Kinder, die ich mit nach Deutschland genommen habe. Manche von ihnen haben mir auf das Diktiergerät gesprochen auf Französisch, Deutsch und Kirundi. Ich höre es mir an, immer wieder. Und ich muss weinen.

Als ich vor einem Jahr in Burundi angekommen war, musste ich mich erst einmal einleben. Aber damals hatte ich eine Motivation. Ich wollte es. Hier und jetzt muss ich es. Aber ich kann es noch nicht. Viele Erwartungen stehen mir gegenüber und ich weiß nicht, ob ich ihnen gerecht werden kann. Ich bin traurig, jeden Tag und den ganzen Tag. Ich kann mich auch nicht auf eine Sache konzentrieren, weil mein Herz und meine Gedanken noch ganz weit weg sind. Ich sitze in meinem Zimmer, einem unaufgeräumten Saustall. Um mich herum sind alle möglichen Papiere verteilt. Projektanträge, Briefe, Zeitungen und Zeitschriften. Bilder und Souvenirs. Ich sitze mittendrin. Bevor ich sie sortieren kann, muss ich erst meine Gedanken sortieren. Nur wie? Und wann?

Ich möchte Maisbrei mit Bohnen essen, doch finde keinen. Ich rauche zu viel, weil ich permanent nervös bin. Ich strecke mein Gesicht in die Sonne, sobald sie sich in einem der seltenen Momente zeigt. Ich verbringe viel Zeit mit meinem besten Freund, der mich auffängt. Auffängt in einer fremd gewordenen Welt. Er hat sich drei Tage frei genommen, um für mich da zu sein. Aber ich kann nicht viel sprechen. Meine Erklärungen sind zu kurz als dass er die Zusammenhänge verstehen könnte. Mir fehlen die Worte für mehr. Ich gehe in die Bank nebenan und bin überfordert. Schmal sei ich geworden, sagen alle.

Ich schaue Fotos aus Burundi an, die die Kinder selbst aufgenommen haben. Meine Augen werden feucht, ich kann nicht begreifen, so weit von ihnen entfernt zu sein. Die holprige Straße, der Sand, das Heim, die Kinder. Alles, was mir bleibt, ist ein Foto. Ich habe die Tränen der Kinder im Herzen, die sie am Sonntag, am Tag des Abschieds, vergossen haben. Ich wünsche mir, dass sie heute wieder lachend unter dem großen Mangobaum spielen. Ich wünsche mir, die Großen bereiten sich auf das Ende der Schulferien vor, lesen in der Bibliothek im Heim und akzeptieren die neuen Freiwilligen, unsere Nachfolger. Ich bin in Deutschland. Ich muss es mir nur lange genug vorsagen.

Heute Morgen lese ich im Internet, dass in Bujumbura wieder geschossen wurde. Über zwanzig Tote habe es gegeben. Ich bekomme eine große Wut. Meine Mutter sagt: „Wenn ich das höre, bin ich ja froh, dass du wieder hier bist!" Ich nicht.

Samstag, 8. September 2007.

In der vergangenen Nacht wurde ich psychisch ins kalte Wasser geworfen. Ich traf mich mit meinem Kumpel Patrick. Er selbst hatte über fünfzehn Jahre in Kenia gelebt, bevor er nach Deutschland kam. Wir sprachen nicht viel. Aber ich spürte, dass er mich verstand. Bei jedem Wort, das ich sagte, erkannte er die große Bedeutung, die dahinter steckt. Er hatte eine ähnliche Situation schließlich selbst durchlebt. Nach einem eher gemütlichen Bier in einer Bar gingen wir in eine Diskothek, wo die gesamte Absurdität dieser hiesigen, heutigen, jungen Gesellschaft auf mich hereinbrach. Ich stand regungslos neben der Tanzfläche und staunte darüber, was sich vor mir abspielte. Ich sprach keinen Ton. Patrick zweifelte, ob es doch keine gute Idee gewesen wäre, mich hierher zu bringen. Aber es war genau das, was ich brauchte. Ganz oder gar nicht. Ich musste endlich ankommen. In dieser Nacht bekam ich die volle Ladung.

Mir fiel auf, dass viele junge Menschen aufgedunsene Gesichter haben. Fastfood und Alkohol? Jugendliche, die meisten nicht einmal zwanzig Jahre alt, streckten drängelnd ihre Plastikkärtchen zum Barkeeper, heiß darauf, dass der ihnen einen weiteren, immensen Betrag für Alkohol abbucht. Der Prosecco, den die Mädchen mit der Freundin an der Bar trinken, wird bargeldlos bezahlt. Eine Masse Jugendlicher verausgabte sich auf der Tanzfläche zu hämmernden Bässen, dass mir der Magen vibrierte. Sie schwitzten und holten sich den nächsten Wodka-Red Bull für fünf Euro das Glas, um noch mehr zu schwitzen. „Wochenende: feieeeeeern!" schrie der DJ von seinem Podest herunter und die Menge zappelte noch heftiger als vorher. Jubelnd, wieder einmal eine harte, schwer belastende Arbeitswoche hinter sich gebracht zu haben.

Muskulöse Oberarme, Tattoos, Frisuren, die mir mehr als nur fremd waren und von denen ich nicht wüsste, welcher normale Frisör so etwas schneiden würde. Dolce und Gabbana, Goldkettchen, Sportschuhe in allen denkbaren Varianten, und natürlich den teuersten. Darin steckten teilweise Typen, die sich in einem Anfall von ungebremster Selbstüberschätzung mit dem Marlboro Mann oder einem Model aus der Diesel-Werbung zu verwechseln schienen. Die dürren Blondinen neben ihnen himmelten sie an und zogen hektisch an der Zigarette, von der sie nicht so richtig wussten, wie sie sie überhaupt zwischen den Fingern halten sollen. Rauchen war nur draußen erlaubt. Drinnen lief währenddessen ein Angestellter der Diskothek mit einem Sprühfläschchen durch die Räume und spritzte Raumspray in die Menge. Ich fragte mich, was er da tat. Raumduftspray in einer Diskothek?

Unter einem Stehtisch breitete sich eine Pfütze Erbrochenes aus. Zu viel Wodka. Oder Prosecco? In regelmäßigen Abständen stolperte jemand an mir vorbei, egal, welches Geschlecht, mit roten Augen und einem Röhrenblick. Meine Generation hier in Deutschland muss es offensichtlich sehr schwer haben. Wieso sonst müssen all diese Teenies jedes Wochenende in diese Massenbespaßungshallen strömen, ihr hart gekellnertes Taschengeld für Prosecco ausgeben und sich mit Technomusik und Alkohol ins Delirium befördern? Bei den meisten kam es mir vor wie eine Flucht. Aber wovor? Ein Weg, nicht viel nachdenken zu müssen. Aber an was? Vielleicht daran, ob es beim nächsten Frustshopping die eine oder die noch teurere Kleidermarke sein soll? „Noch 'n Wodka", lallte eine Junge neben mir an der Bar. Als ich mich umdrehte und ihn ansah, zwinkerte er mir lässig zu, gefolgt von so etwas wie einer tänzerischen Bewegung. „Alles klar?" Ich gab ihm keine Antwort.

Als ich mir durch die Massen den Weg zur Toilette bahnte, schloss ich einen Moment die Augen. Ich stand plötzlich in meinen Gedanken auf dem Zentralmarkt in Bujumbura. Die Menschen drängelten sich an mir vorbei, auf ihren Köpfen große Körbe mit Maracuja oder Kartons mit Haushaltswaren. Einer der Straßenjungen, die ihre Plastiktüten verkaufen, rief „muzungu". Eine junge Mutter stillte ihr Baby und bot mir dabei von ihren Orangen an. Ich öffnete die Augen und befand mich wieder in der harten Realität einer Diskothek in Karlsruhe an einem Freitagabend. Ein Jugendlicher beugte sich über ein Urinal und würgte. Drei andere, selbst wohl nur wenig von diesem Stadium entfernt, standen um ihn herum und lachten ihn fingerzeigend aus. Ein Security kam und nahm sich des Jungen an. Bis vor die Tür.

Auf einigen Tischen stand eine durchsichtige Säule mit einem Getränk und Eiswürfel darin. Die Jugendlichen reihten sich darum und lachten. Mir wurde gesagt, es sei Whiskey. Mit Zapfhahn, zum selbst am Tisch portionieren. Den Preis für diese Säule habe ich vergessen oder verdrängt. Ich meine, er lag bei dreißig Euro. Ich wünschte mir ein Primus herbei. Und ich wünschte mich in eine der gemütlichen, ruhigen Bars am See.

Manch einer sagt, ich sei doch nur ein Jahr weggewesen. Richtig, nur ein Jahr. Aber in diesem Jahr ist so vieles passiert, ich habe so viele Schicksale und Leid erfahren, ich habe ganz neue Maßstäbe gesetzt und mein Leben verändert. Nur, wer kann das verstehen? Ich muss versuchen, loszulassen. Versuchen, in Deutschland anzukommen. Aber wieso sollte ich eigentlich loslassen? In Deutschland ankommen? Ja. Aber nie wieder wie zuvor. Dafür habe ich zu viel gesehen. Und ich weiß, dass ich alle wiedersehen werde.

Freitag, 14. September 2007.

Ich sitze im Zug von Köln nach Karlsruhe, zurück von einem Gespräch mit dem Vorstand von burundikids e.V., der mich nach Burundi entsandt hatte. Ich habe einen Bericht über das zurückliegende Jahr geliefert, gefolgt von einem langen Austausch über das, was kommen mag und möglich ist. Ich sagte der Vorsitzenden Martina, dass ich mir ein weiteres Engagement für den Verein, auch vor Ort, vorstellen könnte. Sie hatte damit nicht gerechnet. Was Martina und ihr Team in Köln und Verena in Bujumbura leisten, ist enorm. Ich habe große Lust, längerfristig ein Teil davon zu werden. Dass es vor Ort noch einiges zu tun gibt und auch vieles möglich ist, bezweifelt niemand. Doch dafür ist ein weiterer Schritt in Richtung Professionalisierung notwendig. Den will ich gehen. Aber es ist eine Gratwanderung zwischen dem vollen Einsatz für die gute, sinnvolle Sache und der Vermeidung der totalen Selbstaufgabe. Ich brauche eine Unterkunft, Essen und habe anderen täglichen Bedarf. Ein weiteres kostenloses Engagement kommt nicht in Frage. Es ist ein bedrängendes Gefühl. Ich würde gerne meine gesamte Energie und alle Zeit für die Projektarbeit aufwenden. Aber wie finanzieren? Ich brauche kein großes Gehalt. An einer steilen Karriere bin ich auch nicht interessiert. Ich glaube an die Sache. Und ich glaube, hier und jetzt das Richtige zu tun.

Kapitel VII

Wieder in Burundi Teil I

Donnerstag, 13. Dezember 2007.

Meine zweite Ankunft in Burundi. Es ist ein unglaublich gutes Gefühl, Burundi zu riechen und zu schmecken. Lange habe ich die Tage rückwärts gezählt, bis ich wieder hier sein kann, dann ging plötzlich alles ganz schnell und ich stand wieder am Flughafen von Bujumbura mit seinen weißen Koppeln. Der Zwischenstopp in Kigali, Ruanda, wollte jedoch nicht vorübergehen, er dauerte viel zu lange. In dieser Zeit unterhielt ich mich mit einer älteren Burunderin, die zufällig noch eine entfernte Verwandte von Benoit, Verenas Mann, ist. Die Welt ist klein. Burundi sowieso.

Benoit holt mich vom Flughafen ab. Alles geht schnell und problemlos. Im schwarzen Mercedes geht es dann durch die Stadt Bujumbura. Ich fühle mich sofort heimisch. Im „Chez André" begrüße ich formgemäß die Angestellten der Fondation Stamm und des Restaurants. Ihr breites Lächeln übertrifft beinahe meines.

Am frühen Nachmittag, ohne viel Zeit im „Chez André" zu verbringen, mache ich mich auf den Weg den Hügel hinauf ins Kinderheim, natürlich zu Fuß, wie immer. Schon auf der Straße begrüßen mich einige Männer, die mich noch vom vergangenen Jahr kennen. „Philippo!" Ich bin zurück. Der Junge mit dem Straßenstand, die Nachtwächter, der Sicherheitsdienst vor „Belladone". Als ich in die Straße einbiege, die zum Heim führt, bleibe ich kurz stehen. Ich kann es noch nicht glauben, wieder hier zu stehen. Meine Gedanken kreisen um eintausend Dinge. Dann stehe ich plötzlich vor dem großen, roten Tor und stecke vorsichtig den Kopf hinein. Ich hatte außer Leiterin Verena und den neuen Freiwilligen niemandem gesagt, dass ich zurückkommen würde.

Ich werfe vorsichtig einen Blick hinein und sehe sofort, dass die gesamte Belegung der Mädchen auf der Terrasse gegenüber des Eingangstors versammelt ist und heftig diskutiert. Dann werde ich entdeckt. „Ni Philippo?!" Dreißig Köpfe drehen sich simultan zu mir um. Geschrei. Es ist eine Szene wie in einem Comicfilm.

Ich habe noch nie in meinem Leben siebzig Menschen nacheinander so herzlich begrüßt und drücken müssen wie an diesem Tag. Ich bringe keinen Ton heraus und genieße den Augenblick. Wie lange die Begrüßung insgesamt dauert, kann ich nicht sagen. Ich stehe neben mir. Unter den Kindern erkenne ich einige neue Gesichter. Ich frage sie nach ihrem Namen und drücke sie nicht weniger herzlich als die mir altbekannten. Auch Mutama, der

Torwächter des „Centre Uranderera", umarmt mich freundschaftlich. Er fragt mit hoffnungsvollem Blick: „Bleibst du wieder für ein Jahr?"

Vier Wochen sind keine lange Zeit. Also beschließe ich, mich gleich am Tag nach der Ankunft in die Arbeit zu stürzen. Allzu lange bin ich schließlich nicht weg gewesen und finde mich demnach schnell wieder zurecht. Ein sechzehnjähriges Mädchen hat Zwillinge bekommen und will die Kinder nicht behalten. Ärzte ohne Grenzen fragt bei uns an, ob wir sie im Mütterheim aufnehmen könnten. Zusammen mit Verena begleite ich das Mädchen nach Kamenge, wo außerdem eine herzliche Begrüßung auf mich wartet. Im Anschluss besuche ich die Jungen im Straßenkinderheim, um auch sie zu überraschen. Das Heim ist zwischenzeitlich nach Kanyosha umgezogen, in den Süden der Stadt. Der Besitzer des vorherigen Hauses hat die Miete erhöht, was finanziell nicht mehr zu stemmen war.

Fürwahr: Ich bin zurück!

Mittwoch, 19. Dezember 2007.

Im Viertel Jabe, etwa dreißig Minuten zu Fuß vom Kinderheim entfernt, besuche ich einige der älteren Jungen, die im Straßenkinderheim gewohnt und sich nun für einen neuen Lebensabschnitt zusammengeschlossen haben. Sie sind in ein kleines Häuschen gezogen, unterstützt von der Fondation Stamm, in dem sie jedoch weitgehend selbständig und eigenverantwortlich wohnen, kochen und leben. Raus aus dem „Centre Birashoboka" hinein ins eigene Leben. Es ist ein Experiment, die Jungen zu selbständigen Männern zu erziehen. Nach einem Monat zeigen sich positive Ergebnisse. Longin, der früher im Straßenkinderheim lebte und jetzt im Waisenhaus wohnt, begleitet mich. Nach dem Umzug des Straßenkinderheims von Kabondo nach Kanyosha war sein Schulweg in die Stadt zu lang geworden, daher hat er seine Sachen gepackt und wohnt nun im Waisenheim „Centre Uranderera".

In dem einfachen, kleinen Haus wohnen sechs junge Männer in zwei Zimmern, darunter auch einige aus meinem früheren Englischkurs. Sie haben sogar eine eigene Dusche, was den meisten burundischen Familien verwehrt bleibt. „Turanezerewe", zufrieden seien sie mit ihrer neuen Lebenssituation, sagen sie einstimmig. Ich freue mich für sie. Sie haben in ihrem Leben einen Schritt nach vorne gemacht. Sie wohnen nun alleine, müssen sich organisieren und werden von den Sozialarbeitern und Betreuern nur noch besucht. Sie können in Ruhe für die Schule lernen, besser als im Heim, und das sei ihnen am Wichtigsten, sagen sie.

Jabe ist ein einfaches, staubiges, aber ebenso lebendiges und sympathisches Viertel, in dem ich mich wohl fühle, als ich auf der sandigen Piste entlang schlendere. Hier wohnen Familien, die nicht nur überleben, sondern einigermaßen gut leben können. Zum Sparen wird es nicht reichen, aber immerhin sehen die Einwohner gut genährt aus und ihre Kinder gehen zur Schule. Wie fast immer, sehe ich mehr Kinder als Erwachsene. Longin und ich schauen auf dem Rückweg bei Christophe vorbei, einem Lehrer der Fondation Stamm, der ganz in der Nähe wohnt. Christophes dreijähriger Sohn gibt mir höflich die Hand und schaut anschließend verwundert seine Handflächen an, ob sie weiß geworden sind. Seine Mutter sitzt hinten im Hof und hängt frisch gewaschene Wäsche auf eine Leine.

Ich habe eine lange Liste an Dingen, die ich abarbeiten möchte. Andererseits möchte ich aber auch genügend Zeit für die Kinder im Heim haben. Ich freue mich auf Weihnachten in Burundi.

Sonntag, 23. Dezember 2007.

Fußball ist in Burundi unangefochtener Nationalsport. Für die Kinder natürlich auch. Er kommt an zweiter Stelle, gleich nach dem Gebet für Imana, Gott. Heute steht ein Spiel auf dem Fußballfeld neben dem „Musée Vivant" an, dem kleinen Zoo Bujumburas, in dem unter miserablen Zuständen Krokodile, Schlangen und Affen zur Schau gestellt werden. Ein Team des Straßenkinderheims „Birashoboka" spielt gegen eine Mannschaft aus dem armen Viertel Sororezo, das sich am Rande der Hauptstadt in den Bergen befindet. Die Fondation Stamm hat dort ein Alphabetisierungsprogramm und Unterkünfte für interne Flüchtlinge gebaut.

„Birashoboka" wird zwar drei zu eins verlieren, doch die Jungen haben sich wacker geschlagen. Natürlich mangelt es nicht an Diskussionen nach dem Spiel. Zum Schluss sind jedoch alle gut gelaunt, denn schließlich ist alles nur ein Spiel. Nicht aber ein Spiel ohne Leidenschaft. Nach dem anfänglichen Rückstand von eins zu null haben die Jungen des Straßenkinderheims umgehend ausgeglichen. Einmal mehr durfte ich erleben, was ein burundischer Freudentaumel ist, gemischt mit dem eines Kongolesen, denn der Heimleiter und an diesem Tag Trainer, Bienvenu, kommt aus dem großen Nachbarland Burundis.

Freitag, 28. Dezember 2007.

So schnell wie Weihnachten näher rückte, so schnell ging es wieder vorbei. Mit dem entscheidenden Unterschied, dass die Gesichter der Kinder zufriedener und glücklicher aussehen als zuvor, dank der Freiwilligen im Heim. Sie hatten Plätzchen gebacken, Spenden gesammelt und eine Feier für jedes Heim vorbereitet, mit Geschenken für jedes Kind.

Als erste waren die Straßenkinder im „Centre Birashoboka" in Kanyosha an der Reihe. Die Freiwilligen reisten an mit großen Kisten voller Hosen, Shirts, Mützen und neuen Sandalen. Für den Transport waren zwei Taxen notwendig. Als wir uns dem grauen Stahltor näherten, machten nicht nur die Kinder große Augen, sondern die gesamte Nachbarschaft. Drinnen, im neuen Heim, stieg eine einzige große Party mit lauter Musik, Tänzen und gutem Essen, sogar mit Fleisch. Jeder der Jungen konnte sich neue Kleidung und Schuhe auswählen, gefolgt von weiteren Freudetänzen und improvisierten Rap-Darbietungen.

Am 25. Dezember, dem eigentlichen Weihnachtstag in Burundi, stand das Weihnachtsfest im Waisenheim „Centre Uranderera" mit siebzig Mädchen und Jungen an. Die Kinder hatten bereits seit mehreren Wochen diesem Tag entgegengefiebert.

Bereits vormittags haben sie mit den Vorbereitungen begonnen. Alle rannten hektisch auf dem Gelände des Heims hin und her, trugen Töpfe, putzten Zimmer, wuschen Wäsche. Am späten Nachmittag versammelten sich alle Kinder auf der Terrasse, setzten sich brav auf ihre Stühle und warteten neugierig auf den Beginn des Festes. Dazu wurde ein Festmahl serviert. Die Bäuche waren voll, die Gemüter zufrieden. Zum Abschluss des Abends tanzten die Mädchen, zuerst die großen, dann die kleinen, traditionelle burundische Tänze. Ihre zufriedenen, glücklichen Gesichter sind die größte denkbare Motivation, für diese Kinder zu arbeiten.

Sonntag, 30. Dezember 2007.

Chantal

Nach den Freuden an Weihnachten erreicht uns heute eine erschütternde Nachricht. Die zwanzigjährige Chantal, die mit ihrem kleinen Sohn Kenny im Mutter-Kind-Heim lebte, ist im Krankenhaus gestorben. Sie war bereits seit einiger Zeit schwer krank und litt an den Folgen von HIV. Die Therapie im Krankenhaus verkraftete ihr Körper nicht. Doch bevor die Ärzte nun eine alternative Therapie anwenden konnten, starb die junge Frau und hinterlässt ihren Jungen, mit dem wir in den vergangenen Tagen noch Weihnachten feierten. Er war gut gelaunt, spielte Fußball mit den anderen und freute sich über die neue kleine Hose, die er überreicht bekam. Das Weihnachtspäckchen für Chantal lag auf einem wackligen Holztisch im Mütterheim. Als Überraschung für ihre Rückkehr aus dem Krankenhaus.

Morgen ist ihre Beerdigung geplant. Einhundertfünfzigtausend burundische Francs, knapp einhundert Euro, kostet ein halbwegs anständiges, aber einfaches Grab. Hinzu kommen elftausend Francs für die Leichenhalle. Ein Preis, der schmerzt. Nicht aber des Geldes wegen.

Dienstag, 1. Januar 2008.

Das vergangene Jahr endete beispielhaft für das Leben in diesem Land und die Gefühlswelt, wie sie mich bislang nur in Burundi überwältigen konnte. Dass ich die jungen Frauen und Mädchen aus dem Mütterheim kurz nach dem fröhlichen Weihnachtsfest schon gestern wiedersehen würde, damit hatte niemand gerechnet. Es war ein trauriger Anlass. Um elf Uhr fuhren wir zur Leichenhalle des Krankenhauses „Roi Khaled", wo Chantal über Nacht aufbewahrt wurde. Als wir ankamen, standen alle Mädchen des Heims bereits dort, ihre Babys auf den Rücken gebunden, die größeren Kinder an der Hand. Ganz vorne dabei: der kleine Kenny, Chantals dreijähriger Sohn. Er stand da und schaute um sich, als würde er nicht verstehen, was um ihn herum geschah. Die Mädchen hatten Tränen in den Augen. Bei der Begrüßung streichelte ich ihm über den Kopf. Die Sonne brannte mit voller Kraft. Aus der Leichenhalle drang ein unangenehmer Geruch.

Ich setzte mich auf einen Stein und schaute in den Himmel. Kenny lief auf mich zu, in seiner kleinen Blue-Jeans. In seiner Hand hielt er zwei Bonbons, die er mir entgegenstreckte, während er sich an mich anlehnte. Eins steckte ich ihm in den Mund, das andere verstaute ich in seiner winzigen Hosentasche. Er lächelte mich zufrieden an und schmatzte. Ich hatte den Jungen auf meinem Schoß sitzen, dessen junge Mutter gleich beerdigt werden sollte. Und Kenny wusste nicht, wie ihm geschah.

Der Konvoi setzte sich in Bewegung in Richtung Friedhof. Ich musste an Jimmy denken, als ich schon von weitem die Palmen sah, unter denen die Gräber, teilweise protzig, teilweise einfache Holzkreuze, angeordnet sind. Alle versammelten sich um das Grab. Sie sangen und trauerten. Ich kämpfte damit, meine Tränen zurückzuhalten und konzentrierte mich auf Kenny, der auf dem Arm einer anderen jungen Mutter gespannt ins Grab schaute. Die Friedhofarbeiter schaufelten schnell den Sand in die Grube. Als wir wieder gingen, ragte das schwarze, metallene Kreuz in die Höhe: Chantal Irakoze. Geboren 1986. Darunter, im frischen Betonbett, der kleine Handabdruck von Kenny.

Donnerstag, 3. Januar 2008.

Ich besuche das neue Heim für Straßenmädchen in der Innenstadt Bujumburas. Vierzehn Mädchen wohnen dort, die Mitarbeiter der Fondation Stamm von der Straße geholt haben. Ziel ist, sie schnellstmöglich wieder in ihr zu Hause zu integrieren. Denn ein Zuhause haben sie anscheinend alle noch. Nur müssen ihre Familien in bitterster Armut leben, weshalb die Mädchen nicht zur Schule gehen können, sondern auf die Straße müssen, um zu betteln oder sich zu prostituieren.

Die Begrüßung im Heim, als ich noch nicht einmal durch das kleine Eingangstor auf das Grundstück mitten in der Stadt trete, ist herzlich: „Karibuuuu!!!" schallt es mir mit mehreren Stimmen entgegen, willkommen. Als ich zu den Unterkünften komme, beginnen die Kleinen zu tanzen. Sie singen ein Dankeslied dafür, dass ich mein Land aufgebe, um nach Burundi zu kommen und ihnen zu helfen. Danach spielen sie ein Theaterstück über ihre alltäglichen Probleme mit der Armut in ihrem noch jungen Leben. Die Mädchen realisieren ihre tragische Lebenslage. Es ist beeindruckend, wie routiniert sie damit umzugehen scheinen, wie sie trotz allem lebhaft sind und übers ganze Gesicht strahlen, wenn Besuch kommt. Doch das ist häufig nur oberflächlich. Meinen Namen kennen sie bereits, obwohl sie mich nie zuvor gesehen haben.

Freitag, 4. Januar 2008.

Es ist ein schönes Gefühl, Menschen wieder zueinander bringen zu können. Ich spiele den Postboten und mache mich auf die Suche nach der katholischen Schwester Kayandakazi im „Grand Seminaire" der katholischen Kirche in Bujumbura. Ein Mann in Deutschland, der vor langer Zeit eine Brieffreundschaft mit ihr gepflegt hatte, ist durch mein Engagement für Burundi auf mich aufmerksam geworden. Er hat mich gebeten, sie für ihn zu suchen und mir einen Brief für sie mitgegeben. Ich habe sie tatsächlich gefunden. Ihre Brieffreundschaft hatte zu Schulzeiten begonnen, heute sind beide über fünfzig. Seit nun über dreißig Jahren ist das der erste Brief, den sie von ihm erhält. Nach meinem Anruf erwartet sie mich ungeduldig vor dem Eingang des „Grand Semainaire". Ich überreiche ihr den Brief und sie strahlt über das ganze Gesicht. Sie bedankt sich und versichert, sie würde ihm noch heute antworten. Per Mail.

Ich denke an zu Hause, an Deutschland.

Mittwoch, 9. Januar 2008.

Die Zeit in Burundi vergeht viel zu schnell. Mein Aufenthalt in Burundi neigt sich dem Ende zu. Morgen um dreizehn Uhr werde ich wieder ins Flugzeug in Richtung Addis Abeba steigen, wo ich die große Maschine nach Frankfurt nehme. Schwer fällt mir der Abschied dieses Mal nicht. Denn wir haben eine Möglichkeit gefunden, wie ich vor Ort an der Umsetzung der Projekte mithelfen und den Brückenschlag nach Deutschland ausbauen und verbessern kann. Das Vorhaben, auf das ich seit einiger Zeit schon hin arbeite, ist nun wahr geworden: Ich werde ab März für die kommenden zwei Jahre erneut in Burundi tätig sein. 2008 wird ein gutes Jahr. Es geht mir gut.

Kapitel VIII

Zurück in Deutschland Teil II

Donnerstag, 17. Januar 2008.

Zwanzig Uhr. Ich sitze im Zug von Berlin nach Karlsruhe. In der Hauptstadt habe ich an der Auftaktveranstaltung des Programms „weltwärts" mit der deutschen Entwicklungshilfeministerin Heidemarie Wieczorek-Zeul teilgenommen. Die burundikids waren eingeladen, weil der Verein als Entsendeorganisation im neuen Programm der Bundesrepublik erfolgreich geprüft und anerkannt worden war. Die Ministerin erkundigte sich an unserem Stand nach den Aktivtäten und ich ließ es mir nicht nehmen, mich mit ihr fotografieren zu lassen. Auch richtete ich ihr Grüße von Verena aus Burundi aus. Die beiden hatten sich schon einmal getroffen und sind beide aus Wiesbaden. Wieczorek-Zeul erinnerte sich.

Die ersten fünfzig Freiwilligen, die mit „weltwärts" in die Welt entsandt werden sollen, trafen sich heute in Berlin. Ich war einer unter vielen. Doch der einzige, der nach Burundi gehen wird. „Wo ist das?" war wieder einmal eine der häufigsten Fragen. Genau das ist der Punkt, den wir ändern wollen. Dazu haben wir nun zwei weitere Jahre Zeit. Mit dem Verantwortlichen für Wirtschaft und Finanzen der Botschaft Ruandas in Berlin unterhalte ich mich kurz auf Kirundi. Zuerst schaute er mich mit großen Augen und einem ungläubigen Blick an, bevor er entzückt zu lachen begann: „Das gibt es doch nicht! Woher können Sie das?" will er wissen und zückt sofort seine Visitenkarte. Ich klärte ihn auf. Daraufhin wollte er mich überreden, doch lieber nach Ruanda zu gehen, anstatt nach Burundi. Ich lachte mit ihm, winkte ab und sagte, dass mein Herz schon in Burundi liege. Und da bleibt es auch.

Samstag, 23. Februar 2008.

Meine Koffer füllen sich mit Kleidung und Dingen, die ich für die zwei Jahre Aufenthalt in Burundi mitnehmen möchte. Jeden Tag kommt etwas hinzu. Ich lasse mir Zeit, um sorgfältig zu überlegen, was mitkommt und was nicht nötig ist. Jedes Mal, wenn ich etwas für die Reise richte, ist es ein Wechselbad der Gefühle. Wann werde ich hierher zurückkommen? Gestern Abend habe ich meine Freunde zum letzten Mal in der Stadt auf ein Bier getroffen. Teilweise war die Stimmung gut, teilweise bedrückt, immer dann, wenn meine Ausreise zur Sprache kam. Es ist dieses Mal anders als zuvor. Als ich für ein Jahr aufgebrochen war, war ein klar definiertes Ende des Einsatzes in Aussicht. Dieses Mal wird es für zwei Jahre sein. Vorerst auch eine befristete Zeit, doch was danach kommt, weiß niemand. Am wenigsten ich. Ich vermeide so gut es geht, mir schon jetzt Gedanken darüber zu machen, was in zwei Jahren sein wird. In der Regel kommt ohnehin alles anders, als man es sich vorher ausmalt. Ich konzentriere mich auf das Jetzt, meine bevorstehenden sinnvollen Aufgaben. In wenigen Tagen geht es zurück ins Herz Afrikas. Ich freue mich auf die Zukunft. Aber ich gehe mit einem lachenden und einem weinenden Auge.

Kapitel IX

Wieder in Burundi Teil II

Donnerstag, 6. März 2008.

Nach fast einer Woche bin ich auch gedanklich in Burundi angekommen. Arbeit gibt es viel, doch ich muss mich erst vollständig einrichten und zurechtfinden. Mein jetziger Einsatz ist nicht mehr zu vergleichen mit dem des Freiwilligen, der ich noch vergangenes Jahr war. Ich habe mehr Verantwortung. Zwei Jahre in Burundi liegen vor mir. Vollständig realisiert habe ich das noch nicht, auch wenn ich bereits auf der Liste der „Deutschen in Burundi" der Deutschen Botschaft in Bujumbura eingetragen bin. Die wiedereröffnete und renovierte Botschaft macht einiges her. Die einheimischen Kollegen haben mich herzlich willkommen geheißen.

Zwei Vertreter einer Bauernkooperative sind zu uns ins Büro gekommen. „Büro" ist übertrieben: Ich habe mich mit einem Holztisch, auf dem mein Notebook und einige Unterlagen Platz haben, in der Garage des „Chez André" eingerichtet. Die Bauerngemeinschaft hat sich in der Provinz Bubanza, nördlich von Bujumbura, zusammengeschlossen und möchte ein gemeinsames Projekt der Seifenproduktion starten. Für ihre Idee benötigen sie ein Startkapital, das ihnen jedoch keine Bank gewähren will. Wir beschließen, ihnen mit einem Mikrokredit zu helfen, weil wir vom Erfolg des Vorhabens überzeugt sind. Ermöglicht wird das durch private Spenden. Als sie die schriftliche Zusage in den Händen halten, beginnen die beiden Herren vor Freude zu tanzen. Mit zweihundert Euro können sich zwei Dutzend Frauen und Männer eine neue, selbständige Existenz aufbauen und ihre Familien ernähren.

Am Abend esse ich gemeinsam mit meinem Freund Marco von den UN, der nach seinem Heimaturlaub freundlicherweise einen Teil meines Gepäcks mit nach Bujumbura geschleppt hat. In den kommenden Tagen will ich die Kinder im Waisenheim besuchen, die Straßenjungen in Kanyosha, die Mädchen im Mütterheim, das betreute Wohnen in Jabe und natürlich unsere Schule am See in Kajaga, wo gerade ein zweites Gebäude für weitere Klassenzimmer, ein Labor und eine Krankenstation gebaut wird.

Sonntag, 9. März 2008.

Ich wage mich auf den Zentralmarkt. Kaum komme ich auf dem Vorplatz an, höre ich eine männliche Stimme meinen Namen rufen. „Erinnerst du dich an mich?" streckt mir ein Händler die Hand zum Gruß entgegen. Ich erkenne ihn wieder. Vergangenen Sommer hatte ich meine Basketballschuhe bei ihm gekauft. Schon damals hatten wir ein nettes

Gespräch. Neben uns ist ein Polizist damit beschäftigt, einen großen, weißen Sack zu inspizieren. Er leert kurzerhand alles auf den Boden, umringt von einer Menschentraube und begleitet vom Fluchen des betroffenen Händlers.

Politisch geht es heiß her. Als ich gestern Abend gegen neunzehn Uhr vom Kinderheim die Straße in Richtung „Chez André" entlang ging, hörte ich einen lauten, dumpfen Knall, kurz darauf gefolgt von einem zweiten. Heute Morgen erfahre ich, dass es insgesamt vier gewesen sind. Es waren Granatangriffe auf Häuser von vier Politikern. Keiner von ihnen kam jedoch zu Schaden. In der Nacht waren kurze Schusswechsel mit Kalaschnikow zu hören. Im Hinblick auf die Präsidentschaftswahlen 2010 wird diese Art „Wahlkampf" noch drastischere Züge annehmen. Schon jetzt, zwei Jahre im Vorfeld.

In Baden-Württemberg, dem Partnerland Burundis, kommt derweil Bewegung in die Partnerschaft. Das unregelmäßige Burundi-Treffen in Stuttgart erfährt eine Neuauflage und eine Delegation plant eine Reise in den ostafrikanischen Staat. Seit einem Jahr verschicke ich Mails und mache immer wieder auf Burundi aufmerksam. Ich hoffe, den mündlichen Zusagen folgen jetzt auch Taten.

Mittwoch, 12. März 2008.

Verena und ich sind zusammen mit Fahrer Melchiade für zwei Tage nach Gitega aufgebrochen, wo wir den Bau einer Berufsschule planen. Finanziert werden soll das Vorhaben von einer Stiftung aus München. Beim heutigen Besuch gilt es, den Bauleiter auszuwählen, der den Auftrag bekommen soll. Burundikids-Chefin und Architektin Martina hat die Baupläne bereits geliefert. Noch am selben Tag soll mit den Arbeiten begonnen werden.

Die Fahrt durchs Landesinnere nach und von Gitega ist voller wundervoller Eindrücke. Ich kann nicht aufhören, von der Landschaft Burundis zu schwärmen. Besonders dann, wenn die Sonne auf die riesigen, grünen Hügel scheint. Im krassen Gegensatz zur Schönheit der Landschaft steht das Schicksal der Menschen in diesem Land. Ein kleines Mädchen, vielleicht fünf Jahre, schleppt ein Bündel Brennholz auf dem Kopf die Straße entlang. Das zerrissene Kleid am Leib und seine Haut haben dieselbe Farbe wie die braunrote Erde, auf der es barfüßig der Mutter hinterher rennt. Als mich das Mädchen erblickt, lächelt sie. Und winkt. Eine alte Bäuerin in traditionellem Gewand aus bunt leuchtenden Stoffen tritt aus einem Gestrüpp von Kaffeepflanzen hervor. Über die linke Schulter hat sie eine Gartenhacke gelegt, in der rechten Hand trägt sie ein Stoffbündel. Ihre Haut ist runzlig und trocken und die alte Frau quält sich nur mühsam bergauf. Weiter weg steht eine gut beleibte, jüngere Bäuerin breitspurig auf dem sandigen Weg, der von der geteerten Hauptstraße abgeht. Sie schaut grimmig. In der linken Hand hält sie locker eine Machete, die sie vor sich hin und her baumeln lässt. Ein Anblick, der mich schaudern lässt.

Auf dem Rückweg nach Bujumbura halten wir in den Bergen an, um Obst und Gemüse einzukaufen, die hier wesentlich günstiger sind als in der Stadt. Ich kaufe den Kindern im Heim etwas für den Abend. Das gesamte Auto ist voll beladen, im Innern und auf dem Dach, mit Ananas, Avocados, Erbsen, Süßkartoffeln und Kochbananen. Für gerade einmal zehn Euro.

Sonntag, 16. März 2008.

Am Abend akzeptiere ich die Einladung auf ein Bier eines einheimischen Freundes, Aubin, in der Bar „Cocody". Das Bistro besteht aus einem schönen Garten und einer kleinen Bar im Eingang des ursprünglich gewöhnlichen Wohnhauses. Als ich im „Cocody" ankomme, ist Aubin noch auf dem Weg, also gehe ich an die Theke und bestelle ein kaltes Primus. Auf Kirundi. Der Mann auf dem Barhocker neben mir nimmt gerade einen großen Schluck aus seinem Glas und verschluckt sich, als er mich Kirundi sprechen hört. Er setzt sein Glas ab und dreht seinen Kopf zu mir, die Backen aufgeblasen vom Bier im

Mund, die Augen weit aufgerissen. Er blinzelt ein paar Mal, als wolle er nicht wahrhaben, dass ein Weißer neben ihm steht oder er sich womöglich verhört habe. Dann wendet er sich wieder seinem Glas zu.

Er nippt wieder am Glas. Ich frage den Barmann, ob es erlaubt sei, im Haus zu rauchen. Wieder auf Kirundi. Mein Nachbar verschluckt sich wieder, dreht dieses Mal schnell den Kopf zur Seite und sagt in einem Ansturm von Verwunderung: „Das kann doch nicht wahr sein!" Seine Blicke wechseln hin und her zwischen mir und seinen Kumpels, als suche er nach Zeugen dafür, dass er tatsächlich den Weißen gerade Kirundi habe sprechen hören. Dann beginnt er zu lachen. Er weiß offensichtlich nicht, was er sagen soll, freut sich aber sichtlich und schüttelt den Kopf. Dann kommt Aubin dazu und wir setzen uns auf die enge Terrasse des Hauses. Am Tisch neben uns isst eine Familie zu Abend. Der ältere Herr, der sich mir später als Severin vorstellt, erzählt mir in fließendem Deutsch, dass er lange Zeit in Mannheim gearbeitet habe.

Samstag, 22. März 2008.

Von Rose und korrupten Viertelchefs

Gestern Mittag habe ich Rose, ein sechzehnjähriges Mädchen aus dem Waisenheim, im Krankenhaus abgeholt. Sie war wegen Schwindel und Ohnmacht in die Klinik gebracht worden. Der Befund: Blutmangel. Sie musste fünf Transfusionen, jede fünfhundert Milliliter, bekommen. Höchste Zeit sei es gewesen, gab uns der Arzt zu verstehen. Jedoch wisse immer noch niemand genau, woher ihre Krankheit komme, trotz der unzähligen Untersuchungen, die Rose bereits über sich ergehen lassen hat müssen. Voraussichtlich müsse sie alle drei Monate ins Krankenhaus für Bluttransfusionen. Wir wollen versuchen, eine Blutprobe von Rose nach Deutschland zu schaffen, um dort die notwendigen Untersuchungen machen zu lassen. Rose strahlte als sie mich sah. Endlich könne sie wieder nach Hause, ins Heim. Heimleiterin Pauline, die zwischenzeitlich Mathilde nach deren Hochzeit ersetzt hat, sah besorgt aus.

Einige Jungen, die früher im Straßenkinderheim lebten, führen heute gemeinsam ein kleines Restaurant im Viertel Bwiza, das den schönen Namen „Amani" trägt, auf Kiswahili „Frieden". Sie berichten mir, es laufe ganz gut, sie könnten von den Einnahmen leben. Es gebe da nur ein kleines Problem mit dem „Chef de Quartier", dem Viertelchef. Der hätte Geld von ihnen verlangt, sonst würde er das Restaurant schließen. Wir werden uns der Sache annehmen und dem Bürgermeister schreiben.

Die Jungen tischen mir eine Kostprobe ihrer Kochkünste auf: Reis, Kohl, Lenga Lenga, Kartoffeln und Kochbananen. Als ich fertig bin, lade ich die Gruppe Kinder ein, die sich auf der Straße vor dem kleinen Eingang drängten. Sie schlüpfen durch den orangenen Vorhang in den dunklen Raum und setzen sich gespannt auf die niedrigen Holzbänke.

Montag, 31. März 2008.

Vergangene Woche war ich mit Verena im Viertel Sororezo, in den Bergen Bujumburas, auf Projektbesuch. Die Fondation Stamm hat hier zusammen mit den Vereinten Nationen Häuser für die Flüchtlingsfamilien gebaut, die seit Ausbruch des Kriegs vor fünfzehn Jahren vor den Gefechten zwischen Armee und Rebellen hierher geflohen waren und nur unter Wellblechverschlägen gelebt hatten. Nicht alle Familien konnten von den neuen Häusern aus rotbraunen Ziegeln profitieren. Die Wellbleche sind rostig, löchrig und formen einen Unterschlupf, der höchstens Platz zum Schlafen gibt. Wenn es regnet und das Wasser oben durch die Löcher tropft, während es in kleinen Rinnsalen über den Boden in der Hütte den Berg hinunterfließt, müssen die Familien darin auch kochen, essen, stillen und leben.

Wie uns der Viertelchef aufklärte, würde das jedoch bald ein Ende haben. Der Besitzer des Grundstücks, der die Flüchtlinge bis dato geduldet hatte, habe angekündigt, selbst auf seinem Grund bauen zu wollen. Die Flüchtlinge, Frauen, Greise und Kinder, müssen weg. Wohin, ist egal. Manche der Unterschlupfe hatten schon Feuer gefangen. Sie waren rußschwarz. Kinder sprangen darum herum. Es sind Hutus. Sie leiden unter den Folgen eines unsinnigen Kriegs. Weiter unten in der Stadt, nur wenige Kilometer entfernt: ein Flüchtlingslager von Tutsis. Sie teilen dasselbe Schicksal, dieselben Missstände, dasselbe Elend. Auch sie müssen bald weg.

Beim Besuch waren wir natürlich umringt von einer Schar Kinder. Eines der kleineren Kinder schrie „muzungu" zu mir. Plötzlich schubste ihn ein anderer Junge zur Seite, zog eine ernste Miene und sagte: „Der heißt Philippo, der spielt doch da unten immer Basketball!" Ich musste lachen und war erstaunt, dass sich der Kleine an mich erinnern konnte. Wo doch alle Weißen gleich aussehen.

Gestern Abend habe ich bei den Kindern im Heim gegessen, Maisbrei mit Bohnen. Sie haben für mich einen Teller Bohnen mit Soße separat gelassen, weil ich die kleinen Fische „indagara" nicht hinunter bekomme. Plötzlich fielen Schüsse. Es hörte sich an, als würde die Kalaschnikow mitten auf dem Heimgelände abgefeuert. Der Krach schmerzt in den Ohren. Die Kinder warfen sich sofort auf den Boden und lagen auf den Bäuchen. Die älteren unter ihnen schauten zuerst aufmerksam, ohne zu kauen, spitzten die Ohren und warteten ab. Dann lächelten sie, als sei es nichts Besonderes mehr: „Schon wieder." Dann eine zweite Salve. Die Jungen schalteten das Licht im Aufenthaltsraum aus, es war stockdunkel. Sie diskutierten miteinander, dann aßen alle weiter als sei nichts gewesen. Ich war froh, dass mir Rose, die vor ein paar Tagen noch wegen Blutarmut im Krankenhaus gelegen hatte, gegenüber saß, es ihr gut ging und sie lächeln konnte.

Donnerstag, 3. April 2008.

Die Benzinkrise

Es gibt kein Benzin in Bujumbura. Seit über einer Woche herrscht dasselbe Bild: lange Autoschlangen vor den Tankstellen. Taxis, Moto-Taxis, Lastwagen, private Pkw. Wer keinen Tropfen Sprit mehr im Tank hat, hat eben Pech. Das Paradoxe daran ist, dass die Lastwagen der Petrolfirmen vollgeladen neben den Zapfsäulen stehen. Es ist kein Mangel an Treibstoff. Die Tankstellenbetreiber wollen es nicht herausgeben. Der Grund: sie wollen Preissteigerungen erzwingen, was die Regierung jedoch ablehnt. Damit legen sie einen großen Teil des Verkehrs der Hauptstadt lahm. Busse, die gewöhnlich über Land fahren, bleiben in den Straßen Bujumburas hängen. Taxifahrer können kein Geld mehr verdienen, Waren nicht mehr transportiert werden, die Menschen kommen nicht mehr zur Arbeit. Die Bilder vor den Tankstellen sind unglaublich: ein Meer von Autos, genervte Fahrer, sture Tankwarte. Es gibt kein vorwärts und kein rückwärts. Absoluter Stillstand. Warten. Ich hatte das Glück, mit meinen letzten Tropfen Benzin einen unserer ehemaligen Straßenjungen zu treffen. Er fuhr mit mir zu einer Tankstelle etwas außerhalb der Stadt. Nach einigen Minuten Diskussion und Suchen fand er den Tankstellenbesitzer. Sie winkten mich zu sich. Mit deutschem Pflichtbewusstsein erklärte ich dem Tankstellenbesitzer, dass ich Benzin bräuchte, um meiner Arbeit nachgehen zu können. Er musterte mich kurz, lächelte dann und fragte, wie viel Liter ich bräuchte. Dann signalisierte er dem Tankwart, er solle mir Benzin ausgeben. Ich tankte voll. Damit war ich gut beraten, denn die Benzinkrise hielt noch mehrere Tage an. Dann knickt die Regierung ein: Die Preiserhöhung für Benzin ist beschlossene Sache, ein Anstieg von eintausend sechshundert Francs pro Liter auf eintausend achthundertsechzig Francs. Konsequenterweise steigen dadurch die Fahrtkosten für Busse, Taxis und jeden Transport von Waren vom Landesinneren in die Hauptstadt, allem voran für Lebensmittel.

Beim Bau unseres Schulgebäudes bekommen wir die permanenten Preissteigerungen ebenfalls zu spüren. Der Zement, der aus Sambia importiert wird, wird teurer und teurer. Und zwar aus dem simplen Grund, dass Südafrika alle Reserven aufkauft, um seine Stadien für die Weltmeisterschaft 2010 zu bauen. Metallwaren, die von Kenia nach Burundi gebracht werden, sind teurer aufgrund der kritischen politischen Lage in Kenia. Die Lastwagen können nicht mehr egal wo passieren. Die Brotsorte, die ich mir vergangenes Jahr für neunhundert Francs gekauft hatte, kaufe ich jetzt für eintausend dreihundert Francs. Ein Fahrrad hatte bislang achtzigtausend burundische Francs gekostet, jetzt sind es schon einhunderttausend. Der Preis für die Nähmaschinen, die in unseren Ausbildungsprojekten zum Einsatz kommen: gestiegen von neunzigtausend auf einhundertzwanzigtausend Francs. Hungeraufstände wie in anderen afrikanischen Ländern gibt es bis dato noch keine. Öffentlich protestieren liegt nicht in der Mentalität der Burunder. Was jedoch nicht bedeutet, dass alles bis ins Unermessliche ertragen wird. Die Folge sind Unzufriedenheit, Verdruss und mehr Kriminalität. Immer öfter hört man im Radio von Geschichten, dass Mütter ihre Babys im Busch verhungern lassen, weil sie sie nicht ernähren können. Die burundische Währung hat derweil an Wert verloren, ein Euro steht aktuell bei eintausend achthundert Francs. Im Radio sagen sie, die Regierung Burundis verkaufe einen Teil ihrer Goldreserven.

Donnerstag, 10. April 2008.

Ich sitze vor meinem Notebook in der Garage des „Chez André", als plötzlich Camulet, der alte Schneider, der jahrelang bei Verena als Ausbilder gearbeitet hatte, hereinschaut. Plötzlich war er vergangenes Jahr verschwunden, wir glaubten ihn alle verschollen. Er lebe nun in Fizi, sagt er, eine Region im Südkivu, auf der anderen Seite des Sees im

Kongo. Auf seinem eigenen Hügel baue er Mais, Tomaten und Bohnen an, erzählt er stolz. Ich habe ihn nie zuvor so freudestrahlend und redefreudig erlebt. Ich sehe seinem Blick an, dass es ihm gut geht. Er sei zufrieden. Mit dem Geld, das er über Jahre hinweg bei der Fondation Stamm verdienen konnte, würde er nun ein kleines Häuschen bauen, in das er seine Frau und seine Kinder aus Bujumbura zu sich holen kann. Ich muss lächeln. Es macht mich glücklich, den alten Mann so heiter zu sehen. So zufrieden und ausgeglichen. Er hat ein frohes Herz im Ostkongo, der es ansonsten nur mit grauenvollen Meldungen in die Medien schafft.

Auf dem Nachhauseweg am Abend habe ich meine erste Polizeikontrolle in Burundi. Die Beamten prüfen das Handschuhfach und den Kofferraum. Auf Waffen? Was sie genau suchen, sagen sie mir nicht. Nachts wird mittlerweile regelmäßig geschossen, ein Stück die Berge hinaus, am Rande Bujumburas. Die Kriminalität steigt. Mehr und mehr Familien können sich nicht mehr ausreichend Lebensmittel leisten und so mancher Familienvater wird in seiner verzweifelten Lage zu illegalen Taten fähig. Die zunehmende Kriminalität ist direkt auf Hunger zurückzuführen. In Burundi wird für fünfzig Francs getötet.

Ich erfahre, dass der zehnjährige Enrique aus dem Waisenheim HIV-krank ist. Es ist eine traurige Neuigkeit für alle Betreuer. Es ist merkwürdig: der große Schock bleibt aus. Natürlich bin ich traurig und denke darüber nach. Aber es gehört fast schon zum burundischen Alltag. Genau das ist es, was mich fassungslos macht. Nicht, dass man fast täglich von neuen Infektionen hört. Sonden vielmehr, dass Aids quasi zum Leben in diesem Land dazugehört. Enrique, der kleine, aufgeweckte Kerl, der immer lacht und gerne Hip-Hop tanzt, wird künftig täglich Medikamente nehmen mussen.

Montag, 14. April 2008.

„Yooo. Ich bete für dich, mein Junge. Denn Gott hat dich geschickt. Yoooo! Gehe immer mit Gottes Schutz. Murakoze cane, umugenzi, murakoze, yoooo!" Die fünfzehnjährige Dorothée steht am Eingangstor des Waisenheims in ihrer blau-weißen Schuluniform und muss kichern während sie das Szenario vor sich beobachtet: Ich helfe einer sehr alten und gebrechlichen Frau, ihr zusammengesammeltes Holzbündel aus dem Kofferraum zu heben und setze ihr es auf den Kopf. Dann balanciert sie es mit kleinen, langsamen und bedachten Schritten davon, ohne sich noch einmal umzudrehen.

Als ich mit der Arbeit fertig gewesen war, ging ich aus dem „Chez André", stieg in meinen alten Toyota und fuhr los. Auf der Straße sah ich die alte Frau, die ich früher schon öfter am Heim vorbeilaufen gesehen hatte und die mich jedes Mal freudig grüßte. Sie muss irgendwo in der Nähe des Heims wohnen, den Berg hinauf, im Armenviertel Sororezo. Ich hielt spontan an und fragte sie nach ihrem Weg. Auf dem Kopf trug sie Brennholz, eingewickelt in ein buntes Tuch, in der einen Hand hatte sie eine Plastiktüte und in der anderen einen dünnen Gehstock, beinahe so zerbrechlich wie sie selbst. Wenn sie lächelt, scheint die Sonne. Sie hat eine unglaubliche starke Ausstrahlung. Ich bat sie, einzusteigen und verstaute ihr Holzbündel im Kofferraum. „Yoooooo!" Wahrscheinlich war es das erste Mal, dass sie in einem Auto mitfahren durfte. Ich öffnete ihr die Tür und half ihr beim Einsteigen. Sie war unbeholfen und stieg mit dem Kopf zuerst ins Auto. Ihre Füße waren geschunden vom lebenslangen barfüßig laufen. Doch ihre Augen leuchteten. Die Nachtwächter, an denen wir vorbeifuhren, hoben die Hand zum Gruß. Aus dem Radio tönte burundische Musik. Vor dem Eingangstor, das Dorothée für mich öffnete, verabschiedete sie sich und bedankte sich mehrmals.

Dorothée lächelt: „Das war sehr nett, was du da getan hast!"

Die Jungen im Heim spielen Fußball mit einem Ball, der eindeutig zu wenig Luft hat. Es hat geregnet, dementsprechend sehen sie alle aus. Der Anblick bringt mich zum Lachen. Ihre Leidenschaft zum Fußball ist ungebremst, auch wenn sie im Anschluss ihre Kleider stundenlang mit der Hand waschen und bürsten müssen. Ich gebe Dorothée ein Päckchen mit Süßigkeiten, das aus Deutschland gekommen ist, und bitte sie, es an alle Kinder zu verteilen. Sie nickt und freut sich. Im Haus höre ich die anderen freudig schreien. Dass sich Bonbons im Heim befinden, kann nicht lange ein Geheimnis bleiben.

Der kleine Carl, der Junge mit der geistigen Behinderung, sitzt still auf einem Holzstuhl, den Mund offen, die Beine lässig übereinander geschlagen und den Kopf in eine Hand gestützt. Er beobachtet die Mädchen, die vor ihm ihre Hausaufgaben machen. Wenn man mit ihm spricht, gibt er keine Antwort. Aber er lächelt. Das ist Antwort genug.

Montag, 21. April 2008.

Von Glücksempfinden und Jugendscherzen

Ich habe mich richtig in Burundi eingefunden. Die Nervosität der ersten Wochen ist verflogen, ich fühle mich wohl, liebe meine Arbeit und beginne nach und nach, mich auch meinem privaten Leben zu widmen, was ich die vergangenen Monate schlichtweg nicht hatte. Einige Leute fragen mich, weshalb ich für zwei weitere Jahre zurück nach Burundi gekommen bin, wo ich doch in Deutschland Karriere machen und viel Geld verdienen könnte. Manchen fehlt sogar komplett jedes Verständnis. Die Antwort darauf ist an für sich ganz einfach: weil ich liebe, was ich tue. Weil ich sehe, was ich in Burundi tun kann, damit es anderen Menschen besser geht. Das ist ein viel größerer Reichtum als Geld. Ich sehe täglich die Menschen, für dich ich viel erreichen kann und bin froh, dass ich die Möglichkeit dazu habe, es zu tun. Mit Aufopferung oder blindem Idealismus hat das nichts zu tun. Es ist eine Entscheidung, die auch mich glücklich macht und mich erfüllt. Ein ganz anderer Weg als der, den die meisten gehen. Ich gehe ihn, solange ich das Gefühl habe, dass er in die richtige Richtung führt. Weggabelungen werden immer kommen. „Denke auch an dich", höre ich oft. Das tue ich. Aber wieso die Aspekte trennen? Natürlich dreht sich unsere Arbeit um den Versuch, anderen das Leben wenigstens ein kleines bisschen besser zu gestalten. Das bedeutet aber nicht, dass wir selbst darunter leiden oder uns aufopfern. Wenn es mir gelingt, fünfzig Euro zu erhalten, mit denen wir der jungen Mutter, die bislang mit ihrer kleinen Tochter an der Hand und dem Baby auf dem Rücken in einem Verschlag aus Plastiktüten und Wellblechen leben musste, einen Mikrokredit gewähren können, dann ist das ein erfüllendes, zufriedenstellendes Erlebnis. Das ist Glücksempfinden und gehört zur Karriere. Ich balle die Faust und freue mich über einen weiteren, wenn auch kleinen, Triumph.

Am Abend gehe ich mit Freunden auf ein Bier in die Bar. Als ich hinausgehe und mich auf den Heimweg machen will, treffe ich auf eine Gruppe Jugendlicher vor der Bar. Sie sind allesamt gut gekleidet und könnten ebenso gut irgendwo in Europa oder Amerika sein. Jeans, coole, lange Shirts, Ketten aus Gold und blitzblanke weiße Sportschuhe. Einer der Jungen kommt auf mich zu und fragt, ob ich eine Zigarette hätte. Ich habe keine. Die Schachtel habe ich auf dem Tisch bei den anderen liegenlassen, weil eh nur noch zwei Zigaretten darin waren. „Bitte, die verhauen mich sonst", sagt der Junge und wirft einen flüchtigen Blick auf die anderen in der Gruppe, die uns beobachten. Ich schaue ihn kritisch an und frage ihn, weshalb ihn seine Freunde schlagen sollten, die gerade eben noch mit ihm in der Bar Bier getrunken und sichtlich Spaß hatten. Er grinst. Dann sagt er: „Ja, aber sie haben ihre Meinung geändert. Ich bin Tutsi, die sind Hutu, weißt du." Seine Kumpels und er schubsen sich und lachen. Sie haben den Weißen reingelegt. Aber Zigaretten haben sie immer noch nicht.

Dienstag, 22. April 2008.

Mörser am Himmel

Es ist nach einundzwanzig Uhr. Seit fast einer Woche bringen die Radiosender fast nur noch ein Thema: die Angriffe der FNL-Rebellen in mehreren Ecken des Landes. Sie haben den Waffenstillstand gebrochen und zeigen ihre Stärke. Gerüchten zufolge sollen die Rebellen über mehrere tausend Kämpfer und Waffenarsenale im ganzen Land verfügen. Die Regierung bemüht sich, nicht von einem „offenen Krieg", sondern von „terroristischen Akten" zu sprechen. Der Einsatz von Kampfhubschraubern und Infanterie der Armee spricht jedoch andere Worte. Heute Nacht ist das Bombardement der Hauptstadt besonders intensiv. Das Surren der Mörsergranaten, die die Rebellen von den Bergen um Bujumbura aus abfeuern, pfeifen laut. Dann wird es kurz still, ehe die

Granate irgendwo und aller Wahrscheinlichkeit nach unkontrolliert einschlägt. Ich gehe auf die Terrasse meines Bungalows, stecke mir und dem Nachtwächter eine Zigarette an. Wir sprechen kein Wort, schauen in den schwarzen Himmel und hoffen, dass das Pfeifen der Mörser bald aufhört.

Plötzlich hören wir einen Einschlag ganz in der Nähe. Eine Mörsergranate muss im Vierteil eingeschlagen haben. Ein Splitter trifft unser Hoftor, es ist ein Geräusch, als hätte jemand direkt ins Metall geschossen. Wir schauen uns an, löschen wortlos unsere Zigaretten und gehen ins Haus. Am nächsten Morgen erfahre ich, dass eine Granate die Residenz des Nuntius, des Vertreters des Vatikans in Bujumbura, getroffen hat. Die Nuntiatur steht nur wenige Hundert Meter Luftlinie von meinem Haus entfernt. Dass der Einschlag geplant war, bezweifle ich. Aber er löst einen Sturm der Entrüstung bei westlichen Diplomaten aus. Die burundische Regierung ruft die internationale Gemeinschaft zu heftigen Sanktionen gegen die FNL auf. In den Bergen um Bujumbura haben die Menschen ihre Hütten verlassen und schlafen auf den Feldern und im Busch. Aus Angst vor Plünderungen und Vergewaltigung. Mehr als Dreißig mussten bereits sterben.

Sonntag, 27. April 2008.

Es ist ein schwarzer Tag. Heimleiterin Pauline hat erfahren, dass die zwölfjährige Grace aus dem Heim vergewaltigt worden sei. Es ist schon einige Tage her. Das Mädchen hatte sich nicht getraut, es sofort zu erzählen. Ich fühle mich hilflos, schockiert, bin wütend. Grace war, wie sie erzählt, seit einiger Zeit an den Mann gewöhnt. Sie geht in eine staatliche Schule, einige Stadtviertel vom Heim entfernt. Auf dem Schulweg hatte der Mann eines Tages begonnen, Grace zu grüßen. Später machte er ihr Geschenke in Form von Geld und Sachen für den täglichen Gebrauch. In der vergangenen Woche war es dann soweit: Er hat Grace in sein Haus gelockt und dort vergewaltigt. Ich habe Grace heute nur ein Mal kurz gesehen. Sie spricht nicht und verzieht keine Miene. Die Konsultation bei „Ärzte ohne Grenzen" bestätigt: Es gibt Spuren von Misshandlung. Grace bekommt ein Notfall-Kit zur Vorbeugung von Aids. Auf den tatsächlichen Aidstest muss sie drei Monate warten, denn vorher ist nichts feststellbar.

Heimleiterin Pauline macht sich mit Grace auf ins Viertel Nyakabiga, wo die Vergewaltigung stattgefunden hat. Nur Grace kennt bislang das Haus und zeigt es nun der Polizei. Ihr Peiniger sei der Wächter des Hauses, arbeite jedoch nur unter der Woche. Es ist bereits dunkel und die Beamten wollen in der Nacht nicht mehr nach dem Mann suchen. Sie würden sich am nächsten Morgen darum kümmern, wenn er zur Arbeit komme. Zurück im Heim beruft Pauline eine Krisensitzung ein. Sie will die Kinder, insbesondere die Mädchen, vor den Gefahren warnen, sich Fremden anzuvertrauen.

Vergewaltigungen sind in Burundi an der Tagesordnung. Viele Menschen sind durch den langen Krieg und die Zeit ohne jegliche Kontrolle und Strafbarkeit verdorben und gleichgültig.

Der kleine Kenny, der vor kurzem seine Mutter verloren hat, setzt sich zu mir und schaut mir in die Augen. Er ist guter Dinge. Mit seinem breiten Grinsen schafft er es, mich zum Lächeln zu bringen.

Montag, 28. April 2008.

Die Polizei schnappt den Wächter, der Grace vergewaltigt hat, als er zur Arbeit kommt. Ihm stehen voraussichtlich fünfundzwanzig Jahre Gefängnis bevor. Seine Familie hat Heimleiterin Pauline Geld geboten, wenn sie die Anzeige fallen lässt. Als sie sich weigerte, drohte sie ihr. Doch Pauline lässt sich nicht aus der Ruhe bringen. Während des Verhörs behauptet der Mann, die Blutspuren, die die Ärzte bei Grace festgestellt haben, seien von ihm selbst, er habe sich verletzt. Dem Bericht von „Ärzte ohne Grenzen", wonach Grace übel zugerichtet worden sein muss, glaubt er nicht. Grace geht es derweil besser. Sie spielt wieder mit den anderen im Heim.

Dienstag, 6. Mai 2008.

Von Geldproblemen und Optimismus

Seit einigen Tagen schlafe ich nur sehr wenig. Das Waisenheim „Centre Uranderera" steht kurz vor seiner Schließung. Seitdem ich die Nachricht erhalten habe, ist es mir unmöglich, entspannt zu bleiben. Die Miete wird um fünfzig Prozent erhöht, die Verpflegung der fünfundsiebzig Kinder immer teurer. Schließlich wird der Unterhalt unerschwinglich, sodass uns nichts anderes übrig bleibt als einige Dinge zu verändern.

Wir suchen ein Gelände in einem anderen, günstigeren Viertel, wohin die Kinder umziehen können. Und leider werden nicht alle im Heim bleiben können. Die Kollegen sind mit der undankbaren Aufgabe betraut, Listen von Prioritäten zu erstellen, je nach Schweregrad der Hilfsbedürftigkeit der Kinder. Wer hat keine Verwandten mehr, wer ist chronisch krank, in welchen Familien sind die Lebensumstände absolut nicht hinnehmbar? Die älteren Jungen können ins Straßenkinderheim umziehen. Dort ist noch Platz. Andere wiederum können in einem der Heime im Landesinneren wohnen, in den Gemeinden, in denen sie geboren sind. Für einige finden wir Plätze im Internat, wo wir sie weiterhin mit Schulgeld unterstützen. Wir versuchen, alle Kinder und Jugendlichen zu begleiten. Aber es ist schmerzhaft. Im Heim herrscht Betroffenheit unter Kindern und Betreuern. Die kleine Kiki sitzt auf meinem Schoß und kichert vor sich hin. Sie war Ende vergangenen Jahres eigentlich aus dem Heim zurück zu ihrer Mutter gegangen. Doch die Situation verschlechterte sich wieder und die Mutter musste sie zurückbringen. Kiki lacht, klatscht mit den Händen, freut sich, im Heim zu sein. Sie versteht nicht, was gerade über ihrem kleinen Köpfchen besprochen wird. Ich verabscheue die Liste mit den Namen der Kinder, versehen mit Notizen, welche Lösung man für sie finden könnte. Die wir finden müssen.

In den kommenden Wochen soll das Benzin noch einmal teurer werden. Von eintausend achthundertsechzig auf zweitausend Francs. Das Bild von vor wenigen Wochen wird sich wiederholen. Stillstand.

Die Rebellen FNL sind immer noch verstärkt im Hinterland aktiv und liefern sich täglich Auseinandersetzungen mit der Armee. Die Regierung weigert sich, in Verhandlungen mit ihnen zu treten. Sie will ihre Macht nicht teilen, von Patriotismus fehlt jede Spur. Wer darunter leidet, sind zum Beispiel die Fahrradtaxifahrer, oftmals ehemalige Straßenjungen, die sich gerade so über Wasser halten können. Es ist ihnen neuerdings verboten, in die Innenstadt zu fahren und ihren Fahrdiensten nachzugehen. Die Polizei sucht Angehörige der Rebellen und glaubt, die FNL könnten sich so fortbewegen. Insbesondere im Hinblick auf die Wahlen 2010 wird die Regierung zunehmend nervös.

Die Bauerngemeinschaft aus Musigati, einem kleinen Ort in der Provinz Bubanza, die von uns einen kleinen Kredit bekommen hatte, ist erfolgreich. Die Verantwortlichen haben uns zwei Stücke der selbstproduzierten Seife, zwei Fotos von der Produktion und die erste Rate der Rückzahlung des Kredits geschickt.

„Burundi wird sich bessern", sagt mir ein optimistischer Freund bei einem gemeinsamen Bier am Abend. Ich dachte schon, diese Meinung existiert nicht mehr.

Montag, 19. Mai 2008.

Täglich kommen vor allem junge Menschen ins Büro und fragen nach Arbeit. Ein junger Mann, der aufgrund familiärer Probleme sein Jurastudium unterbrechen musste und keinen Franc mehr besitzt, eine junge Frau mit einem Baby auf dem Rücken, die von ihrer Familie verstoßen wurde. Sie fragen nicht nur nach Arbeit, sie sind verzweifelt. Sie sprechen mit zittriger Stimme und versuchen dennoch ihre Scham mit einem Lächeln zu verbergen. Sie schildern ihre Probleme und wissen keinen anderen Ausweg als bei der Fondation Stamm nach Arbeit zu fragen. Ich fühle mich schlecht. Ich sitze ihnen gegenüber und weiß nicht, was ich tun soll. Ich will ihnen helfen, aber ich kann nicht. Das Baby schläft auf dem Rücken seiner Mutter, friedlich, ohne von den Sorgen zu wissen. Dass es manchmal nichts zu essen bekommt, kann es nicht verstehen. Der jungen Frau kommen die Tränen, die sie bislang tapfer zurückzuhalten versuchte. Unser Mütterheim in Kamenge ist überbelegt. Es gibt keinen Platz für sie und das Baby. Und auch keine Arbeit. Sie bedankt sich höflich unter Tränen und geht weg. Ich fühle mich ohnmächtig.

Die tragischen Geschichten der Menschen häufen sich, anstatt dass sie weniger werden. „Ein Tropfen auf den heißen Stein", sagt man mir. Doch ich verabscheue diesen Satz. Wieso sollte es wie ein Tropfen sein, der sofort verdampft und quasi wirkungslos bleibt, wenn wir Menschen helfen? Natürlich können wir nicht allen helfen. Aber vielen. Wir müssen junge Mütter unter Tränen vertrösten, während in klimatisierten Büroräumen und Konferenzsälen Frauen und Männer in Anzügen über das weitere Schicksal Burundis verhandeln. Sie sehen das Elend auf der Straße nicht.

Donnerstag, 29. Mai 2008.

In den vergangenen Tagen war ich mit dem Mütterheim beschäftigt. Auch dieses Heim musste aufgrund utopischer Mieterhöhungen umziehen in ein anderes Viertel. Der Grund hierfür sind die steigenden Lebenshaltungskosten, die die Vermieter auf andere abwälzen, auf die Mieter. Der Mietmarkt ist in Bujumbura wenig bis gar nicht geregelt. Vermieter können je nach Laune ihre Miete jederzeit und ohne Limit erhöhen. Der Fantasie sind dabei wahrlich keine Grenzen gesetzt. Als die Vermieterin in Kamenge von unserer Entscheidung erfuhr, ausziehen zu wollen, änderte sie ihre Meinung und wollte nur geringfügig die Miete erhöhen. Da jedoch gemunkelt wird, dass der Benzinpreis ein weiteres Mal steigen soll, würde sie in einigen Monaten die Miete abermals erhöhen wollen. Wir zogen es also vor, den Standort zu wechseln.

Gestern habe ich also begonnen, zusammen mit meinen Kollegen Ben und Heimleiterin Aphrodite den Umzug zu organisieren. Die Vermieterin ließ es sich nicht nehmen, mit einigen ihrer Familienangehörigen dem Ausräumen des Häuschens beizuwohnen, als hätte sie Angst, dass wir Türschlösser oder Fensterscheiben ihres Anwesens stehlen könnten. Wir mussten Farbe und Zement für Ausbesserungen der Böden kaufen und die sich immer mehr aufplusternde Vermieterin besänftigen. Sie geriet in Panik, da sie genau wusste, dass sie in den kommenden Monaten höchstwahrscheinlich keinen Mieter finden würde, zumindest keinen, der einen ähnlich hohen Mietpreis zahlt. Sie hatte sich verspekuliert in der falschen Annahme, „die Weißen" schröpfen zu können, wie es leider eine weit verbreitete Angewohnheit in Burundi ist. Die Kindergartenmöbel, Stockbetten, Nähmaschinen, aller möglicher Hausrat und die Mädchen mit ihren Kindern wurden mit einem Lastwagen, einem Pick-Up, einem Geländewagen und meinem Auto in ein anderes Viertel, nach Kinama, gebracht. Dort richteten sie sich sofort in den neuen Zimmern ein. Die Mädchen waren guter Dinge und machten Scherze. Der Umzug schien sie nicht sonderlich zu stören. Auch wenn sie ordentlich mit anpacken mussten.

Die Lage zwischen Regierung und Rebellen hat sich entspannt. Sie haben einen Waffenstillstand unterzeichnet und ein Teil der Rebellenführung ist aus dem tansanischen Exil nach Bujumbura zurückgekehrt, wohl auf Druck des Auslandes. In den kommenden Tagen sollen die Verhandlungen einer Integrierung der FNL-Kader beginnen. Am Abend ihrer Ankunft bin ich erschrocken, als ich auf die Straße heraustrat und ins Kinderheim laufen wollte. Die Straßen waren voller Polizisten, Militär und südafrikanischen Soldaten mit Panzerwagen, die im Auftrag der Afrikanischen Union den Verhandlungsprozess begleiten sollen. An den Anblick, ein Bier in der Bar zu trinken, während südafrikanische Soldaten mit ihren aufgereihten Maschinengewehren am Tisch nebenan sitzen, habe ich mich zwischenzeitlich gewöhnt. Zumal eine der Bars, die ich regelmäßig mit Freunden besuche, direkt gegenüber des Hotels liegt, in dem die ehemalige Rebellenführung untergebracht ist.

Diese Woche gab es Joghurt für alle im Heim. Ein Bekannter, der im Büro der Vereinten Nationen in Burundi arbeitet, hat mehrere Hundert Joghurtbecher ins Heim geliefert. Sie waren am selben Tag abgelaufen und durften nicht mehr im UN-eigenen Supermarkt verkauft werden. Für manche der Kinder war es das erste Mal in ihrem Leben, dass sie Joghurt schmecken konnten. Sie mochten es. Am nächsten Tag wollten sie mehr davon, doch ich machte ihnen klar, woher die Joghurts gekommen waren und dass ich kein Geld habe, für alle welche zu kaufen. „Ntaco", macht nichts.

Der sechzehnjährigen Rose geht es wieder schlecht. Immer wieder mangelt es ihr an Blut, sie muss erneut ins Krankenhaus für Transfusionen. Es ist wie Sisyphos, der seinen Felsen immer und immer wieder den Berg hinaufschiebt und der jedoch immer wieder hinunterrollt, kurz bevor er am Gipfel ankommt. Die aufschlussgebende Untersuchung, die Rose braucht, um die Ursache des ständigen Blutmangels festzustellen, ist in Burundi nicht möglich. Zuerst denke ich an den Transport einer Blutprobe nach Deutschland, um sie dort in einem Labor untersuchen zu lassen. Doch bis das Blut dort ankommen würde, wäre eine Untersuchung nicht mehr durchführbar.

Als Rose in die Klinik kommt, ist es fast zu spät. Laut der Ärzte hätte sie den nächsten Tag nicht überlebt. Rose muss eine ganze Woche im „Roi Khaled" bleiben, zur Beobachtung. Es ist der dritte Krankenhausaufenthalt in einem halben Jahr. Ich habe zwischenzeitlich Kontakt zu einem auf Blut spezialisierten Arzt aus Nigeria bekommen, der eine Zeit lang an der Universitätsklinik in Bujumbura arbeitet. Er kann vielleicht mehr Aufschluss darüber geben, was Rose fehlt. Ich will nicht schon wieder ein Kind aus dem Heim beerdigen.

Donnerstag, 10. Juli 2008.

Heute Mittag bin ich wieder einmal ins Krankenhaus gefahren. Rose beschäftigt uns alle. Wieder benötigt sie Blutspenden. Ich lernte zwischenzeitlich den deutschen Arzt kennen, der für die deutsche Botschaft in Nairobi arbeitet und somit auch für die Vertretung in Bujumbura zuständig ist. Bei seinem Aufenthalt in Burundi erklärte er sich spontan bereit, Rose zu untersuchen, bevor sein Flieger zurück nach Kenia ging. Er entnahm ihr Blutproben, um sie im Labor in Nairobi untersuchen zu können und schickt uns das Ergebnis.

An den Tankstellen reihen sich wieder Taxis, Busse und Pkw. Dieses Mal ist es der Diesel, der nicht mehr ausgegeben wird. Gleiches Spiel wie beim Benzin: die Petrolfirmen wollen eine Preiserhöhung, die Regierung weigert sich, wird jedoch keine Chance haben. Folglich werden auch die Preise für Nahrungsmittel weiter steigen. Ich suchte diese Woche den „Chef Commercial" von Engen auf, der größten Petrolfirma in Burundi. Er sagte mir, es gebe kein Diesel, er könne mir nicht helfen. Meine Erklärungen, wir müssten die Kinderheime mit Nahrungsmittel versorgen, unser Geländewagen stehe aber ohne einen Tropfen Sprit still, interessierten ihn nicht. Es gebe keinen, beteuerte er. Am selben Tag hörte ich in den Nachrichten, dass achtzig große Tankwagen im zentralen Depot festgehalten würden, jeder mit mehreren tausend Litern Diesel. Die Autoschlange vor der Tankstelle heute Morgen war so lange, dass ich beinahe drei Minuten lang in voller Fahrt vorbeifahren konnte.

Zwei Autos der Vereinten Nationen seien angegriffen worden. Die Polizei vermutet ehemalige Mitarbeiter der UN hinter den Anschlägen. Im Zuge der Umstrukturierung von einer militärischen Mission (ONUB) zur zivilen Mission (BINUB) wurde die Zahl der Mitarbeiter konsequenterweise drastisch reduziert, internationale und lokale. Manche jedoch verstehen den Sinn eines befristeten Arbeitsvertrags nicht und fühlen sich ungerecht behandelt. Nur wenige neigen zur Gewalt. Aber es gibt sie.

7. September 2008.

Manchmal frage ich mich, was ich zu den Projekten, die wir betreuen, wirklich beisteuern kann. Ich frage mich, ob es ausreicht, was ich ausrichten kann. Kleine tägliche Erfolge zeigen mir, dass ich mit meinem Zutun etwas erreichen kann. Dass ich ein Teil davon geworden bin, was wir für die Familien in Burundi bewirken, die ganz unten sind. Es lässt mir manchmal keine Rast. Und manchmal habe ich sogar das Gefühl, noch immer nicht genügend zu tun. Vielleicht ist es genau dieser Gedanke, der mich immer wieder motiviert und antreibt, weiter zu machen.

Noch ist Trockenzeit in Burundi, der Wind weht stark über den See in die Stadt. Das Ende der Ferien naht und die Kinder müssen bald wieder zur Schule. Der Regen soll Ende des Monats einsetzen. Regen, der Burundi saftig grün werden lässt. Er wird Veränderung bringen. Und irgendwie bleibt doch alles gleich.

Mittwoch, 1. Oktober 2008.

Rose aus dem „Centre Uranderera" ist wieder einmal ins Krankenhaus gebracht worden, wo sie Blutkonserven bekommt. Es war ihr wieder sehr schlecht ergangen, sodass sie nicht zurück in die Schule konnte. Die Blutspenden tun ihren Dienst, es geht ihr besser. Vorerst.

Carl, der behinderte Junge im Heim, entwickelt sich prächtig. Er besucht täglich die Einrichtung „Akamuri", eine Schule für behinderte Kinder, wo er betreut und geschult wird. Wenn ich ins Heim komme um ihn und die anderen Kinder zu besuchen, leider viel zu selten, ist er immer an vorderster Front zur Stelle und lacht.

Die Preise für Lebensmittel und andere Güter schwanken. Die Händler spekulieren, wie im aktuellen Fall verseuchter Milch, die aus China in mehrere Länder, darunter Burundi, exportiert wurde. In solch einem Fall steigen umgehend die Preise für Milchprodukte aus anderen Ländern. In den internationalen Medienportalen lese ich von tausenden durch schädliche Stoffe in der Milch erkrankten Kindern in China. Welchen Schaden die Milch in Burundi angerichtet hat, weiß niemand. Statistiken dazu gibt es nicht. Wen würde es außerdem interessieren?

Samstag, 6. Dezember 2008.

Weihnachtsprospekte und zurückgelassene Freude

Ich reise aus Deutschland ab und steige in wenigen Minuten in den Flieger nach Burundi. Wieder einmal. In den vergangenen vier anstrengenden Wochen habe ich unzählige Kilometer mit Zug, Auto und zu Fuß zurückgelegt, um in Schulen und bei Partnern in der gesamten Bundesrepublik über unsere Arbeit zu informieren. Jetzt fliege ich wieder weg. Weg von einem Land, in dem ich über sechs Euro für zwei Bier bezahlt habe. In dem ich Prospekte der Vorweihnachtszeit lese, in denen ich ein Parfum für unglaubliche eintausend Euro bestellen kann. Oder zweihundertfünfzig Gramm exotischen Kaffees für fast dreißig Euro. Weg von einem Land, in dem ich sehr viel zurücklassen muss. Meine Familie, meine Freunde. Menschen, die mir lieb sind. Viele von ihnen habe ich treffen können, die meisten aber viel zu kurz. Viele musste ich enttäuschen, weil ich mich nicht einmal gemeldet habe. Aber ich war mehr unterwegs als zu Hause. Was ich zurücklassen muss, wird mir fehlen. Die Menschen, die mir nahe sind, sind mein Rückgrat. Sie stärken mich in dem, was ich tue. Dafür bin ich ihnen zutiefst dankbar.

Freue ich mich denn?

Ich freue mich. Denn ich gehe von zu Hause weg, um nach Hause zu gehen. Ich freue mich auf Freunde, auf die Kinder, auf die Arbeit vor Ort, auf mein Leben in Bujumbura. All das ist kein Ersatz für das, was ich zurücklasse. Das soll es auch nicht. Doch es ist gleichermaßen schön, hier wie dort anzukommen.

Beim Gang durch die deutschen Supermärkte ist mir aufgefallen, dass viele Preise denen in Burundi ähneln. Aber nicht die Gehälter der Verkäufer und Arbeiter. Essen wird in Burundi mehr und mehr zum Luxus. Für viele Familien gibt es ohnehin nur Mais oder Reis und Bohnen. Wenn überhaupt.

Als ich in Burundi ankomme, erfahre ich, dass es Rose schlechtgeht. Sie blutet regelmäßig aus Mund und Nase. Die Ärzte haben den Verdacht auf Leukämie geäußert, sind aber tatsächlich ratlos. Außerdem streikt das Personal des Gesundheitswesens gerade flächendeckend in Burundi. Sie sind unterbezahlt und wenig bis gar nicht motiviert. Rose ist da nur ein Waisenmädchen von vielen.

„Respekt, was du da machst!" haben mir viele Menschen in Deutschland gesagt. Rose ist krank, sie hat keine Chance in Burundi. Viele der Kinder und Jugendlichen, um die wir uns kümmern, hätten sonst vielleicht keine Chance. Sie waren wahrscheinlich längst auf der Straße, prostituiert, im Gefängnis oder verhungert. Ich habe die Chance, etwas für sie zu tun, zumindest meinen Teil dazu beizutragen. Ich kann es. Wieso sollte ich es dann nicht tun? Verdiene ich dafür tatsächlich Respekt? Oder ist es nicht einfach nur menschlich? Ist das Gutmenschentum und realitätsfern? Ich stelle mir immer öfter die Frage, worauf es in unserem Leben tatsächlich ankommt. Parfum für eintausend Euro?

Rose. Ein junges Mädchen beschäftigt mich und mein Handeln. Ich habe mir in den Kopf gesetzt, sie retten zu müssen. Im Dezember 2007 war sie zum ersten Mal bewusstlos geworden. Tagelang war sie damals nicht mehr in der Schule. Sie kam ins Krankenhaus wegen Blutarmut. Sie bekam eine Transfusion, über einen Liter. Danach ging es ihr wieder gut. Drei Monate später, dasselbe Szenario. Roses Haut wurde gelb und bleich, sie klagte über Schwindel. Bluttransfusionen.

Als hätte sie nicht schon genug durchgemacht in ihrem Leben. Verena erzählt mir ihre Geschichte. Dass Rose schon lange im Kinderheim wohne, zusammen mit ihrer jüngeren Schwester Clementia. Sie haben keine Eltern mehr. Als die Rebellen im Krieg in die

Hauptstadt Bujumbura einmarschierten, lagen auf der Straße überall tote Kindersoldaten. Ihre Kadaver lagen in der Kanalisation und mitten auf der Straße. Überall. Rose fiel damals für einige Tage ins Koma.

In den vergangenen Monaten hat sie alle in Burundi möglichen Blutuntersuchungen über sich ergehen lassen. Auf ein Ergebnis hoffte sie vergebens. Ich suche Rat beim Dekan der Fakultät für Medizin, der das Klinikum „Roi Khaled" angehört, und bei einer Bekannten der Weltgesundheitsorganisation. Verena studiert die unterschiedlichen Diagnosen, Röntgen- und Blutbilder, alle möglichen Notizen der Ärzte, und zerbricht sich den Kopf.

Der Arzt der deutschen Botschaft in Nairobi schreibt uns, dass er ohne weitere Untersuchungen nichts sagen könne. Untersuchungen, die in Burundi nicht möglich sind. Er kontaktiert befreundete Ärzte in Bujumbura und Nairobi. Der Tenor: Leukämie. Aus Nairobi heißt es: Heilungschancen!

Rose spuckt Blut. Es läuft ihr aus der Nase. Sie ist abgemagert und hat keinen Appetit. Aber Bluthochdruck.

Um eine Chance zu haben, muss Rose ins Ausland. Der Arzt der deutschen Botschaft erklärt sich bereit, sie bei sich in Nairobi aufzunehmen während der Zeit der Behandlung. Doch wie soll Rose nach Nairobi kommen? Wie sollen wir die Behandlung bezahlen? Das Budget für das Kinderheim können wir nicht dafür nehmen, um nicht die Versorgung der anderen Kinder zu gefährden.

Rose wird sterben, wenn nichts passiert. Aber was kann ich noch für sie tun? Ich liege nachts wach und frage mich, warum es nicht möglich sein soll, sie ins Ausland zu bringen. Es macht mich wütend, dass es wieder einmal nur am Geld liegt. Geld, das anderswo in der Welt leichtsinnig ausgegeben wird, ohne lange darüber nachzudenken. Geld für ein Mädchen, das im falschen Land geboren wurde und wo die Ärzte nichts für sie tun können.

Mittwoch, 14. Januar 2009

Die Abstände, in denen Rose für Bluttransfusionen ins Krankenhaus muss, verkürzen sich immer mehr. Manchmal wacht sie mit Blut im Mund auf. Sie hat überall am Körper blaue Flecken und Hautausschläge und ist sehr schwach. Im Mund hat sie offene Wunden. Sie wollte unbedingt wieder zur Schule gehen. Doch auf dem Weg dorthin brach sie zusammen und hatte Schaum vor dem Mund. Seitdem lernt sie im Heim mit Schulheften.

Sie braucht wieder frisches Blut, das nicht älter als sechs Stunden alt sei, sagen die Ärzte. Am besten direkt vom Spender zu Rose. Ich selbst kann ihr nicht helfen. Meine Blutgruppe ist nicht kompatibel.

Eine Kollegin nahm sich zwischenzeitlich der Sache an und kümmert sich den ganzen Tag um nichts anderes als um die Beschaffung aller notwendigen Dokumente, angefangen bei Roses Geburtsurkunde. Rose wurde während des Kriegs von „Ärzte Ohne Grenzen" als gefundenes Waisenkind an die Fondation Stamm übergeben, natürlich ohne Dokumente. Die Kollegin bemüht sich außerdem um einen offiziellen Ärztebericht, der die Behandlung im Ausland rechtfertigt, um Passfotos, einen Pass und, mit meiner Hilfe, um das Visum für Europa.

Zwischenzeitlich sammle ich vor Ort Spenden von Menschen, die Rose helfen möchten, darunter auch Matthias Kuntze von Savonor. Spontan zeigte er sich hilfsbereit und finanzierte die letzten Aufenthalte von Rose im Krankenhaus. Befreundete Ärzte in Deutschland kümmern sich derweil um Kostenvoranschläge und mögliche Adressen für eine Behandlung von Rose. Das Unterfangen ist umso komplizierter, da Rose und eine Begleitperson während der gesamten Zeit der wahrscheinlich mehrmonatigen Behandlung untergebracht und versorgt werden müssen.

Die ganze Zeit hoffe ich. Ich bin nervös und denke nur daran, dass alles schneller laufen soll. Warten ist in einer solchen Situation die größte Gedulds- und Nervenprobe, der ich mich bislang stellen musste. Jimmy, für den im Februar 2007 jede Hilfe zu spät kam, ist mir präsenter denn je.

Dann geht alles ganz schnell.

Dienstag, 20. Januar 2009.

Strom

Nur wenige in Deutschland dürften schon einmal aus dem Büro nach Hause gerast sein, nur um sicherzugehen, dass sie etwas Warmes zu essen haben. Strom und Wasser werden derzeit in Bujumbura wieder rationiert. In der Regel wird die Elektrizität in meinem Wohnviertel um Punkt achtzehn Uhr abgeschaltet. Ich schalte mein Notebook aus, schnappe meine Tasche und setze mich ins Auto. Dann quäle ich mich durch den Feierabendverkehr, wie alle anderen, die nach Hause möchten. Ich muss es schaffen, wenn ich meinen Reis mit Bohnen und Sauce warm essen will, dank der neu angeschafften Mikrowelle. Ich schließe die Haustür auf und schaue auf die Uhr: achtzehn Uhr zwei. Hastig blicke ich auf die Anzeige der Mikrowelle. Ich werfe meinen

Schlüsselbund auf den Tisch und stürze in die Küche, wo in Aluminiumschüsseln die Mahlzeit steht. Schnell schaufle ich eine Portion auf meinen Teller und schiebe ihn in die Mikrowelle: Eine Minute dreißig Sekunden. Der Glasteller dreht sich, die Mikrowelle heizt. „Bing". Fertig! „Jaaa!" schreie ich unfreiwillig laut. „Klick". Der Strom ist weg. Ich setze mich glücklich vor den dampfenden Teller an den Tisch und bin dankbar.

Montag, 20. April 2009.

Leben

Seit dem 1. April ist Rose in Freiburg in den guten Händen der Ärzte der onkologischen Abteilung der Universitätsklinik. Sie musste sich unzähligen Untersuchungen unterziehen, bekam Blutkonserven und musste einmal sogar in Isolation. Ihre Nase lief ununterbrochen, die Ärzte wussten nicht, weshalb. Zur Sicherheit musste sie in ihrem Zimmer bleiben und Besuch durfte nur mit Atemschutz und Mantel zu ihr.

Viele Menschen haben gespendet, nicht zuletzt dank einer eigens eingerichteten Online-Kampagne eines mir befreundeten Pfarrers und seiner Kontakte. Darüber hinaus spenden viele Menschen von ihrer Zeit. Damit opfern sie etwas, was ihnen niemand mehr zurückgeben kann. Eine mir bis dato unbekannte Frau schrieb uns an, sie könne spontan den Transport von Rose und ihrer Begleiterin vom Flughafen nach Freiburg übernehmen. Eine andere Frau aus Freiburg erklärte sich bereit, vor Ort alles zu organisieren und bot sich als Ansprechpartnerin an. Und dann ist da noch die burundische „Community" in Freiburg, die Rose im Krankenhaus regelmäßig Besuche abstattet. Ärzte, Therapeuten, Psychologen, alle geben sich Mühe und sind geduldig, trotz der ständigen Schwierigkeiten und des Übersetzungsbedarfs von Kirundi und Französisch auf Deutsch und Englisch und umgekehrt. Rose ist offensichtlich über die Höflichkeit des Klinikpersonals erstaunt, was sie so aus Burundi nicht kennt. Sie sei außerdem beeindruckt, wie schnell Dinge zugunsten des Kranken erledigt werden, wenn er um etwas bittet.

Die Untersuchungen bestätigten die erste Diagnose: Aplastische Anämie. Außerdem habe Rose einen zu hohen Blutdruck aufgrund einer Nierenarterienstenose, eine Verengung der Nierenarterie, die zuerst operiert werden müsse. Im Anschluss daran würde sie mit der Chemotherapie beginnen können. Eine Knochenmarktransplantation schließen die Ärzte aus. Es wird ernst für Rose. An ihre Freunde im Heim schickt sie kleine Briefe und viele Süßigkeiten. Sie will teilen und hat Heimweh. Sie freue sich, wenn sie bald wieder nach Burundi zurück fliegen kann, schreibt sie ihrer Schwester im Waisenheim in einem Brief. Sie will leben.

Inhaltsverzeichnis

Vorwort

Prolog

Dank

Kapitel I
        Das volle Leben in Burundi   Seite 11

Kapitel II
        Uganda   Seite 31

Kapitel III
        Zurück bei der Arbeit   Seite 62

Kapitel IV
        Mit Bus, Zug und Fahrradtaxi: der Trip nach Tansania   Seite 75

Kapitel V
        Das provisorische Ende eines Abenteuers   Seite 118

Kapitel VI
        Zurück in Deutschland Teil I   Seite 138

Kapitel VII
        Wieder in Burundi Teil I   Seite 143

Kapitel VIII
        Zurück in Deutschland Teil II   Seite 150

Kapitel IX
        Wieder in Burundi Teil II   Seite 152

I want morebooks!

Buy your books fast and straightforward online - at one of the world's fastest growing online book stores! Environmentally sound due to Print-on-Demand technologies.

Buy your books online at
www.get-morebooks.com

Kaufen Sie Ihre Bücher schnell und unkompliziert online – auf einer der am schnellsten wachsenden Buchhandelsplattformen weltweit! Dank Print-On-Demand umwelt- und ressourcenschonend produziert.

Bücher schneller online kaufen
www.morebooks.de

VDM Verlagsservicegesellschaft mbH
Heinrich-Böcking-Str. 6-8
D - 66121 Saarbrücken

Telefax: +49 681 93 81 567-9

info@vdm-vsg.de
www.vdm-vsg.de

Printed by Books on Demand GmbH, Norderstedt / Germany